lelivrescolaire.fr
Éditeur de manuels scolaires collaboratifs et innovants

SNT Sciences numériques et technologie 2de

La communauté d'auteurs

Sous la coordination de **Cyril Gaillard**, Agrocampus Ouest, Rennes.

13 Auteurs de thème

8 Auteurs harmonisateurs

59 Coauteurs

... ont contribué à ce manuel de SNT !

♦ Académie d'Amiens

Nathalie Chalard, professeure certifiée au Lycée Sainte Famille (80)

Frédérique Chesnais, professeure agrégée au Collège Jacques Monod (60)

Sébastien Ferron, professeur certifié au Collège du Servois (60)

♦ Académie de Bordeaux

Sonia Daubas, professeure certifiée au Collège Jean-Marie Lonné (40)

Sébastien Garreau, professeur certifié au Collège Anglade (33)

Audrey Logodin, professeure certifiée au Collège Henri IV (64)

♦ Académie de Besançon

Jean-Louis Timin, professeur certifié au Lycée Louis Pergaud (25)

♦ Académie de Clermont-Ferrand

Marie-Laure Montel, professeure certifiée au Lycée Albert Londres (03)

Gérard Regnon, professeur certifié à l'Institution Sainte Procule (03)

Sandrine Zarebski, professeure certifiée au Collège Louise Michel (63)

♦ Académie de Créteil

Rachid Bekhtaoui, professeur agrégé au Lycée Georges Clemenceau (93)

Ryem Boudjemai, professeur agrégé au Lycée Jacques Brel (93)

Alia Chouaikhia, professeure certifiée au Lycée Christophe Colomb (94)

Esther Decante, professeure certifiée au Lycée Sonia Delaunay (77)

Jérôme Dieudonné, professeur agrégé au Lycée des Pannevelles (77)

Jérémy Firozaly, professeur agrégé au Lycée Germaine Tillion (93)

Aurélie Gay, professeure au Collège-Lycée Maurice Rondeau (77)

François Perreve, professeur certifié au Lycée Jean Renard (93)

Clément Storne, professeur certifié au Lycée Polyvalent Charlotte Delbo (77)

♦ Académie de Dijon

Stéphane Mogenier, professeur certifié au Lycée Catherine et Raymond Janot (89)

Nicolas Ogier, professeur certifié au Lycée Pierre Larousse (89)

♦ Académie de Grenoble

Louis Paternault, professeur agrégé au Lycée Ella Fitzgerald (69)

Nathalie Pidancier, professeure agrégée au Lycée Elie Cartan (38)

Fabrice Turpin, professeur certifié au Lycée Monge (73)

♦ Académie de Guyane

Judith Priam, professeure au Collège Albert Londres (973)

♦ Académie de La Réunion

Alain Busser, professeur agrégé au Lycée Roland-Garros (974)

Bruno Pagani, professeur agrégé au Lycée Roland-Garros (974)

♦ Académie de Lille

Marie-Claire Demarest, professeure certifiée au Lycée Notre-Dame Des Anges (59)

Caroline Gambier, professeure certifiée au Collège Saint-François (62)

Frédéric Houssin, professeur certifié au College Saint Vincent (62)

Mohamed Nassiri, professeur agrégé au Lycée d'Excellence Edgar Morin (59)

Julie Mikolajczak, professeure agrégée au Lycée Vauban (62)

Jean-Philippe Stawikowski, professeur certifié au Lycée Jean-Baptiste Corot (59)

♦ Académie de Lyon

Jean-Fraçois Arnal, professeur agrégé au Lycée International de Ferney-Voltaire (01)

Baptiste Fray, professeur agrégé au Lycée Jacques Brel (69)

♦ Académie de Nancy-Metz

Patricia Aveddo, professeure certifiée au Lycée Jean-Baptiste Vuillaume (88)

Nathalie Braun, professeure certifiée au Lycée polyvalent Rosa Parks (57)

Aurélien Payeur, professeur certifié au Lycée Jean XXIII (57)

Camille Thiollier, professeure certifiée au Lycée Jean XXIII (57)

Noël Wernet, professeur certifié au Lycée Condorcet (57)

♦ Académie de Nantes

Maryline Danilet, professeure certifiée au Lycée La Mennais (44)

Jennifer Le Calloch, professeure certifiée à Notre-Dame de Toutes Aides (44)

♦ Académie de Nice

Stéphane Renouf, professeur certifié au Lycée Beaussier (83)

♦ Académie d'Orléans-Tours

Nadia Boufini, professeure certifiée au Collège Michel Chasles (28)

Olivier Renard, professeur certifié au Lycée Pierre et Marie Curie (36)

Abdelmajid Setraji, professeur certifié au Lycée Benjamin Franklin (45)

♦ Académie de Paris

Hélène Balcone Boissard, maître de conférence à l'université de la Sorbonne Université (75)

Erwann Gilles, professeur agrégé au Collège Lucie et Raymond Aubrac (75)

Yann Sauvage, professeur certifié au Lycée Montaigne (75)

♦ Académie de Poitiers

Cathy Delord, professeure certifiée au Lycée Kyoto (86)

♦ Académie de Reims

Jeremy Auffret, professeur agrégé au Lycée Georges Clemenceau (51)

Oualid Bouabdillah, professeur agrégé au Lycée polyvalent Denis Diderot (52)

David Fialaire, professeur agrégé au Lycée Libergier (51)

Laure Stephan, professeure certifiée au Lycée Les Lombards (10)

♦ Académie de Rennes

François Chabanel, professeur agrégé à l'École Agnesi (22)

Sophie Pesnel, professeure certifiée au Lycée Henri Avril (22)

♦ Académie de Rouen

Julien Hebert, professeur certifié au Collège Croix Maître Renault (27)

♦ Académie de Strasbourg

Christophe Hirtz, professeur certifié au Lycée Charles de Gaulle (68)

Pierre Le Gall, professeur agrégé au Lycée Heinrich-Nessel (67)

♦ Académie de Toulouse

Marlène Carozza, professeure certifiée au Lycée Maréchal Soult (81)

Jacques Hubert, professeur agrégé au Lycée Pyrène (09)

Christine Juillerat, professeure certifiée au Lycée Pyrène (09)

♦ Académie de Versailles

Maryse Broustail, professeure agrégée au Lycée Saint-Exupéry (78)

Frédérick Divialle, professeur certifié au Lycée Vauban (95)

Marjolaine Gras, professeure certifiée au Collège Émile Verhaeren (92)

Malika Lounes, professeure certifiée à l'Institution Jeanne d'Arc (92)

Geneviève Ponsonnet, professeure agrégée au Lycée Blaise Pascal (91)

Charles Poulmaire, professeur agrégé au Lycée Van Gogh (78)

Jimmy Randriant, professeur certifié au Lycée Notre-Dame (92)

Damien Vallot, professeur certifié au Lycée Blaise Pascal (91)

Nicolas Varlot, chaire internationale au Lycée international Jean-Pierre Vernant (92)

♦ Reste du monde

Jocelin Devalette, professeur certifié au Lycée français de Tananarive (Madagascar)

Tadjou Do Rego, professeur certifié au CEG Gbedode Houndjava (Bénin)

Patrick Habis, professeur certifié au Collège des Sœurs des Saint-Cœurs Sioufi (Liban)

Mathilde Mothay, professeure au Lycée Français de Berlin (Allemagne)

Georges Poirout, professeur agrégé au Lycée Franco-Libanais Alphonse de Lamartine (Liban)

Mohammed Youcef, professeur au Lycée français d'Amman (Jordanie)

Notre comité technique aux Éditions Lelivrescolaire.fr

Directeur de l'innovation technologique : Jonathan Banon
Cheffes de projet Web : Gaëlle Chartroux, Laura Dinin
Développeur(se)s Web : Vincent Bourgeois, Arnaud Cetoute, Maxime Pech, Thomas Schell, Li Wang
Développeur infrastructure : Maximilien Derrier
Docteur en intelligence artificielle : Julien Seznec
Responsable réseaux sociaux : Robin Lespagnol
Responsable produit : Elanzize Assoumani

Vous souhaitez rejoindre notre communauté ? Contactez-nous :

auteur@lelivrescolaire.fr

Sommaire

Programmation Python

Fiches méthode

Culture du numérique et fiches techniques

Compétences transversales

Thème 1
Internet

ACTIVITÉS

Retrouvez de nombreuses activités proposant l'utilisation d'outils numériques (tableur, console Python, Arduino, micro:bit, etc.). LLS.fr/SNT2ActNum

Sommaire

Thème 2
Le Web

ACTIVITÉS

Thème 3
Les réseaux sociaux

ACTIVITÉS

Sommaire

Thème 4

Les données structurées et leur traitement

ACTIVITÉS

Thème 5

Localisation, cartographie et mobilité

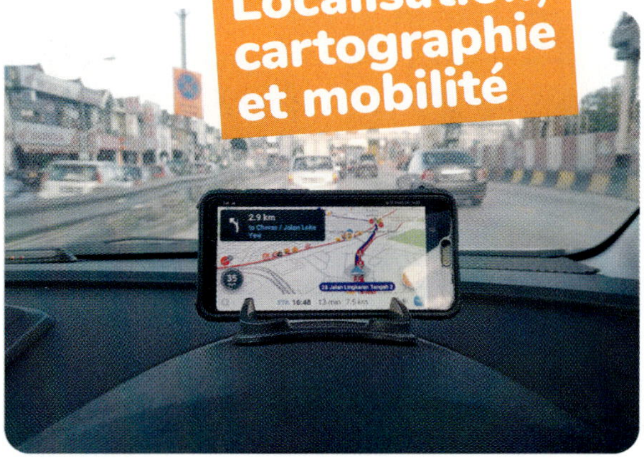

ACTIVITÉS

Thème 6

Informatique embarquée et objets connectés

Introduisez un thème ou révisez en classe de manière ludique avec des quiz sur mesure !
LLS.fr/SNT2Quiz

Thème 7

La photographie numérique

Découvrez votre manuel de SNT !

En début de thème

- → Un QCM diagnostique pour tester les prérequis du thème et remettre en question les *a priori* *(ex. : p. 74)*.
- → Une page « glossaire illustré » pour expliquer le vocabulaire le plus technique *(ex. : p. 76)*.

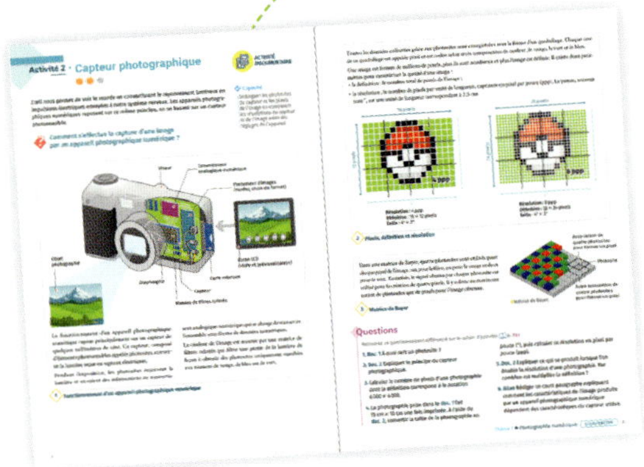

De nombreuses activités

- → Des propositions d'activités avec des langages de programmation (Python, Arduino, micro:bit, etc.) *(ex. : p. 148)*.
- → Des activités connectées pour s'entraîner à manipuler différents outils informatiques (recherche Internet, tableur, logiciels, etc.) *(ex. : p. 36)*.
- → Des propositions de travaux pratiques *(ex. : p. 59)*.
- → Des activités de groupe de niveaux de difficulté variés *(ex. : p. 102)*.
- → Des débats pour favoriser la pratique de l'oral en classe *(ex. : p. 125)*.
- → Des activités numériques supplémentaires à découvrir en ligne sur LLS.fr/SNT2ActNum.

Un cours synthétique et un bilan illustré

- → Un cours clair et structuré *(ex. : p. 62)*.
- → Plusieurs rubriques pour expliciter le vocabulaire et les chiffres-clés *(ex. : p. 84)*.
- → Les principales notions du thème illustrées et résumées dans un schéma *(ex. : p. 174)*.
- → Les questions-clés pour vérifier l'acquisition des notions essentielles *(ex. : p. 153)*.

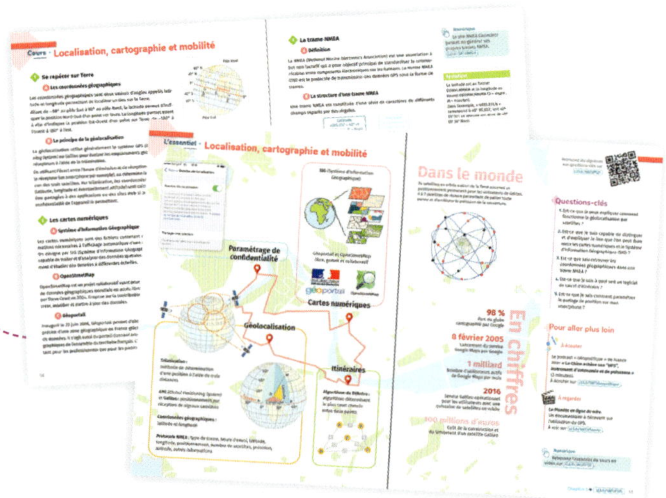

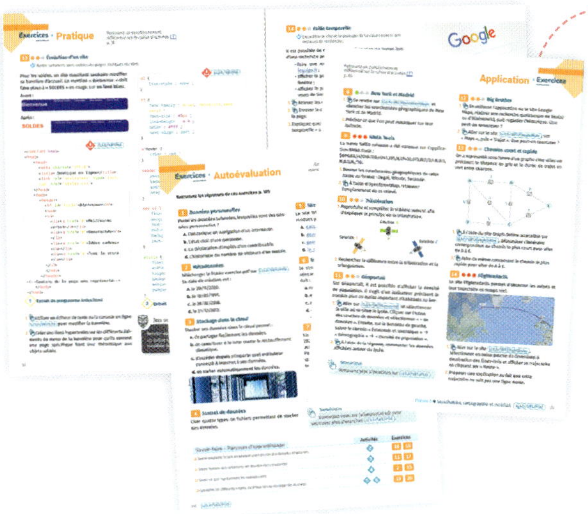

Des dizaines d'exercices pour s'entraîner

→ Des exercices de difficulté graduelle qui s'adaptent au niveau de vos élèves : des exercices d'autoévaluation pour vérifier les acquis du cours, des exercices d'application et des exercices pratiques pour aller plus loin *(ex. : p. 44)*.

→ Des exercices supplémentaires ainsi que des exercices différenciés à retrouver en version numérique sur LLS.fr/SNT2Exos.

Une page Projets

→ Deux projets par thème de difficultés variées pour mettre en activité les élèves en développant leur autonomie, leur esprit de coopération et la prise d'initiative *(ex. : p. 92)*. À réaliser seul(e) ou en groupe !

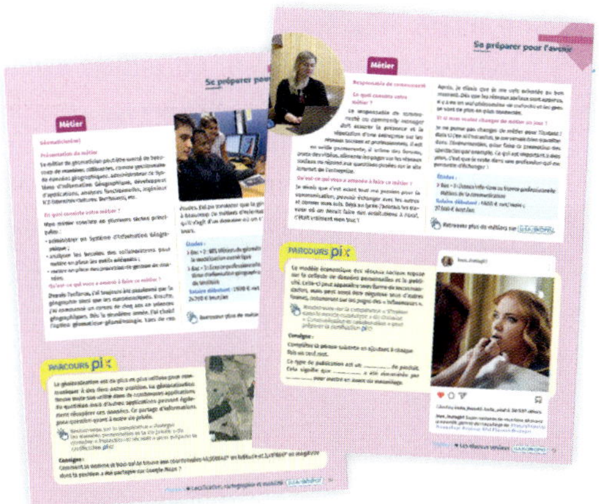

Des fiches métier et un parcours Pix

→ Pour découvrir plusieurs métiers en lien avec chaque thème *(ex. : p. 137)*.

→ Pour préparer la certification pix thème par thème *(ex. : p. 93)*.

Un cahier d'activités pour mettre en œuvre des pistes de différenciation clés en main !

→ Conçu en lien avec le manuel pour proposer une version plus accessible des activités, du cours et des exercices.

→ À découvrir en version papier et numérique ! LLS.fr/SNT2CA

Explorez votre manuel numérique enrichi !

Des activités numériques supplémentaires

→ Retrouvez en version numérique des propositions d'activités de difficultés variées ou pour aller plus loin dans l'exploration des compétences numériques. LLS.fr/SNT2ActNum

Le cours en vidéo

→ Pour chaque thème, retrouvez l'essentiel du cours en format vidéo. Une capsule courte, claire et illustrée pour réviser les notions-clés ! LLS.fr/SNT2Videos

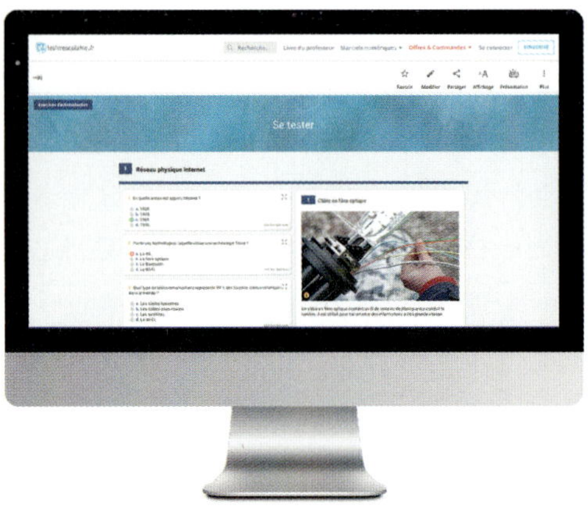

Des exercices d'autoévaluation et des exercices supplémentaires

→ Tous les exercices d'autoévaluation sont corrigés en ligne et accessibles sur Chronoquiz pour réviser en classe entière. LLS.fr/SNT2Quiz

→ Des exercices supplémentaires pour multiplier les entraînements et permettre aux élèves de progresser à leur rythme. LLS.fr/SNT2Exos

Les codes et les données téléchargeables

→ Téléchargez tous les codes Python, Arduino et micro:bit ainsi que les données de tableaux en différents formats. LLS.fr/SNT2Donnees

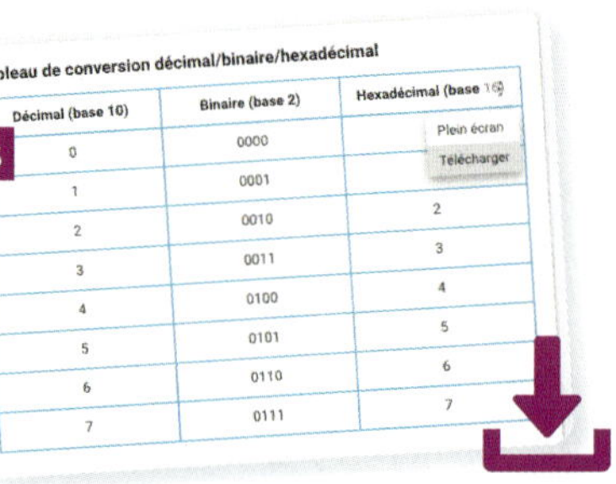
Tableau de conversion décimal/binaire/hexadécimal

Décimal (base 10)	Binaire (base 2)	Hexadécimal (base 16)
0	0000	
1	0001	
2	0010	2
3	0011	3
4	0100	4
5	0101	5
6	0110	6
7	0111	7

Et des ressources actualisées

→ Découvrez en ligne, et librement accessibles, encore plus de ressources numériques innovantes en vous connectant sur lelivrescolaire.fr ou via les mini-URL à retrouver sur chaque page.

Plusieurs applications en ligne pour une expérience numérique unique

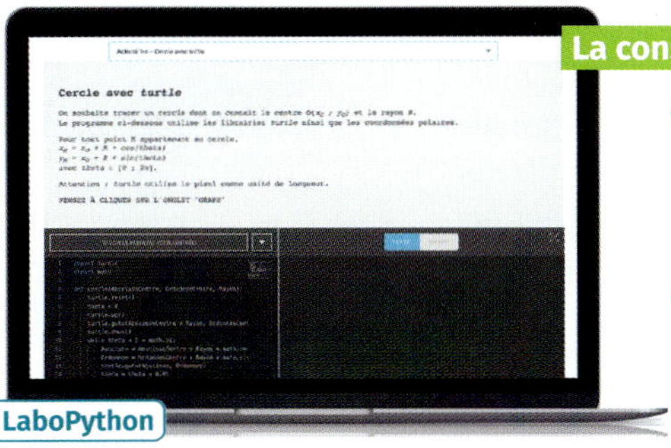

LLS.fr/LaboPython

La console Python

- Utiliser le langage de programmation Python sans installation, chez soi et même sur son *smartphone* est désormais possible sur la console Python que nous avons développée.
- Réalisez les programmes des activités et des exercices, testez-les, écrivez vos propres programmes, projetez-les facilement, téléchargez-les, puis partagez-les.

Les consoles Arduino et micro:bit

- Parce que la programmation de microcontrôleurs fait aussi partie des attentes du programme de SNT, apprenez à coder de manière intuitive, implémentez, testez, et exportez votre code Arduino ou micro:bit directement en ligne !

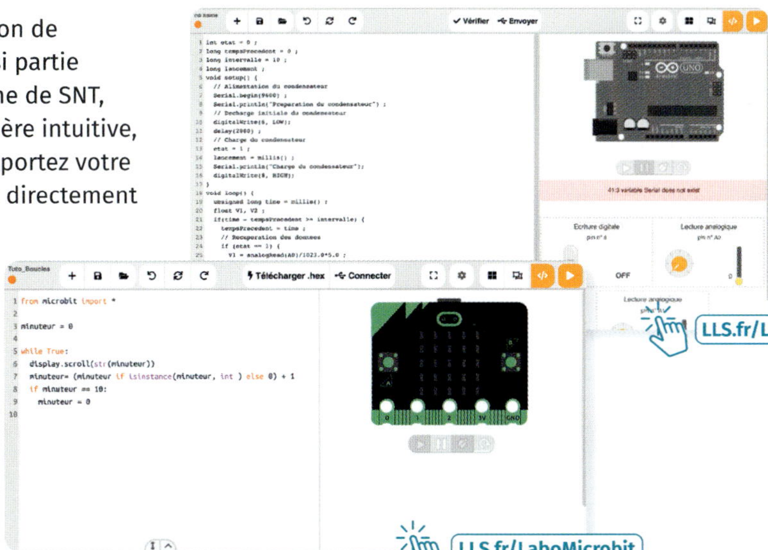

LLS.fr/LaboArduino

LLS.fr/LaboMicrobit

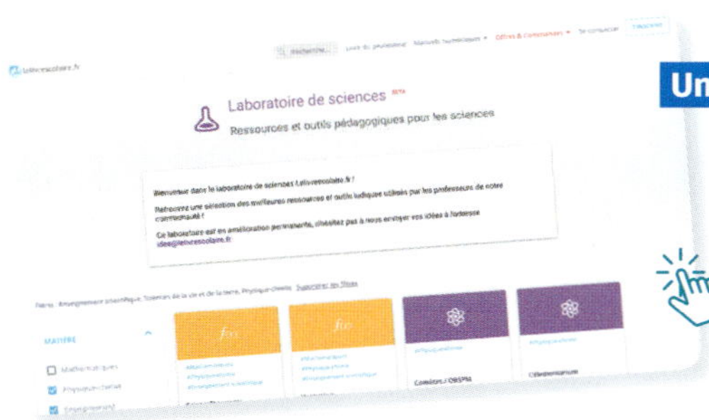

Un labo de sciences

- Pour retrouver une sélection des meilleures ressources et d'outils ludiques en SNT !

LLS.fr/LaboDeSciences

Démasquez le coupable !

Retrouvez dans la version numérique de chaque thème un exercice qui vous permettra de résoudre l'enquête suivante.

Présentation

Toutes les agences de renseignement sont en état d'alerte maximum : une série de cyberattaques coordonnées a été perpétrée dans le monde entier. Lors de ces attaques, l'ensemble des serveurs touchés a été infecté par un virus informatique qui a détourné une quantité importante de données.

Si la somme de mille milliards d'euros en équivalent cryptomonnaie n'est pas versée, le *hacker* menace de diffuser toutes les données téléchargées, des informations personnelles les plus anodines aux détails militaires stratégiques les plus sensibles.

Les agences de renseignement ont recensé une poignée de personnes qui pourraient se cacher derrière cette attaque. Les premières investigations ont permis de trouver quelques indices (voir p. 47, p. 68, p. 91, p. 112, p. 135, p. 156, p. 178).

Votre mission

Tentez de démasquer le responsable de la cyberattaque parmi les suspects suivants et rendez-vous sur LLS.fr/SNT2JeuSerieux pour communiquer vos déductions.

Cécile Vallée
- Nationalité : canadienne
- Âge : 81 ans
- Pseudo : *captainkirk*

Elle a travaillé pour la multinationale Microsoft ainsi que pour la CIA, l'agence centrale de renseignement des États-Unis.

Kenneth Trembley
- Nationalité : américainne
- Âge : 47 ans
- Pseudo : *captainamerica*

Il travaille comme développeur pour Google et a déjà collaboré avec la CIA, agence de sécurité extérieure.

Edna Guerin
- Nationalité : uruguayenne
- Âge : 26 ans
- Pseudo : *flash*

Elle a travaillé pour le réseau social Facebook et pour la CIA.

Numérique

Retrouvez la présentation détaillée de tous les suspects sur LLS.fr/SNT2JeuSerieux.

Hui Ying Tan
- Nationalité : chinoise
- Âge : 32 ans
- Pseudo : *coloneloneill*

Elle travaille pour le groupe Google, et collabore ponctuellement pour le MSS, l'agence de sécurité chinoise.

Constantine Bogolyubov
- Nationalité : russe
- Âge : 45 ans
- Pseudo : *johnconstantine*

Il travaille pour l'entreprise d'astronautique SpaceX, et est affilié au FSB, le service fédéral de sécurité en Russie.

Mitsunori Tsuchii
- Nationalité : japonaise
- Âge : 34 ans
- Pseudo : *jackbauer*

Il a travaillé pour le groupe Microsoft. Le service de renseignement français, la DGSE, fait parfois appel à ses compétences.

Dominique Paquin
- Nationalité : suisse
- Âge : 47 ans
- Pseudo : *attackontitan*

Il travaille pour le géant du Web, Google. La DGSE fait parfois appel à lui pour des opérations de sécurité extérieure.

Solaine d'Aubigné
- Nationalité : française
- Âge : 27 ans
- Pseudo : *sarahconnor*

Elle a travaillé pour Facebook et est actuellement recherchée par Interpol, l'Organisation internationale de police criminelle.

Semira Goytiom
- Nationalité : érythréenne
- Âge : 37 ans
- Pseudo : *contedooku*

Elle a travaillé pour la firme de commerce en ligne Amazon. Plusieurs sources confirment qu'elle est liée au MI6.

1 Interfaces

Découvrez la présentation de plusieurs interfaces sur LLS.fr/SNT2Fiche1.

2 Calculs

Apprendre avec des exemples

Un ordinateur est capable d'effectuer différentes opérations mathématiques avec des nombres entiers et décimaux mais également avec d'autres types de données comme des chaînes de caractères.

L'ensemble des exemples présentés par la suite sont à saisir dans la console Python ou à retrouver en ligne sur LLS.fr/SNT2P14. Pour en afficher le résultat, on utilise la fonction **`print()`**.

Le type caractérise la nature de la valeur : il peut s'agir d'un nombre entier (**`int`**), d'un nombre en virgule flottante (**`float`**), d'une chaîne de caractères (**`str`**) ou d'un booléen (**`bool`**) correspondant à **`True`** ou **`False`**.

VOIR LE RÉSULTAT (CTRL+ENTRÉE) | TEXTE | GRAPH

```
print(50 + 3)
```

```
53
```

1 Opérations

Console	Valeur obtenue	Type de valeur
`50+3 # Addition de 50 et de 3`	53	int
`50-3 # Soustraction de 50 par 3`	47	int
`50*3 # Multiplication de 50 par 3`	150	int
`50/3 # Division de 50 par 3`	16.666666666666668	float
`50//3 # Division de 50 par 3 avec quotient entier`	16	int
`50%3 # Reste de la division de 50 par 3`	2	int
`1.025e8 # Multiplication de 1,025 par 10 puissance 8`	1.025e+8	float
`0x7DD # Conversion du nombre hexadécimal 7DD en décimal`	2013	int
`0b10000100 # Conversion d'un nombre binaire en décimal`	132	int
`2**3 # Opération consistant à élever 2 à la puissance 3`	8	int

2 Tests

Tests ♦ Les tests sont très utiles en programmation car ils permettent, suivant les résultats, d'exécuter différentes instructions.

Console	Valeur obtenue	Type de valeur
`2 < 8 # Teste l'affirmation selon laquelle 2 est inférieur à 8`	True	bool
`2 == 8 # Teste l'affirmation selon laquelle 2 est égal à 8`	False	bool
`2 != 7 # Teste l'affirmation selon laquelle 2 est différent de 7`	True	bool

3 **Chaîne de caractères** ♦ Une chaîne de caractères peut subir des opérations en programmation, notamment en assemblant plusieurs chaînes ensemble.

Console	Valeur obtenue	Type de valeur
`"Vive la " + "SNT" # Concaténation de chaînes de caractères, consistant à placer les chaînes l'une à la suite de l'autre`	Vive la SNT	str
`2 * "bon" # Multiplication d'une chaîne de caractères par un entier, consistant à placer deux chaînes l'une après l'autre`	bonbon	str

4 **Import** ♦ L'importation du module **`math`** permet l'utilisation de fonctions mathématiques usuelles.

Console	Affichage

`from math import *`
`# Importation de toutes les fonctions du module math`
 	
`print(sqrt(2)) # Affichage de la racine carrée de 2`
`print(pi) # Affichage de la valeur de pi`
`print(pow(3,4)) # Affichage de l'élévation de 3 à la puissance 4`
	1.4142135623730951
	3.141592653589793
	81.0

Numérique

Retrouvez plus d'exemples sur LLS.fr/SNT2P15.

BILAN

Les principaux types de données sont **`int`** pour *integer* (les entiers), **`float`** pour *floating-point arithmetic* (les nombres à virgule flottante), **`bool`** pour *boolean* (vrai ou faux), **`str`** pour *string* (les chaînes de caractères). Il est possible d'importer des modules comme **`math`** pour effectuer des opérations mathématiques plus complexes. La syntaxe est **`from nom_du_module import *`** pour importer toutes les fonctions du module.

Il est également possible, si l'on souhaite importer seulement la fonction racine carrée, de taper dans la console :

Console
`from math import sqrt`

La syntaxe suivante permet également d'importer des modules :

Console	Affichage

`import math # Importation de toutes les fonctions du module math`
 	
`print(math.sqrt(2)) # Affichage de la racine carrée de 2`
	1.4142135623730951

Dans ce cas, il est néanmoins nécessaire de préfixer les fonctions utilisées en indiquant le module **`math`**.

Pour aller plus loin et consulter d'autres fonctions mathématiques, rendez-vous sur LLS.fr/SNT2FonctionPython.

1 Prévision de valeur et type

1. Prévoir le résultat des opérations ci-dessous en complétant le tableau, sans utiliser la console.

Console	Valeur obtenue	Type de valeur
`3 + 19`		
`2.5 + 3.1`		
`2.5 + 5`		
`'SNT ' + ' NSI'`		
`17 // 5`		
`15 / 5`		

2. Vérifier les réponses précédentes à l'aide de la console.

2 Calcul avec des `float`

1. De tête, et sans utiliser de calculatrice, déterminer la valeur obtenue lorsque l'on calcule le produit $0{,}7 \times 0{,}7$.
2. Réaliser cette opération avec le langage Python. Que peut-on constater ?
3. Effectuer le même procédé pour l'opération $0{,}1 + 0{,}1 + 0{,}1$.
4. Proposer une méthode pour obtenir le résultat d'une somme ou d'un produit de nombres réels en utilisant des nombres à virgule flottante. On utilisera la fonction **`round()`** dont on peut trouver la documentation sur LLS.fr/SNT2FonctionPython.

Numérique
Retrouvez plus d'exercices sur LLS.fr/SNT2P16.

3 Instructions, variables et affectations

Apprendre avec des exemples

1 Affectations ◆ Lorsque des variables prennent différentes valeurs lors de l'exécution d'un script, on peut se servir d'un tableau pour recenser l'ensemble des valeurs de ces variables à chaque nouvelle instruction. Ici, on s'intéresse à un programme jouant sur les valeurs de deux variables **a** et **b**.

Instructions	Valeur de la variable a	Valeur de la variable b
a est initialisé et prend la valeur **2**	2	Variable inexistante
b est initialisé et prend la valeur **a + 6**	2	8
a prend la valeur **a + 3**	5	8
b prend la valeur **a - 6**	5	-1

2 Variable et initialisation ◆ On tape les instructions suivantes dans la console Python :

Console	Affichage

`x = 7 # La variable x prend pour valeur 7`
`y = 2*x # La variable y prend pour valeur le résultat de l'opération 2*x`
`x = y+3 # La variable x prend pour nouvelle valeur le résultat de l'opération y+3`
 	
`print(x, y)`
	17 14

Le script affiche le couple de valeurs des variables **x** et **y**, correspondant respectivement à **17** et à **14**.

3 Points de vie ◆ On tape les instructions suivantes dans la console Python :

Console

```
points_de_vie = 50 # La variable points_de_vie prend pour valeur 50
points_de_vie = points_de_vie - 20 # La variable points_de_vie prend
pour valeur le résultat de l'opération points_de_vie - 20

print(points_de_vie)
```

Affichage

```
30
```

Ce script correspond à ce qui se produit lorsqu'un joueur de jeux vidéo possède un avatar avec initialement 50 points de vie et qu'il subit l'attaque d'un ennemi dont la puissance lui impose des dégâts à hauteur de 20 points de vie. Suite à cette attaque, l'avatar ne possède donc plus que 30 points de vie.

4 Message concaténé ◆ Ce quatrième exemple s'intéresse cette fois-ci à des variables prenant pour valeur des chaînes de caractères (`str`).

Console

```
a = "SNT " # La variable a prend pour valeur "SNT "
b = "Vive le" # La variable b prend pour valeur "Vive le"
c = "et les " # La variable c prend pour valeur "et les "
d = "bon" # La variable d prend pour valeur "bon"
e = "s " # La variable e prend pour valeur "s "
f = b + e + a # La variable f prend pour valeur le résultat de la
concaténation de b + e + a

print(f + c + d*2 + e) # Affichage de la concaténation de f + c + d*2 + e
```

Affichage

```
Vive les SNT et
les bonbons
```

BILAN

Une variable est un espace mémoire dans lequel un programme stocke une valeur pour la mémoriser. Les variables possèdent un nom (qui permet de les distinguer les unes des autres) auquel est associée une valeur. La valeur peut être de différents types : nombre (**`int`** ou **`float`**), chaîne de caractères (**`str`**), booléen (**`True`** ou **`False`**). On dit que les valeurs des variables sont typées.

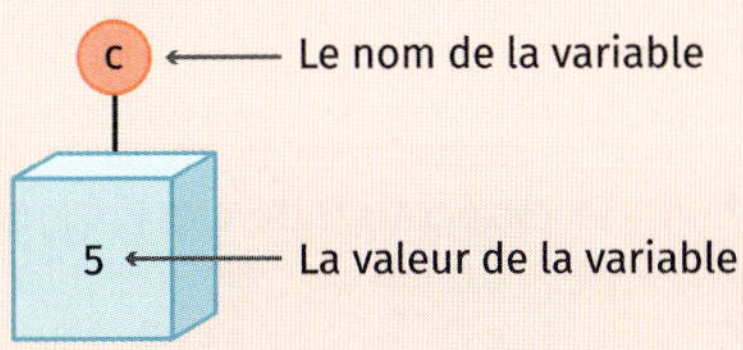

Une variable informatique peut être vue comme une boîte avec un nom (étiquette) qui peut contenir différentes valeurs.

Programmation

BILAN

Les variables contiennent une valeur qui peut être amenée à varier au cours de l'exécution du programme. Une instruction d'affectation comme `i = 12` se lit « **i** prend pour valeur l'entier **12** » ou « **i** reçoit la valeur correspondant à l'entier **12** ». Cet entier **12** est alors mis en mémoire. Ensuite, on lui associe une variable nommée **i**.

Certaines instructions d'affectation peuvent dépendre de la valeur d'une variable existante, comme par exemple `y = x + 4`. Dans ce cas-là, l'instruction est exécutée de la façon suivante :

- elle évalue dans un premier temps le résultat de l'opération `x + 4` en ajoutant **4** à la valeur contenue dans la variable **x** ;
- elle met le résultat de l'opération en mémoire ;
- elle termine son exécution en mettant le résultat dans la variable **y**.

Lors d'une affectation, le membre de gauche reçoit la valeur du membre de droite.

Remarque : il est important de donner des noms de variables explicites afin de faciliter la lecture d'un programme par une tierce personne, voire pour soi-même si le programme est très long. Le nom d'une variable ne doit pas contenir d'espace et ne doit pas commencer par un chiffre.

Par exemple, si une variable doit contenir le score dans un jeu, on privilégiera **score** plutôt que **a** ; de la même façon, si une variable doit contenir les points de force d'un personnage de jeu vidéo, il est préférable de la nommer de manière explicite par **points_de_force** ou bien par **PointsDeForce**.

1 Prévision de valeur

```python
a = 11
a = a + 1

print(a)
```

1. Expliquer le rôle des trois instructions.
2. Prévoir la valeur de la variable **a** après l'exécution des deux premières instructions.
3. Tester le code pour vérifier la prévision.

2 Prévision plus complexe

Le script suivant fait intervenir trois variables différentes :

```python
a = 3
b = 5
p = a*b
a = 2

print(p)
```

- Après l'exécution de ces instructions, prévoir la valeur de la variable **p**. Vérifier le script.

Numérique

Retrouvez plus d'exercices sur LLS.fr/SNT2P18.

3 Aire d'une surface rectangulaire

Un script très utile permettant de calculer l'aire d'un rectangle à partir de ses dimensions est présenté ci-dessous.

```python
largeur = # À remplir
longueur = 15

aire = longueur*largeur
```

- Déterminer la valeur de la variable **largeur** afin que la valeur de la variable **aire** soit égale à **37.5** après exécution du script.

4 Prévision

Initialement, aucune des variables n'est initialisée.

- Compléter le tableau donnant le contenu de chacune des variables **a**, **b** et **c** après l'exécution de chacune des lignes.

Instructions	Valeur de la variable a	Valeur de la variable b	Valeur de la variable c
`a = 2`			
`b = 4`			
`c = a + 3`			
`b = b - c`			
`a = b + c`			

4 Fonctions

Apprendre avec des exemples

1 Fonction `randit` ♦ Dans un jeu de combat, on souhaite calculer les dégâts infligés par une massue sur les ennemis du joueur. Pour apporter une certaine part de hasard dans ces coups, les dégâts infligés correspondent à un nombre entier compris entre 1 et 10.

Console

```python
from random import randint # Import de la fonction randint du module random

def calcul_degat() : # Définition de la fonction calcul_degat(), l'ensemble des instructions qui la constituent est affectée d'une indentation
    """La fonction calcul_degat renvoie un nombre entier aléatoire compris entre 1 et 10""" # Documentation dont la syntaxe est spécifique à la présentation du rôle de la fonction
    degat = randint(1, 10) # Tirage aléatoire entre 1 et 10
    return degat # Renvoi de la valeur de la variable degat grâce à l'instruction return

print(calcul_degat()) # Affichage de la valeur retournée pour la fonction calcul_degat()
```

Affichage

```
2
```

Après l'exécution du script, la fonction peut être effectuée plusieurs fois dans la console pour afficher la valeur obtenue pour le tirage aléatoire :

Console

```python
print(calcul_degat())
print(calcul_degat())
print(calcul_degat())
```

Affichage

```
4
9
10
```

Une fois cette fonction définie, il est possible de l'utiliser et de la mettre à profit dans un programme plus complet permettant d'évaluer le nombre de points de vie restant d'un personnage :

Console

```python
points_de_vie = 50 # La variable points_de_vie est affectée de la valeur 50
points_de_vie = points_de_vie - calcul_degat() # Un coup de massue est asséné au personnage, la variable points_de_vie a une nouvelle valeur calculée à partir de sa précédente et de la fonction calcul_degat()
print(points_de_vie) # Affichage de la valeur de la variable points_de_vie
```

Affichage

```
45
```

2 *« Help, I need somebody, help ! »* ♦ Dans la console, en utilisant la fonction **`help()`**, on peut afficher la documentation d'une fonction qui a été précisée à l'aide des trois guillemets.

Console

```python
help(calcul_degat)
```

Affichage

```
Help on function calcul_degat in module main :

calcul_degat()
La fonction calcul_degat renvoie un nombre entier compris entre 1 et 10
```

Programmation

3 **Coup de massue encadré** ♦ On modifie la fonction **`calcul_degat()`** afin de tenir compte du minimum et du maximum de dégâts que peut infliger une arme. On considère cette fois-ci que la massue doit au minimum réduire de 5 points les points de vie totaux d'un personnage, mais elle ne peut diminuer de plus de 20 points ce solde total à chaque coup.

Console

```
from random import randint

def calcul_degat(min, max) : # Nouvelle définition de la fonction nécessitant deux arguments
    """La fonction calcul_degat renvoie un nombre entier aléatoire compris entre min et max"""
    degat = randint(min, max) # Tirage aléatoire entre les arguments min et max
    return degat # Renvoi de la valeur de la variable degat
```

Après l'exécution du script, on peut appeler cette fonction dans la console.

Console	Affichage
`print(calcul_degat(5, 20))`	11

On peut appeler cette fonction dans un programme plus complet, incluant l'introduction d'une nouvelle arme pouvant infliger 10 à 15 points de dégâts.

Console

```
points_de_vie = 50 # La variable points_de_vie est affectée de la valeur 50.
points_de_vie = points_de_vie - calcul_degat(5, 20) # La valeur de la variable points_de_vie est modifiée par un appel de la fonction calcul_degat(5, 20) correspondant à un coup de massue
print(points_de_vie) # Affichage du solde de points_de_vie

points_de_vie = points_de_vie - calcul_degat(10, 15) # La valeur de la variable points_de_vie est modifiée par un appel de la fonction calcul_degat(10, 15) correspondant à un coup d'une autre arme pouvant diminuer entre 10 et 15 points le solde de points de vie d'un personnage
print(points_de_vie) # Affichage du solde de points_de_vie
```

Affichage

```
43
31
```

4 **Affichage et interactions** ♦ La fonction **`print()`** utilisée de nombreuses fois auparavant est une fonction qui permet d'afficher des valeurs.

Console

```
print("SNT")
print(3**7)
```

Affichage

```
SNT
2187
```

La fonction **`input()`** met en pause l'exécution du programme et permet à l'utilisateur d'entrer une valeur.

Console

```
prenom = input("Quel est votre prénom ?")
print('Bonjour ' + prenom)
```

Interaction avec l'utilisateur

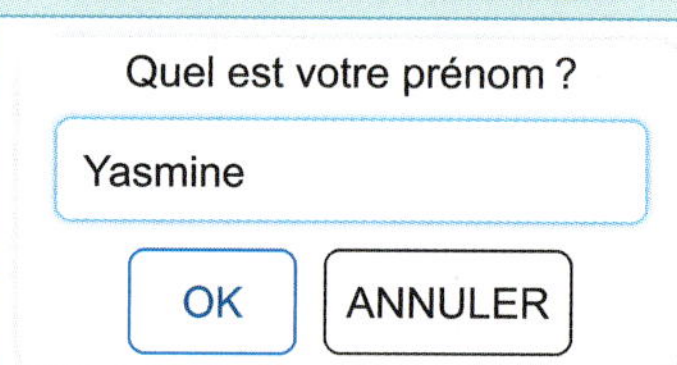

Affichage

```
Bonjour
Yasmine
```

Numérique
Retrouvez la suite de l'exemple 4 sur LLS.fr/SNT2P21.

BILAN

Les différentes étapes nécessaires à la déclaration d'une fonction sous la forme d'un protocole sont :
- commencer par le mot réservé **`def`** ;
- écrire le nom de la fonction ;
- écrire éventuellement la liste des arguments nécessaires au fonctionnement de la fonction ;
- déclarer, à l'aide du symbole « **`:`** » le bloc correspondant à la fonction (l'ensemble de ce bloc doit être indenté, c'est-à-dire être décalé vers la droite par rapport au mot réservé **`def`**) ;
- ajouter la description de la fonction à l'intérieur des symboles `"""` et `"""` ;
- terminer par l'instruction **`return`** suivie de la valeur ou de la variable dont la valeur est à renvoyer.

Une fonction est une portion de code (sorte de sous-programme) définie en début de programme et qui peut être appelée autant de fois que nécessaire. L'utilisation des fonctions permet :
- d'éviter la répétition de lignes de code équivalentes ;
- de mettre en relief les données et les résultats (entrées et sorties de la fonction) ;
- de la réutiliser dans d'autres scripts par l'intermédiaire du mécanisme **`import`** ;
- de décomposer une tâche complexe en tâches plus simples.

On obtient ainsi des programmes plus courts et plus lisibles. L'instruction **`return`** stoppe l'exécution de la fonction et retourne une ou plusieurs données.

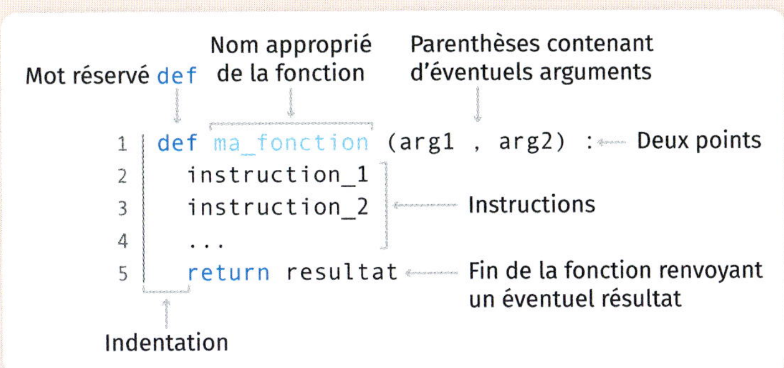

1 Double d'argument

◆ Écrire une fonction **`double(x)`** qui, pour un argument **`x`** donné, renvoie le double de sa valeur.

2 Prévision de renvoi

```
def QuelRenvoi(a,b):
    c = a + 1
    d = b**2
    return c - d
```

1. Prévoir la valeur renvoyée par l'appel de fonction **`QuelRenvoi(3,2)`**.
2. Tester le code pour vérifier.

3 Appel de fonction avec arguments

```
def PourquoiDonnerA(a,b):
    a = 10
    return a*b
```

1. Prévoir la valeur renvoyée par l'appel de la fonction **`PourquoiDonnerA(5,2)`**.
2. Proposer le code d'une fonction plus simple, renvoyant exactement les mêmes valeurs, dont le nombre d'arguments est différent.

Numérique
Retrouvez plus d'exercices sur LLS.fr/SNT2P21.

5 Structures conditionnelles

Apprendre avec des exemples

1 **Transformation d'image** ♦ On souhaite transformer une image numérique en niveaux de gris dont les valeurs des pixels sont des entiers compris entre 0 et 255. On remplace un à un les pixels d'une image par rapport à une valeur seuil fixée. Ainsi, si un pixel a une valeur inférieure au seuil (par exemple 100), il prendra la valeur 0.

Fonction

```python
def modification_image(niveau,seuil) :
   if niveau < seuil : # Démarrage du bloc d'instructions à exécuter si la variable niveau possède une valeur inférieure à celle de seuil
      niveau = 0 # La variable niveau prend pour valeur 0 si c'est le cas
      return niveau # La nouvelle valeur de niveau est retournée et l'appel de la fonction est interrompu
   else : # Démarrage du bloc d'instructions si la condition n'est pas vérifiée
      return niveau # Renvoi de la valeur initiale de niveau
```

On peut proposer un autre code, plus allégé, en introduisant un **`return`** en dehors de la structure conditionnelle :

Fonction simplifiée

```python
def modification_image(niveau,seuil) :
   if niveau < seuil :
      niveau = 0
   return niveau
```

Dans la console on appelle la fonction **`modification_image()`** avec différents arguments.

Suite du programme	Affichage
`print(modification_image(5,100))` `print(modification_image(200,100))`	0 200

2 **Seuillage** ♦ On souhaite transformer une image en niveau de gris dont les valeurs des pixels sont des entiers compris entre 0 et 255 en une image dont les valeurs de pixels ne peuvent avoir que la valeur 1 ou 0. On parle alors d'une image binaire, ou image en noir et blanc. On remplace un à un les pixels d'une image par rapport à une valeur seuil fixée. Ainsi, si un pixel a une valeur supérieure au seuil, il prendra la valeur 1 (blanc), et si sa valeur est inférieure ou égale, il prendra la valeur 0 (noir).

Programme

```python
def seuillage(niveau,seuil) :
   if niveau > seuil :
      return 1
   else :
      return 0

print(seuillage(150, 123))
print(seuillage(100, 123))
```

Affichage

```
1
0
```

La fonction peut être légèrement raccourcie en utilisant l'instruction **return** différemment (à l'intérieur et en dehors de la structure conditionnelle) :

Code alternatif

```
def seuillage(niveau,seuil) :
   if niveau > seuil :
      return 1
   return 0
```

3 Rang des Jedi ◆ On souhaite déterminer le rang d'un Jedi en fonction du nombre d'années de formation qu'il a suivies. Les trois rangs Jedi sont les suivants :

- Padawan : apprenti Jedi qui apprend les techniques de combat au sabre laser et reçoit des enseignements sur l'utilisation de la Force. Il reçoit un entraînement intensif sous la tutelle d'un chevalier ou d'un maître Jedi. Ce n'est qu'après une longue période de 10 années que le padawan est autorisé par le conseil Jedi à accéder au rang de chevalier Jedi.
- Chevalier : membre plus important que le simple padawan. Sa maîtrise de la Force et des techniques de combat en font un gardien de la paix craint par tous les criminels de la galaxie. Ce rang est conservé durant près de cinq années avant que le conseil Jedi n'accorde au chevalier le rang de maître Jedi.
- Maître : rang le plus élevé des Jedi. Certains d'entre eux constituent le conseil Jedi. Sa principale mission est de diriger les chevaliers Jedi et les padawans à travers la galaxie pour assurer la paix et maintenir l'ordre dans la République.

Programme

```
def rang_jedi(formation) :
   if formation <= 10 and formation >= 0 :
      return "Padawan"
   elif formation <= 15 and formation > 10 :
      return "Chevalier"
   elif formation > 15 :
      return "Maître"
   else :
      return "Rang indéterminé"

print(rang_jedi(12), rang_jedi(8), rang_jedi(20), rang_jedi(-5))
```

Affichage

```
Chevalier
Padawan
Maître
Rang indéterminé
```

BILAN

Dans un programme, on peut tester une condition. Cette condition est soit vraie (**True**) soit fausse (**False**).

Opérateurs de comparaison

Opérateur	Signification
<	strictement inférieur à
<=	inférieur ou égal à
>	strictement supérieur à
>=	supérieur ou égal à
==	égal à (attention à ne pas confondre avec l'opérateur d'affectation =)
!=	différent de

Programmation

BILAN

Algorithme	Explication	Programme Python
si condition instruction1	Si **condition** est **True** alors **instruction1** est exécutée. Si **condition** est **False** alors **instruction1** est ignorée.	`if condition :` `instruction1`

si condition
instruction1
instruction2
sinon
instruction3
	Si **condition** est **True** alors **instruction1** et **instruction2** sont exécutées et **instruction3** est ignorée.
	Sinon, c'est-à-dire si **condition** est **False**, **instruction3** est exécutée et les instructions **instruction1** et **instruction2** sont ignorées.
		`if condition :`
		`instruction1`
		`instruction2`
		`else :`
		`instruction3`

```
if condition :
    instruction_1
    instruction_2
    ...
instructions suivantes
```

Mot réservé `if` — Condition testée — Deux points — Bloc d'instructions indenté exécuté uniquement si la condition est vérifiée — Suite du programme

```
if condition :
    instruction
    instruction
    ...
else
    instruction
    ...
instructions suivantes
```

Bloc exécuté si la condition est vérifiée — Bloc exécuté si la condition n'est pas vérifiée

1 Attaque ratée

Dans un jeu vidéo, l'attaque d'un monstre peut parfois être manquée et les dégâts assénés au personnage sont alors nuls. On souhaite créer une fonction **attaque()** qui renvoie « Attaque ratée » dans 20 % des cas.

- Compléter la fonction **attaque()** ci-dessous :

```python
from random import randint

def attaque() :
    if randint(1, 10) <= ... : # À remplir
        return "Attaque réussie !"
    else :
        return "Attaque ratée !"
```

2 Condition mystérieuse

On considère la fonction suivante :

```python
def mystere(n) :
    if n <= 10 :
        points = 15
    else :
        if n == 12 :
            points = 18
        else :
            points = 20
    return points
```

1. Prévoir le résultat pour les appels **mystere(17)** et **mystere(12)**.
2. Vérifier la prévision en exécutant un programme appelant cette fonction.

3 Bon chemin

Un lutin s'est perdu dans la forêt. Il a le choix entre trois chemins A, B et C. Il décide de lancer un dé à 10 faces. Si le résultat est inférieur ou égal à 2, il choisit le chemin A. Si le résultat est compris entre 3 et 5, il choisit le chemin B. Sinon, il choisit le chemin C.

- Compléter la fonction **chemin()** du programme ci-dessous permettant de choisir le chemin :

```python
from random import randint

def chemin() :
    de = ... # À remplir
    if de <= ... : # À remplir
        return "A"
    elif de <= ... : # À remplir
        return "B"
    else :
        return "C"
```

Numérique
Retrouvez plus d'exercices sur LLS.fr/SNT2P24.

6 Boucles bornées

Apprendre avec des exemples

1 **Bart Simpson** ♦ On souhaite créer un programme permettant à Bart Simpson de s'épargner la punition fastidieuse imposée par son institutrice Mme Krapabelle. Celui-ci met en jeu le principe de boucle bornée.

Programme	Affichage

`phrase = "Je dois faire mes exercices régulièrement"`
`for i in range(1, 51) :`
`    print(str(i) + ". " + phrase)`
	`1. Je dois faire mes exercices régulièrement`
	`2. Je dois faire mes exercices régulièrement`
	`3. Je dois faire mes exercices régulièrement`
	`...`
	`48. Je dois faire mes exercices régulièrement`
	`49. Je dois faire mes exercices régulièrement`
	`50. Je dois faire mes exercices régulièrement`

On remarquera que les différentes valeurs de **i** vont de **1** (inclus) à **51** (exclu) en augmentant de 1 en 1. Cela conduit donc à afficher 50 lignes, numérotées de 1 à 50.

2 **Jeu de rôle** ♦ Dans un jeu de rôle, la carte bonus vie permet de multiplier par 1,2 les points de vie à chaque tour de jeu. La fonction **augmentation()** renvoie le nombre de points de vie après un nombre **n** de tours. La fonction **round()** permet de renvoyer l'arrondi à l'unité de la valeur placée en argument.

Console	Affichage

`def augmentation(points_de_vie, n) :`
`    for i in range(n) :`
`        points_de_vie = points_de_vie*1.2`
`    return round(points_de_vie)`
 	
`print(augmentation(10,3))`
	17

En reprenant pas à pas l'exécution du programme, la variable **points_de_vie** est initialisée et prend pour valeur **10**. La variable **n** est initialisée et prend pour valeur **3**.

- La variable **i** prend pour valeur **0**. L'instruction indentée est exécutée. La variable **points_de_vie** prend pour valeur le résultat de l'opération $10 \times 1{,}2 = 12$.
- La variable **i** prend pour valeur **1**. L'instruction indentée est exécutée. La variable **points_de_vie** prend pour valeur le résultat de l'opération $12 \times 1{,}2 = 14{,}4$.
- La variable **i** prend pour valeur **2**. L'instruction indentée est exécutée. La variable **points_de_vie** prend pour valeur le résultat de l'opération $14{,}4 \times 1{,}2 = 17{,}28$.

La valeur de la variable **i** ayant atteint sa valeur maximale, la boucle se termine et la fonction renvoie la valeur arrondie à l'entier le plus proche de la variable **points_de_vie**. On remarquera que les différentes valeurs de **i** vont de **0** (inclus) à **3** (exclu) en augmentant de 1 en 1 : on parle d'incrémentation.

Programmation

3 Décomposition de chaîne

Programme	Affichage

`phrase = "Salut"`
`for caractere in phrase :`
`    print(caractere)`
	S
	a
	l
	u
	t

La variable **phrase** prend pour valeur la chaîne de caractères "**Salut**". La boucle permet de parcourir la chaîne de caractères en initialisant la variable **caractere** avec le premier élément de la valeur de **phrase**.

La variable **caractere** prend pour valeur "**S**". L'instruction indentée est exécutée et permet l'affichage de la valeur de **caractere**. Puis, la variable **caractere** prend pour valeur "**a**". L'instruction indentée est exécutée. Et ainsi de suite pour tous les autres caractères.

Numérique
Retrouvez plus d'exemples sur LLS.fr/SNT2P26.

BILAN

Dans un programme, il peut être nécessaire de répéter plusieurs fois la même série d'instructions. Lorsque l'on connaît le nombre de répétitions, on peut utiliser une boucle bornée.

Algorithme	Explication	Programme Python

Pour i allant de 1 à n
  instruction1
  instruction2
	La variable **i** est un compteur.
	La valeur de **i** est égale à **1** puis les instructions **instruction1** et **instruction2** sont exécutées.
	La valeur de **i** augmente de 1.
	La valeur de **i** est égale à **2** puis les instructions **instruction1** et **instruction2** sont exécutées et ainsi de suite.
	Enfin, la valeur de **i** est égale à **n** puis les instructions **instruction1** et **instruction2** sont exécutées.
	La valeur **n+1** est exclue.
		`for i in range(1, n+1) :`
		`    instruction1`
		`    instruction2`

Il existe d'autres syntaxes pour une boucle bornée.

Programme Python	
`for i in range(1, 10, 2) :` `    instruction`	**i** prend pour valeurs des entiers compris entre 1 et 10 exclu, avec un pas de 2. **i** prend pour valeur successivement **1**, **3**, **5**, **7**, **9**.
`for i in range(5) :` `    instruction`	**i** prend pour valeur successivement **0**, **1**, **2**, **3**, **4**, c'est-à-dire tous les entiers de 0 à 5 exclu.

Mots réservés for et in — Variable — Séquence à parcourir, ici 0, 1, 2, 3, ..., *n* - 1

```
for i in range(n) :
    instruction_1
    instruction_2
    ...
instructions suivantes
```

- `:` ← Deux points
- `instruction_1`, `instruction_2`, ... ← Bloc d'instructions répété *n* fois, pour i= 0, i = 1, ..., jusqu'à i = *n* - 1
- `instructions suivantes` ← Suite du programme

1 Compteur magique

1. Compléter la fonction **compte_a(motouphrase)** pour qu'elle renvoie le nombre de fois où le caractère **a** apparaît dans un mot ou une phrase placé en argument.

```
def compte_a(motouphrase) :
   compteur = 0
   for caractere in motouphrase :
      if caractere == ... : # À remplir
      compteur = ... # À remplir
   return compteur

print(compte_a('abracadabra'))
```

2. Écrire une fonction **compte_lettre(motouphrase, lettre)** pour qu'elle renvoie le nombre de fois où la lettre placée en second argument apparaît dans un mot ou une phrase placée en premier argument.

2 Fonctions différentes

1. Lancer les deux algorithmes suivants. Les deux fonctions renvoient-elles le même résultat ?

Algorithme A	Algorithme B

`def calcul1() :`
`   u = 0`
`   for i in range(3):`
`      u = 2*u+1`
`   return u`
	`def calcul2() :`
	`   u = 0`
	`   for i in range(3):`
	`      u = 2*u+1`
	`      return u`

2. Identifier la différence entre les deux fonctions. Expliquer les opérations effectuées par l'ordinateur dans les deux calculs.

3 Lancer de dés

Le programme suivant peut être utilisé pour simuler des lancers de dés successifs.

Programme

```
from random import randint

def FreqDe6(n) :
   compteur = 0
   for i in range(n) :
      de = randint(1,6)
      if de == 6 :
         compteur = compteur + 1
   return compteur/n

print(FreqDe6(10))
print(FreqDe6(10000))
```

Affichage

```
0.4
0.1673
```

1. Interpréter l'instruction **de = randint(1,6)**.
2. Interpréter le résultat obtenu.

4 Somme

```
def somme(n) :
   s = 0
   for k in range(1, n+1) :
      s = s + k**2
   return s
```

- Prévoir, avant de tester le code à l'aide d'un environnement Python, ce que renvoient les instructions suivantes **somme(4)** et **somme(0)**.

5 Factorielle

```
def fact(n) :
   if n == 0 :
      return 1
   else :
      p = 1
      for k in range(2, n+1) :
         p = p*k
   return p
```

- Prévoir, avant de tester le code, ce que renvoient les instructions **fact(5)**, **fact(0)** et **fact(1)**.

7 Boucles non bornées

Découvrez la fiche sur les boucles non bornées sur LLS.fr/SNT2PFiche7.

Thème 1

Internet

Comment Internet s'est-il imposé comme le moyen de communication privilégié entre les êtres humains et entre les machines ?

Quelles évolutions sociétales cet outil a-t-il permises ?

Passage d'une grappe de 60 satellites StarLink de la société SpaceX. Ce projet vise à fournir Internet à haut débit à tous les habitants de la Terre. La communauté scientifique s'inquiète néanmoins de la pollution lumineuse engendrée, qui gêne notamment les observations astronomiques. Fin 2020, plus de 900 satellites StarLink ont été mis en orbite ; à terme leur nombre devrait être de 12 000.

Société et numérique

Internet est un réseau mondial de réseaux informatiques. Initié aux États-Unis dans les années 1960, ce réseau est progressivement devenu le moyen de communication le plus utilisé entre les êtres humains et les machines, mais aussi entre les machines elles-mêmes.
Son développement a profondément transformé les activités humaines (échange instantané et massif d'informations, démocratisation de l'accès à de nombreux services, développement du commerce en ligne, essor des réseaux sociaux, augmentation du télétravail) mais conduit également à de nouvelles problématiques environnementales (surexploitation des terres rares, émission de gaz à effet de serre, problématique du recyclage des appareils électroniques, etc.).

Les câbles intercontinentaux permettent aux informations d'être transmises par Internet, d'un continent à un autre le plus rapidement possible.

Contenus et capacités attendus

◆ **Routage des paquets** → Activité 2 p. 34
Caractériser les principes du routage et ses limites.

◆ **Protocole TCP/IP, paquets** → Activité 3 p. 36
Caractériser quelques types de réseaux physiques : obsolètes ou actuels, rapides ou lents, filaires ou non. Distinguer le rôle des protocoles IP et TCP. Distinguer la fiabilité de transmission et l'absence de garantie temporelle.

◆ **Adresses symboliques et serveurs DNS** → Activité 4 p. 38
Sur des exemples réels, retrouver une adresse IP à partir d'une adresse symbolique et inversement.

◆ **Réseaux pair-à-pair, indépendance d'Internet par rapport au réseau physique** → Activité 5 LLS.fr/SNT2T1ActNum
Décrire l'intérêt des réseaux pair-à-pair ainsi que les usages illicites qu'on peut en faire. Caractériser l'ordre de grandeur du trafic de données sur Internet et son évolution.

Numérique

Rendez-vous sur LLS.fr/SNT2P29 pour :
- visionner le passage des satellites Starlink en vidéo ;
- monter à bord d'un navire posant des câbles sous-marins.

Se tester

ChronoQuiz
Entraînez-vous en classe sur ChronoQuiz
LLS.fr/SNT2P30

1 Le réseau Internet

1. En quelle année est apparu le premier réseau précurseur d'Internet ?
- **a.** 1920.
- **b.** 1945.
- **c.** 1969.
- **d.** 1991.

2. Parmi ces propositions, laquelle utilise une technologie filaire ?
- **a.** La 4G.
- **b.** La fibre optique.
- **c.** Le Bluetooth.
- **d.** Le Wi-Fi.

3. Quel type de télécommunications représente 99 % des liaisons intercontinentales dans le monde ?
- **a.** Les câbles terrestres.
- **b.** Les câbles sous-marins.
- **c.** Les satellites.
- **d.** Le Wi-Fi.

1 Câble en fibre optique

Un câble en fibre optique contient un fil de verre ou de plastique qui conduit la lumière. Il est utilisé pour transmettre des informations à très grande vitesse.

2 L'échange de données par Internet

1. L'adresse IP d'une machine correspond à :
- **a.** une adresse géographique.
- **b.** un numéro d'identification de la machine.
- **c.** un identifiant de la machine sur un réseau.
- **d.** un nom de machine.

2. Le terme protocole signifie :
- **a.** une méthode à suivre en plusieurs étapes pour réaliser une tâche.
- **b.** un mode d'emploi.
- **c.** une solution à un problème complexe.

3. Lors de l'envoi d'un fichier par Internet entre deux ordinateurs :
- **a.** le fichier est envoyé et reçu en un seul bloc.
- **b.** s'il y a un problème de transmission, le fichier peut être perdu.
- **c.** le fichier est découpé en petits morceaux qui sont numérotés et envoyés séparément.

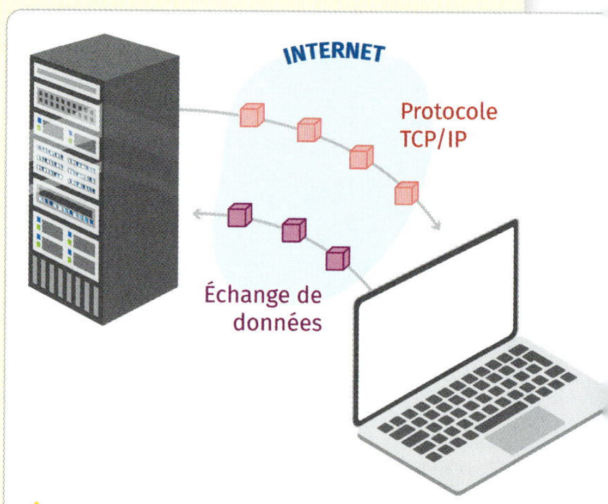

2 Protocoles TCP/IP

Pour échanger des données, Internet est basé sur l'utilisation de protocoles. Les plus connus sont le protocole IP et le protocole TCP.

Retrouvez les exercices autocorrigés sur LLS.fr/SNT2P31

3 Les adresses pour la navigation sur Internet

1. Que signifie l'acronyme DNS ?
- **a.** *Domain Name System.*
- **b.** *Domain Natural System.*
- **c.** *Domain Name Server.*
- **d.** *Domain Natural Server.*

2. Wikipedia.org est un nom de domaine qui est :
- **a.** plus simple à retenir qu'une adresse IP.
- **b.** une marque déposée.
- **c.** une propriété immobilière.

3. Pour accéder à une ressource, en naviguant sur Internet, il faut :
- **a.** envoyer une requête pour demander la permission d'y accéder.
- **b.** être en navigation privée.
- **c.** parfois donner un mot de passe.
- **d.** toujours justifier son identité.

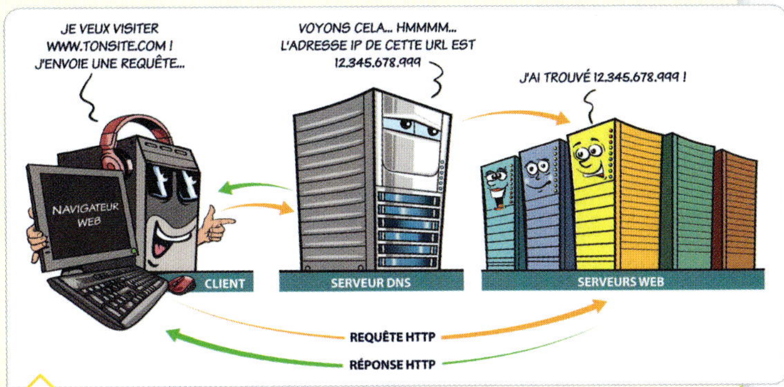

3 Illustration d'une requête DNS

Pour visiter un site, le navigateur envoie une requête à un serveur DNS.

4 Les partages et les téléchargements sur Internet

1. Que signifie le terme pair-à-pair, ou *peer-to-peer* en anglais ?
- **a.** Un échange de données entre un émetteur et un récepteur.
- **b.** Un échange de données entre différents ordinateurs où chacun joue à la fois le rôle d'émetteur et celui de récepteur.
- **c.** Une connexion entre deux ordinateurs.

2. Le *streaming* vidéo :
- **a.** représente la plus grosse part du trafic de données sur Internet.
- **b.** représente une part plutôt mineure du trafic de données sur Internet.
- **c.** consiste essentiellement en des vidéos mignonnes de petits chats.

4 Sites de *streaming* vidéo

Avec le développement des capacités du réseau Internet, les vidéos sont désormais facilement accessibles. L'ampleur de ce phénomène est telle qu'il remet en cause toute l'industrie du cinéma, notamment avec la fermeture des salles pendant la pandémie du Covid-19.

Le protocole IP

Définition • Ensemble de normes permettant d'identifier, de nommer les appareils connectés à Internet par l'attribution d'une adresse spécifique, dite adresse IP, et d'orienter les transferts de données.

En d'autres termes • Ce sont les règles utilisées pour identifier et acheminer des informations entre les appareils connectés à Internet, grâce à une adresse IP unique. On peut comparer cette adresse à l'Identifiant National Élève fourni à chaque candidat sur les convocations des examens pour bien les distinguer.

Le protocole TCP/IP

Définition • Ensemble de normes régissant les transmissions de données entre émetteur et récepteur par paquets numérotés et s'assurant de leur assemblage et de leur intégrité.

En d'autres termes • Ce sont les règles utilisées pour envoyer des données en les découpant en petits morceaux et en les réassemblant à la fin. Ce protocole endosserait en quelque sorte le rôle des déménageurs qui empaquetteraient tous les biens d'une famille pour les transporter dans un autre lieu, en replaçant correctement tous les meubles.

Le serveur DNS

Définition • Système reposant sur un grand nombre d'ordinateurs pour établir la correspondance entre une adresse symbolique et son adresse IP.

En d'autres termes • C'est un système qui permet de retrouver une adresse très précise à partir d'un nom. À l'accueil d'une très grande entreprise, les standardistes ont le même rôle d'aiguillage pour les personnes qui se présentent avec des requêtes très différentes les unes des autres.

Le réseau pair-à-pair

Définition • Modèle d'échange sur Internet où chaque entité est à la fois client et serveur partiellement ou totalement décentralisé.

En d'autres termes • Il s'agit d'un système d'échanges de données entre deux ordinateurs, sans machine intermédiaire. En classe, c'est comme si le professeur répondait à la question d'un élève : cet élève deviendrait alors capable d'endosser le rôle du professeur pour répondre à son tour à cette même question posée par un autre élève.

Les repères historiques

Au cours de la seconde moitié du XXe siècle, en pleine guerre froide, la transmission des télécommunications stratégiques était au cœur des préoccupations. Elle devait pouvoir résister aux éventuelles attaques nucléaires. Cette préoccupation d'ordre militaire est à l'origine de la création de l'ancêtre d'Internet.

Quelles sont les dates marquantes de l'apparition et de l'évolution d'Internet ?

Premiers pas

Le premier réseau d'ordinateurs connectés entre eux apparaît sous le nom d'Arpanet aux États-Unis. Il ne connectait que quelques sites universitaires de la côte ouest américaine. L'apparition du protocole TCP/IP marque la naissance d'Internet.

1. À l'aide d'une recherche complémentaire sur les sites LLS.fr/SNT2Arpanet et LLS.fr/SNT2Internet, relever les dates d'apparition d'Arpanet et d'Internet.

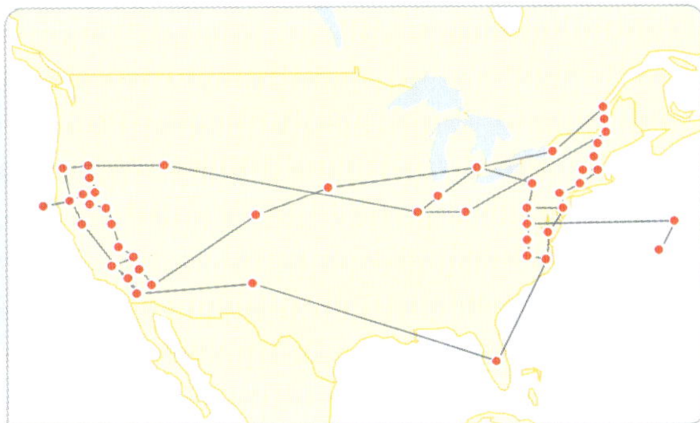

Sites américains reliés à Arpanet en 1974.

Développement et démocratisation

Internet n'est jusque-là qu'un moyen de télécommunication entre professionnels. Il n'est pas encore très connu du grand public. Ce n'est qu'avec l'arrivée du *World Wide Web* que l'histoire d'Internet va connaître un tournant majeur.

CLICK HERE

2. Après avoir regardé la vidéo sur LLS.fr/SNT2HistoireInternet, préciser en quelle année Internet connaît une véritable expansion avec l'arrivée du Web.

Aujourd'hui

En 2020, le nombre d'appareils connectés à Internet dépassait les trente milliards alors que la population mondiale était estimée à environ sept milliards d'êtres humains.

3. En déduire le nombre d'appareils connectés par personne en moyenne.

Et pour l'avenir ?

Le développement des technologies et de l'informatique embarquée génère une augmentation de plus en plus importante du nombre d'appareils connectés. Cette utilisation omniprésente pose question quant à la sécurité et à la confidentialité de nos données personnelles.

4. Identifier les défis que cette croissance peut poser à l'aide de la vidéo à visionner sur LLS.fr/SNT2CroissanceInternet.

Synthèse

5. En classe, rendez-vous sur LLS.fr/SNT2P33 pour participer au quiz sur l'histoire d'Internet.
6. Retrouver une frise chronologique sur LLS.fr/SNT2P33 à compléter avec les dates relevées.

Activité 2 • La circulation des informations sur Internet

ACTIVITÉ CONNECTÉE

Pour circuler d'un point à un autre, l'information passe par de nombreux ordinateurs appelés routeurs, en parcourant de très grandes distances essentiellement par l'intermédiaire de câbles. Pour permettre une circulation sans incident (comme une coupure éventuelle d'un câble), plusieurs chemins existent.

Capacité

Caractériser les principes du routage et ses limites.

Comment l'information circule-t-elle sur Internet ?

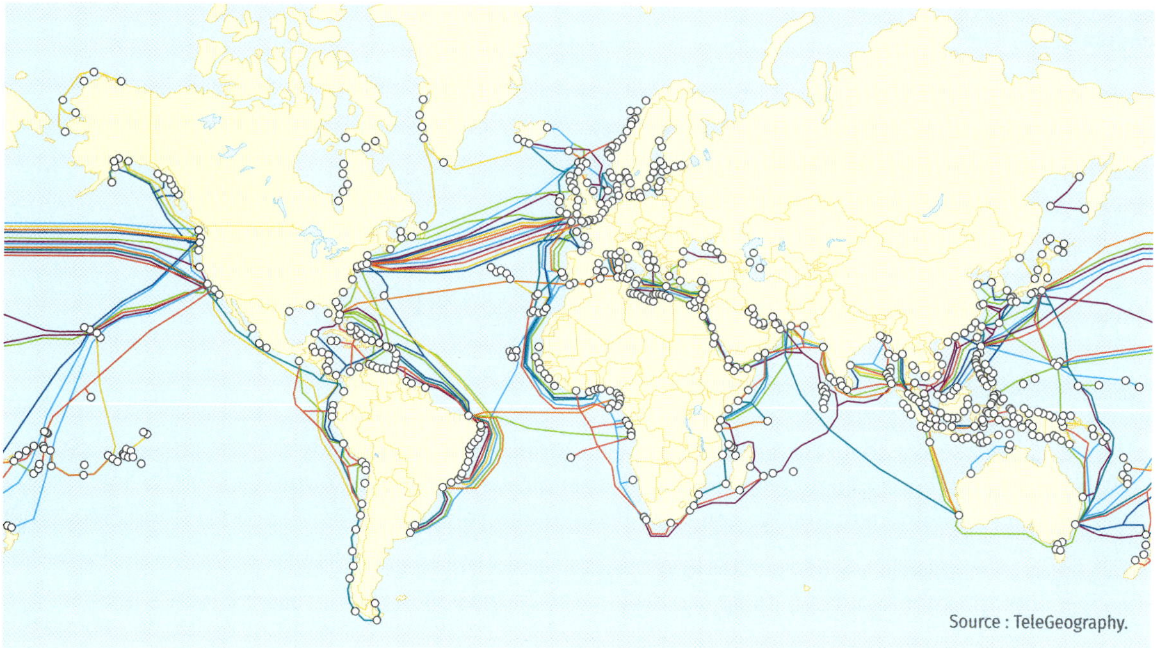

Le plancher océanique est parcouru par de nombreux câbles sous-marins reliant les continents entre eux. Ce type de liaison est plus rapide pour la transmission des données que la liaison par satellites, qui nécessiterait au minimum 0,24 s pour faire circuler l'information en passant par l'espace.

1 Câblage intercontinental

Numérique

Visionnez la pose d'un câble sous-marin sur LLS.fr/SNT2Cable.

2 Premier câble sous-marin transatlantique

Cette photographie montre l'arrivée du premier câble sous-marin reliant l'Europe à l'Amérique en 1925.

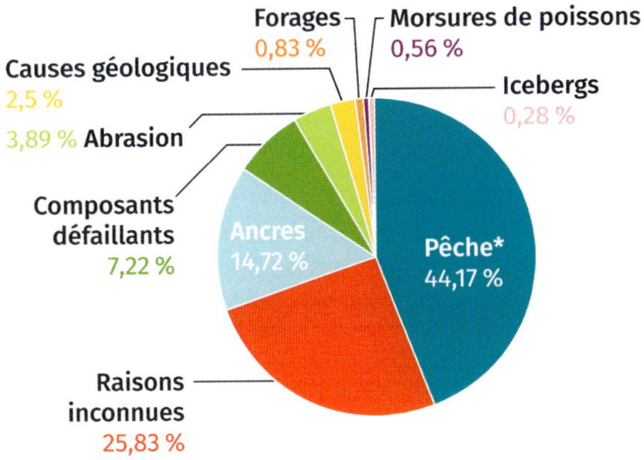

* Les câbles sous-marins peuvent être détériorés par les chalutiers lorsque leurs filets râclent les fonds marins.

3 Pannes possibles sur les câbles sous-marins

En 2011, une partie de la Géorgie et de l'Arménie, deux pays voisins situés à l'est de la mer Noire, a été privée d'Internet simultanément.

Cette coupure s'est produite suite à la section, intentionnelle ou non, d'un câble terrestre dans lequel circulaient les données transitant par Internet. Si la motivation criminelle n'est pas établie, l'histoire reste quant à elle surprenante.

Retrouver un article relatant ces faits sur LLS.fr/SNT2CoupureInternet.

4 Coupure d'Internet

Orange @orange

Le câble #THD #SEAMEW5 relie la France à Singapour en passant par l'Afrique. oran.ge/1QRw7yZ #TechInAfrica

Mari-Noëlle Jégo-L et 7 autres personnes

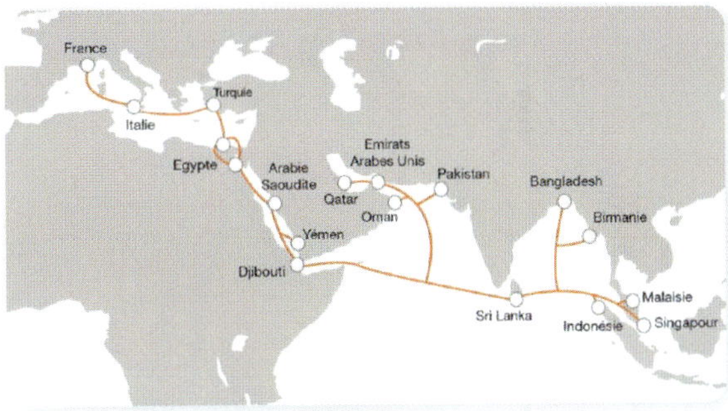

5 Liaison entre la Seyne-sur-Mer et Singapour

Pour installer les câbles sous-marins, des bateaux les déroulent lors de leur traversée. Pour les protéger davantage, et lorsque c'est possible, les câbles sont ensouillés, c'est-à-dire enfouis sous la surface des fonds marins.

Questions

Retrouvez un questionnement différencié sur le cahier d'activités p. 11

Les routeurs sont des appareils qui choisissent les chemins physiques que doivent emprunter les informations pour circuler d'un point A vers un point B.

1. Doc. 1 à 3 Préciser par où circulent les informations sur Internet. Relever les causes de pannes les plus fréquentes.

2. Doc. 1 Expliquer pourquoi les câbles reliant l'Amérique du Nord à l'Europe sont beaucoup plus nombreux que ceux reliant l'Afrique à l'Amérique du Sud.

3. Doc. 4 À la lecture de l'article accessible sur LLS.fr/SNT2CoupureInternet ainsi qu'à partir de la vidéo LLS.fr/SNT2Cable, identifier la technologie filaire qui est utilisée pour la circulation des données sur Internet.

4. Bilan À l'aide de la vidéo disponible sur LLS.fr/SNT2InfoInternet et en effectuant des recherches complémentaires sur Internet, réaliser un schéma expliquant par où circulent les informations sur Internet.

Activité 3 • Un réseau domestique et le protocole TCP/IP

ACTIVITÉ CONNECTÉE

Dans un réseau domestique, une box Internet est reliée à plusieurs équipements via différentes connexions.

Quels sont les différents types de liaisons dans un réseau domestique ? Quelles sont leurs caractéristiques ?

Capacités

- Caractériser quelques types de réseaux physiques : rapides ou lents, filaires ou non.
- Distinguer le rôle des protocoles IP et TCP.
- Distinguer la fiabilité des transmissions et l'absence de garantie temporelle.

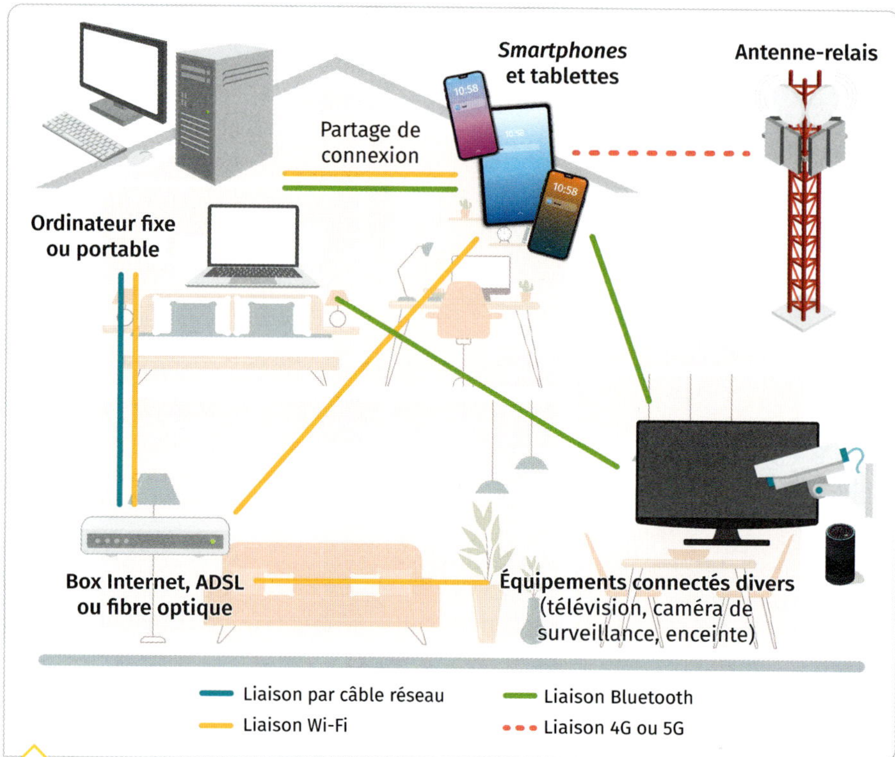

1 Exemple de réseau domestique

Vocabulaire

Débit : rapport entre une quantité d'octets pouvant être échangée par un appareil et la durée nécessaire à cet échange. Avec cette information, la durée de transmission d'un paquet de données peut être évaluée en connaissant sa taille.

Carte réseau : élément d'un ordinateur permettant de communiquer avec un réseau.

TP branché

ADRESSE MAC

Sur un ordinateur sous Windows

Étape 1 • Taper **cmd** dans la barre de recherche windows pour ouvrir l'invite de commande.

Étape 2 • Taper ensuite **ipconfig /all** pour obtenir l'adresse physique MAC de l'appareil.

Sur un *smartphone* (Android et iOS)

L'adresse MAC se trouve dans les informations de réglages du *smartphone*.

Retrouvez différents protocoles pour accéder à l'adresse MAC sur LLS.fr/SNT2P36.

Dans un réseau, chaque appareil pouvant se connecter est identifié de manière unique par le MAC (*Media Access Control*), quel que soit le réseau sur lequel il est connecté. Il s'agit d'un identifiant distinct de l'adresse IP qui sert quant à elle à localiser un appareil dans un réseau.

2 Adresse MAC

Une adresse IPv4 (notation décimale à point)

172 . 16 . 254 . 1

10101100.00010000.11111110.00000001

1 octet = 8 bits

32 bits (4 × 8), ou 4 octets

4 milliards de combinaisons possibles

Une adresse IPv6 (en notation hexadécimale)

2001:0DB8:AC10:FE01:0000:0000:0000:0000

les zéros peuvent être omis

2001:0DB8:AC10:FE01:

340 × 10^{38} combinaisons possibles

Les adresses IP correspondent à des identifiants attribués aux appareils connectés pour échanger des informations sur Internet.

3 Présentation et structure

TP branché

ADRESSAGE

- **Détermination d'une adresse IP locale (permettant d'identifier et de localiser l'appareil dans un réseau local) sous Windows**
  Étape 1 • Ouvrir l'invite de commande.
  Étape 2 • Taper la commande **ipconfig**.
- **Détermination d'une adresse IP publique, permettant d'identifier et de localiser sur Internet**
  Rendez-vous sur le site LLS.fr/SNT2Hostip.

Numérique

Visionnez une explication du protocole TCP sur LLS.fr/SNT2ProtocoleTCP.

TP débranché

TEST DE PROTOCOLE TCP

En groupe, vous allez expérimenter un protocole d'envoi d'informations en jouant le rôle du serveur récepteur des informations.

Télécharger les différents paquets d'informations envoyés par le premier serveur sur LLS.fr/SNT2P37.

- **Étape 1** • Ouvrir le premier dossier .zip.
- **Étape 2** • Reconstituer le message envoyé en s'assurant que tous les paquets d'informations sont dans le bon ordre et ont bien été reçus.
- **Étape 3** • Identifier d'éventuels paquets manquants.
- **Étape 4** • Répéter la procédure pour les deux autres fichiers.
- **Étape 5** • Proposer un protocole d'envoi de fichier par paquets permettant d'assurer la réception intégrale et le réassemblage.

Questions

Retrouvez un questionnement différencié sur le cahier d'activités p. 12

1. **Doc. 1** Lister les différentes connexions possibles dans un réseau domestique.
2. À l'aide d'une recherche Internet, relever les ordres de grandeur des débits correspondants.
3. En s'inspirant du schéma du **doc. 1**, représenter le réseau domestique de votre propre foyer en y incluant tous les appareils connectés.
4. **Doc. 2** Rechercher l'adresse MAC de votre *smartphone* en suivant le TP fourni.
5. **Bilan** Faire une synthèse des différents types de liaisons physiques avec les débits correspondants.
6. Expliquer comment l'information circule sur Internet en visionnant la vidéo LLS.fr/SNT2ProtocoleTCP.
7. Préciser les rôles des protocoles IP et TCP et expliquer en quoi ils garantissent la fiabilité de la transmission.
8. Mettre en œuvre le test de protocole TCP.
9. **Bilan** Réaliser, à l'aide du logiciel libre LLS.fr/SNT2P37, une carte mentale résumant les protocoles TCP/IP.

Activité 4 • Les adresses symboliques et le serveur DNS

ACTIVITÉ CONNECTÉE

Pour faire circuler une information sur Internet entre deux machines, il faut connaître les adresses IP de l'émetteur et du récepteur, mais cette suite de nombres n'est pas facilement mémorisable. Pour résoudre ce problème, le DNS *(Domain Name System)* a été créé.

Capacité

Sur des exemples réels, retrouver une adresse IP à partir d'une adresse symbolique et inversement.

Comment passer d'une adresse symbolique à une adresse IP ?

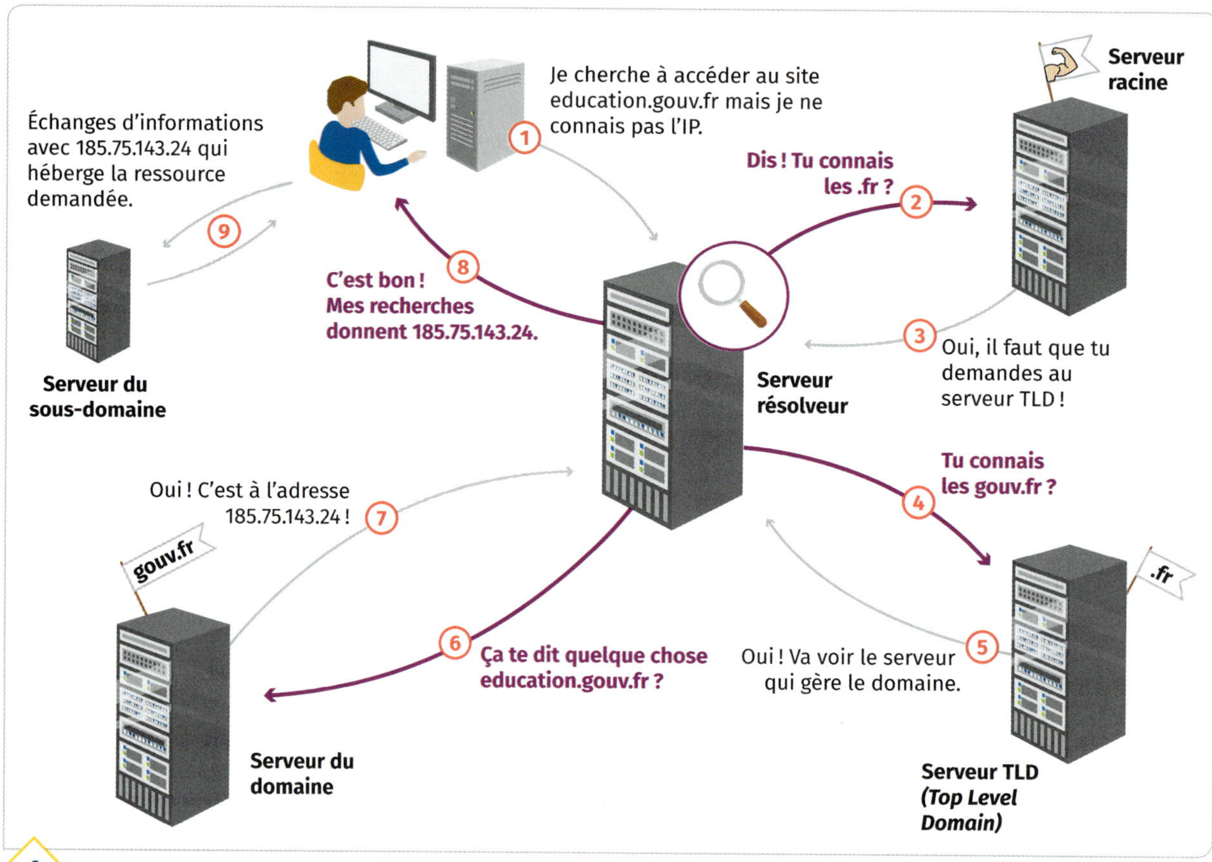

1 Fonctionnement d'un DNS

Une adresse symbolique est lue de droite à gauche par le DNS. Voici la lecture effectuée pour l'adresse symbolique education.gouv.fr.

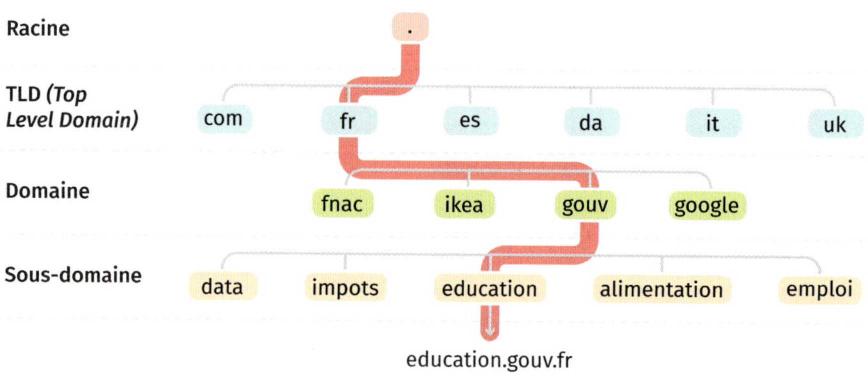

2 Structure d'une adresse symbolique

TP 1

CONVERSION D'UNE ADRESSE SYMBOLIQUE EN ADRESSE IP ET INVERSEMENT

Sous Windows

Pour obtenir l'adresse IP d'un site Internet, il faut :

- taper **cmd** dans « Rechercher » ;
- taper la commande **ping** suivi d'un espace et de l'adresse du site sans le www ou taper **tracert** suivi d'un espace et de l'adresse du site sans www.

En ligne

Certains sites donnent directement l'adresse IP d'un site dont on connaît l'adresse symbolique : LLS.fr/SNT2MonIP ou LLS.fr/SNT2MonAdresseIP.

> **À noter :** les convertisseurs DNS vers IP en ligne permettent d'obtenir des renseignements supplémentaires comme la localisation géographique du serveur.

Avec Python

Une bibliothèque standard permet d'obtenir l'adresse IP d'un site. Pour cela, il faut taper :

```
from socket import gethostbyname
ip=gethostbyname
('lelivrescolaire.fr')
print(ip)
```

Pour retrouver l'adresse symbolique, on peut taper l'adresse IP dans la barre de navigation d'un navigateur Web.

TP 2

SIMULATION D'UN DNS

À l'aide des fiches téléchargeables sur LLS.fr/SNT2P39, endosser le rôle de l'un des serveurs du DNS ou du résolveur pour retrouver l'adresse IP associée à une adresse symbolique.

Étape 1 • Identifier le serveur racine et l'interroger.

Étape 2 • Identifier le serveur TLD et l'interroger.

Étape 3 • Identifier le serveur connaissant l'IP et l'interroger.

L'Association Française pour le Nommage Internet en Coopération, ou l'AFNIC, est l'association qui gère le domaine .fr d'Internet. Sur son site, elle propose l'outil Whois qui permet d'obtenir des informations sur les noms de domaine se terminant par l'extension .fr.

Résultat de votre recherche

- Nom de domaine : leboncoin.fr
- État : Actif (consulter aussi le site web)
- DNSSEC : inactif
- Bureau d'enregistrement : NAMESHIELD
- Date de création : 15 janvier 2007 16:52
- Date d'expiration : 18 janvier 2025 00:07
- Serveurs de noms (DNS)
  - Serveur n° 1: ns-2035.awsdns-62.co.uk
  - Serveur n° 2: ns-1125.awsdns-12.org
  - Serveur n° 3: ns-422.awsdns-52.com
  - Serveur n° 4: ns-533.awsdns-02.net

⊞ Titulaire : ADEVINTA FRANCE

⊞ Contact administratif : ADEVINTA FRANCE

⊞ Contact technique : NAMESHIELD

3 Informations officielles sur un nom de domaine

Questions

Retrouvez un questionnement différencié sur le cahier d'activités p. 13

1. Simuler le fonctionnement du DNS à l'aide du **TP2**.
2. En s'inspirant du **doc. 2**, décrire la lecture par le DNS de l'adresse symbolique www.leboncoin.fr.
3. Déterminer l'adresse IP du site tiktok.com à partir des protocoles à disposition.
4. Afficher les informations associées au nom de domaine google.fr. En quelle année a-t-il été créé ? Dans quel pays le titulaire du domaine est-il installé ?
5. Par binôme, préparer une série de quatre sites Web chacun pour lesquels vous recherchez l'adresse IP. Échanger vos adresses IP et retrouver les adresses symboliques de votre camarade.
6. **Bilan** Réaliser, à l'aide du logiciel libre LLS.fr/SNT2P39, une carte mentale résumant le DNS.

Retrouvez l'activité 5 sur l'architecture des réseaux en version numérique sur LLS.fr/SNT2T1ActNum.

Cours • Internet

1 Les caractéristiques d'un réseau physique

A Les différents types de réseaux

Internet est un réseau de réseaux informatiques, il connecte des milliards de machines via différents types de liaisons. Ces liaisons peuvent être filaires (câble réseau, fibre optique), ou hertziennes, c'est-à-dire par ondes radio (Bluetooth, Wi-Fi, liaisons satellites).

Un réseau local *(Local Area Network)* relie des machines au sein d'une structure. Il n'y a donc pas besoin d'être connecté à Internet pour communiquer sur le réseau local.

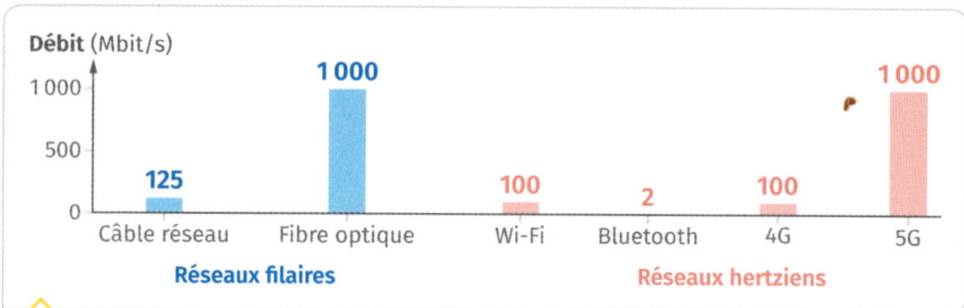

2 Ordre de grandeur des débits

B Un trafic en forte hausse

Le trafic Internet mondial ne cesse de croître. Cela est dû à l'augmentation des débits mais aussi à l'explosion du nombre d'appareils connectés. L'essentiel du contenu échangé correspond à des activités de loisirs numériques comme le *streaming*, les jeux vidéo, etc.

2 Les protocoles TCP/IP

Pour échanger des données sur un réseau, les routeurs orientent ces données selon des règles communes, appelées protocoles réseaux. Les protocoles TCP/IP en font partie.

A Le protocole IP *(Internet Protocol)*

Le protocole IP permet d'identifier les machines du réseau en leur attribuant une adresse unique, appelée adresse IP. Ce protocole assure aussi le routage des paquets de données.

Exemple d'adresse IP : 127.0.0.1.

B Le protocole TCP *(Transmission Control Protocol)*

Le TCP est un protocole assurant une bonne transmission des paquets de données : il découpe les données en segments, les numérote et insère un système d'accusé de réception permettant de s'assurer que les paquets sont arrivés à destination. S'il en manque un, il est automatiquement renvoyé. Un segment contient l'adresse IP destination, l'adresse IP source, de multiples informations de connexion et les données qui sont échangées.

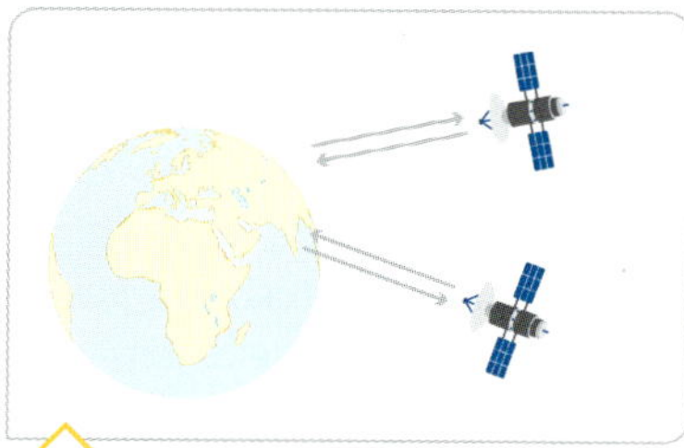

1 Transmission de signaux via des satellites géostationnaires

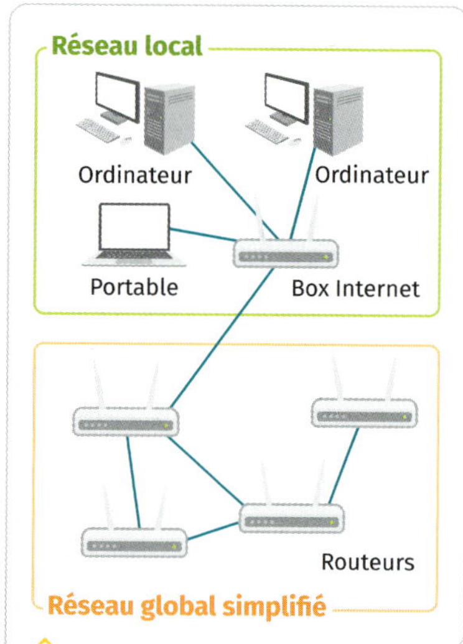

3 Exemple de réseaux

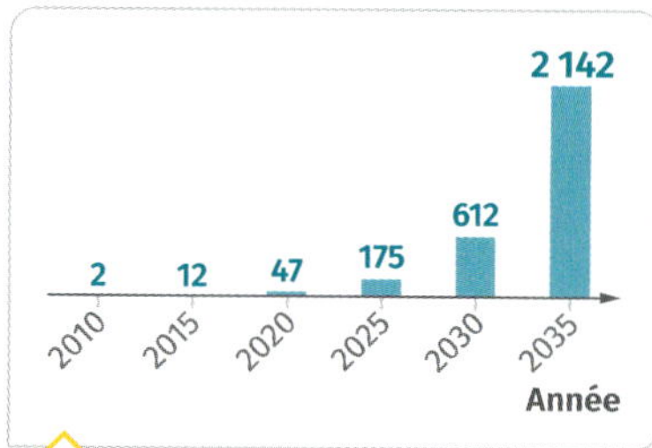

4 Données numériques créées (10^{21} Go)

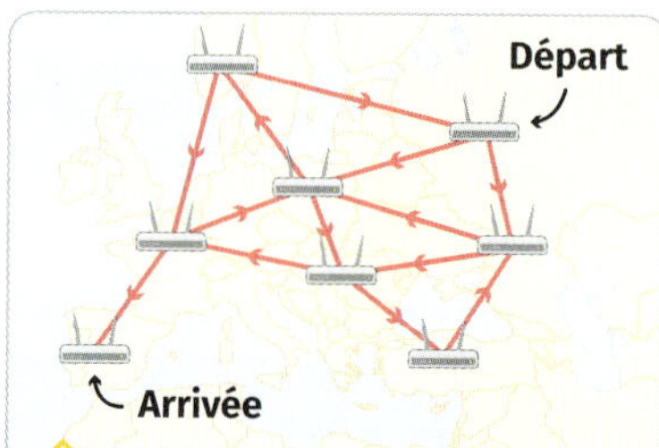

5 Illustration du routage

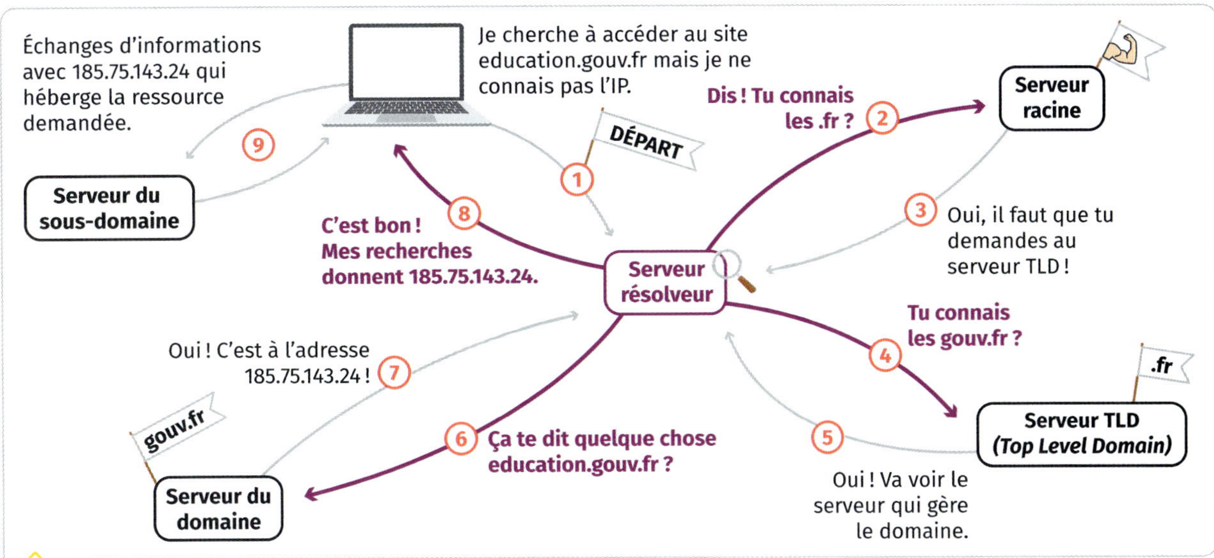

6 **Fonctionnement d'une requête DNS**

3 Le serveur DNS et les adresses symboliques

A L'adresse symbolique

Une adresse symbolique est le nom du site ou du serveur. Elle est bien plus simple à mémoriser qu'une adresse IP. Elle est du type sousdomaine.domaine.fr. La suite éventuelle indique le chemin pour accéder à une ressource de ce serveur.

B Le principe du DNS

Le protocole *Domain Name System* permet de convertir l'adresse symbolique en une adresse IP. Il s'agit d'un annuaire géant de l'Internet.

4 L'architecture des échanges

A Le modèle client/serveur

Pour échanger des données, le client demande une ressource à un serveur qui y répond en renvoyant les données demandées. Un client peut être un logiciel, un ordinateur, etc.

7 **Modèle client/serveur**

B Le modèle pair-à-pair

Chaque participant est à la fois client et serveur. Pendant qu'un client reçoit des données, il peut en même temps les renvoyer en tant que serveur. Les téléchargements peuvent donc être plus rapides. On nomme ce modèle *peer-to-peer* ou P2P. Il permet de partager des fichiers, mais aussi de faire du calcul distribué : chacun met une partie de la puissance de calcul de son appareil au service d'un but commun. Il est aussi utilisé pour le téléchargement illégal de ressources soumises au droit d'auteur, même si la diversité des offres légales des services de *streaming* tend à diminuer ces pratiques.

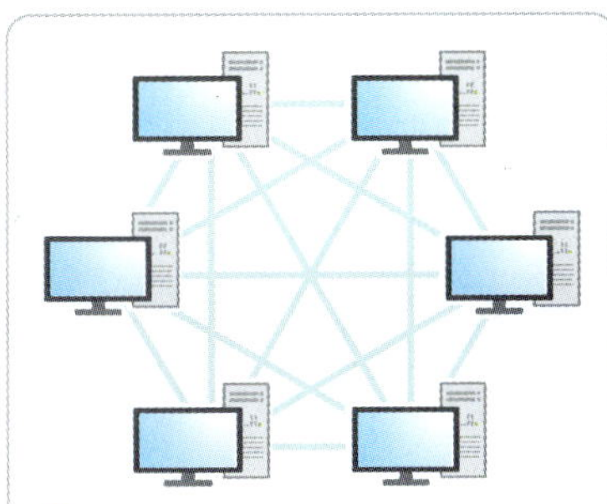

8 **Modèle pair-à-pair**

L'essentiel • Internet

Requêtes au DNS pour consulter une page du site fr.wikipedia.org :
- requête au serveur résolveur ;
- requête au serveur racine ;
- requête au serveur TLD des .org ;
- requête au serveur du domaine wikipedia.org ;
- envoi de l'adresse IP ;
- accès au site.

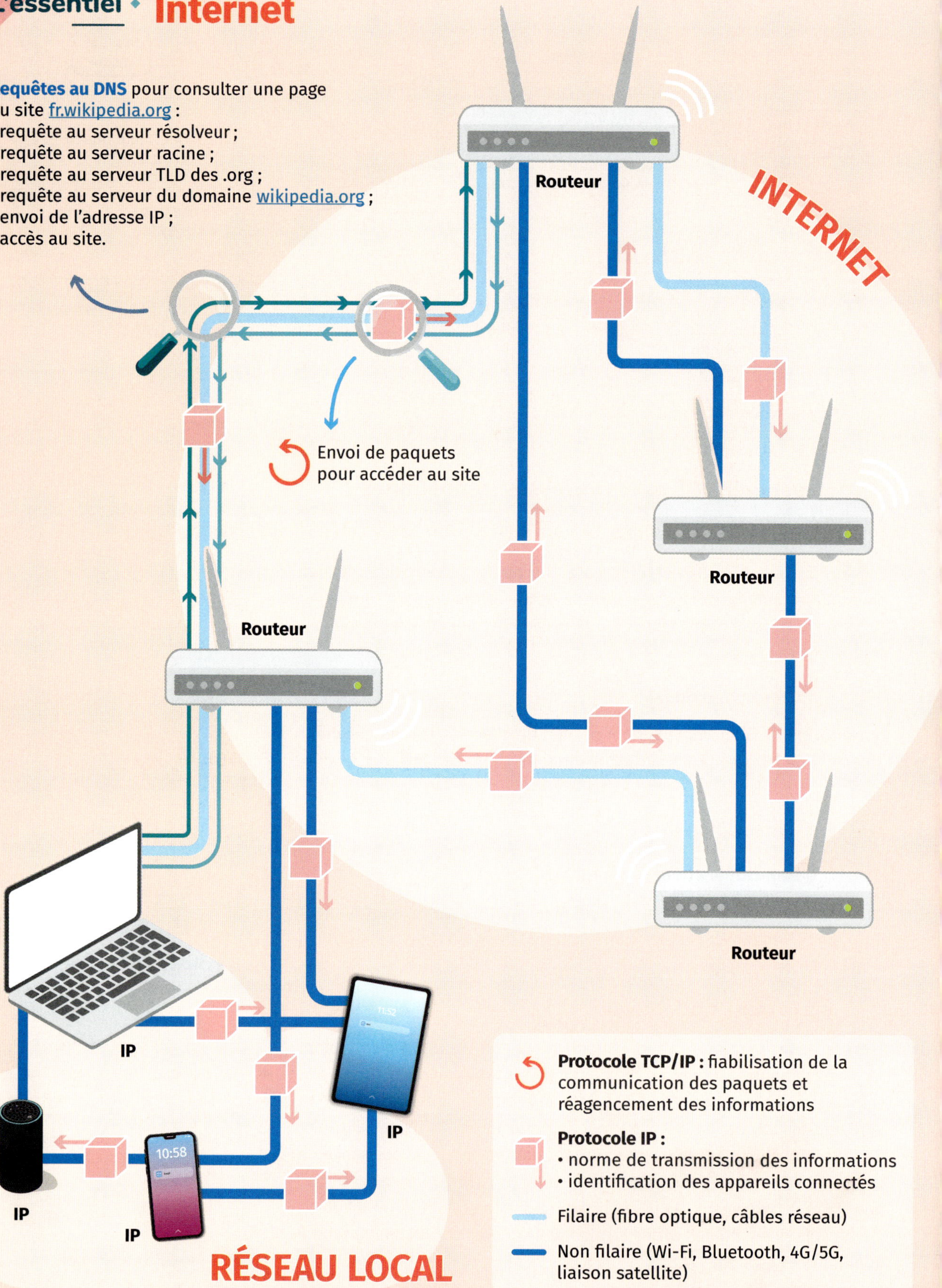

Protocole TCP/IP : fiabilisation de la communication des paquets et réagencement des informations

Protocole IP :
- norme de transmission des informations
- identification des appareils connectés

Filaire (fibre optique, câbles réseau)

Non filaire (Wi-Fi, Bluetooth, 4G/5G, liaison satellite)

Retrouvez les réponses aux questions-clés sur LLS.fr/SNT2P43

Dans le monde

Pourcentage de personnes connectées dans le monde en janvier 2019
Source : Wearesocial.

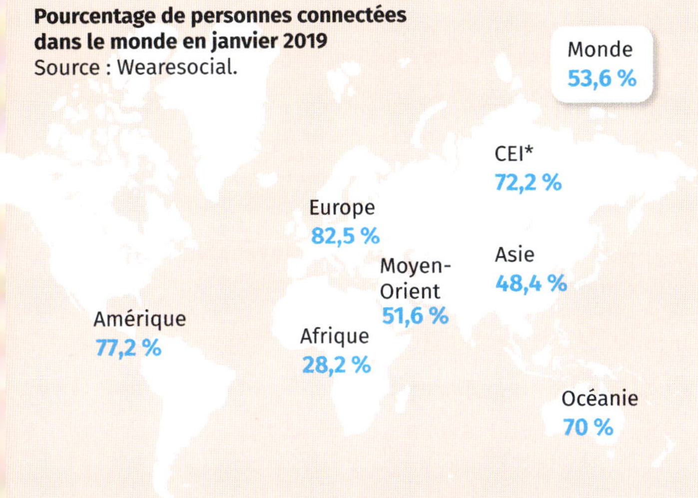

* CEI : Communauté des États indépendants.

En chiffres

1 200 000 km
Longueur des câbles Internet sous-marins

De 10 ms à 200 ms
Temps moyen de réponse d'un serveur DNS

3,8 milliards
Nombre d'internautes dans le monde en 2018

Nombre de sites Internet

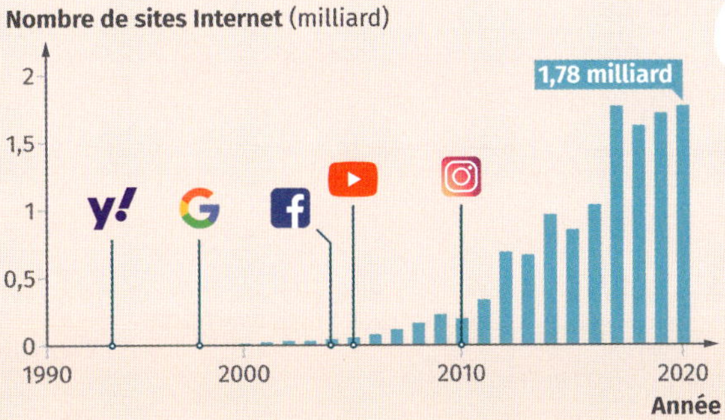

Source : Internet Live Stats/Statista.

Questions-clés

1. Est-ce que je peux expliquer ce qu'est Internet ?
2. Est-ce que je peux expliquer comment sont gérées les informations envoyées à l'aide du protocole TCP/IP ?
3. Est-ce que je sais ce qu'est une adresse IP ?
4. Est-ce que je connais les différents types de liaisons permettant d'accéder à Internet ?
5. Est-ce que je comprends la différence entre les modèles client/serveur et pair-à-pair ?

Pour aller plus loin

À regarder

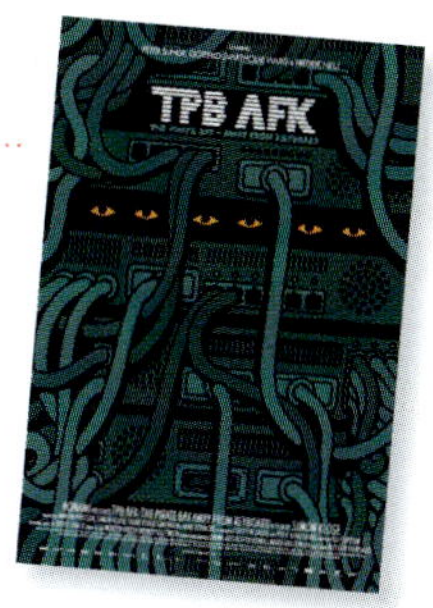

The Pirate Bay Away From Keyboard **(TPB AFK)**
Un documentaire sur The Pirate Bay, un des plus importants réseaux pair-à-pair au monde, et sur le procès de ses créateurs.
À visionner sur LLS.fr/SNT2PirateBay.

À lire

Découvrez l'article **« Un bref historique de l'Internet »** publié par ***The Internet Society*** pour revivre les 30 premières années du développement d'Internet.
À lire sur LLS.fr/SNT2HistoriqueInternet.

Numérique
Retrouvez l'essentiel du cours en vidéo sur LLS.fr/SNT2P43.

Exercices • Autoévaluation

Entraînez-vous avec les exercices autocorrigés sur LLS.fr/SNT2P44

Retrouvez les réponses de ces exercices p. 189.

1 Naissance d'Internet

En 1969, l'ancêtre d'Internet naissait aux États-Unis d'Amérique. Quel était son nom ?

a. Internet. **b.** Cyclades.
c. Arpanet. **d.** Minitel.

2 Réseaux domestiques

Dans un réseau domestique, quel est le type de câble reliant la box Internet à un ordinateur de bureau ?

a. Un câble ADSL.
b. Un câble Wi-Fi.
c. Un câble réseau.

3 Tablette numérique

Pour relier une tablette à Internet, quel type de liaison utilise-t-on ? Plusieurs réponses sont possibles.

a. Une liaison par câble réseau.
b. Une liaison Wi-Fi.
c. Une liaison Bluetooth.
d. Une liaison 4G ou 5G.

4 Adresse MAC

Qu'est-ce qu'identifie une adresse MAC ?

a. Le numéro de série de l'ordinateur.
b. La connexion d'une machine à un réseau.
c. Un périphérique participant à un réseau.

5 Circulation de l'information

Parmi les liaisons proposées, quelle est celle qui a le débit le plus élevé ?

a. La fibre optique.
b. Le câble réseau.
c. Le Wi-Fi.

6 Protocole TCP/IP

Quel est le rôle du protocole TCP/IP ? Plusieurs réponses sont possibles.

a. Découper en paquets les données et les numéroter.
b. Mettre en place des accusés de réception.
c. Renvoyer les paquets manquants.
d. Remettre les paquets dans l'ordre.

7 Rôle des serveurs DNS

Quel est le rôle principal d'un DNS ?

a. Faire la correspondance entre l'adresse symbolique et l'adresse IP.
b. Faire la correspondance entre l'adresse IP et l'adresse TCP.

8 Pair-à-pair

Dans le modèle pair-à-pair, quelle affirmation est juste ?

a. Chaque participant est à la fois client et serveur.
b. Chaque participant est soit serveur, soit client.

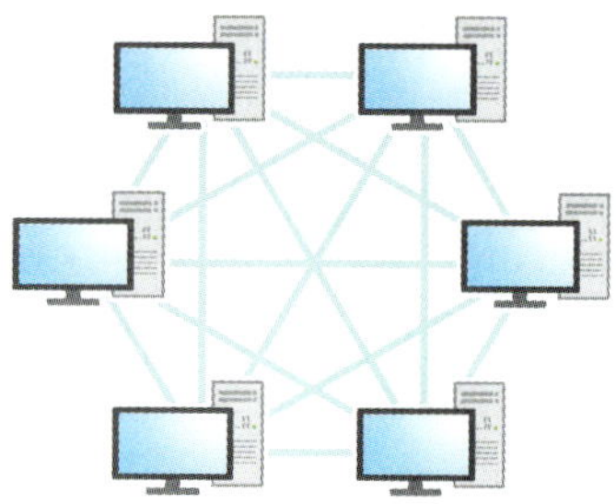

Numérique

Connectez-vous sur lelivrescolaire.fr pour retrouver plus d'exercices LLS.fr/SNT2P44.

Savoir-faire - Parcours d'apprentissage	Activités	Exercices
❑ Savoir caractériser un réseau domestique.	3	3
❑ Savoir comment circulent les informations sur Internet.	2	10 19 20
❑ Connaître le rôle d'un serveur DNS.	4	14 18
❑ Comprendre l'architecture d'un réseau.	5	11 17

9 Connexion en salle

La connexion Internet d'une salle de cours est de 1 000 Mbit/s (un octet correspond à huit bits).

1. Convertir ce débit en Mo/s.
2. Calculer la durée de téléchargement d'un film de 1,5 Go.

10 Câbles intercontinentaux

Les sites suivants permettent de visualiser des câbles Internet intercontinentaux : LLS.fr/SNT2Dunant et LLS.fr/SNT2Amitie.

1. Relever les noms des propriétaires de ces câbles.
2. Préciser quels pourraient être les risques politiques ou sociaux liés à la propriété des câbles.

11 Réseau

On présente le réseau reliant deux ordinateurs.

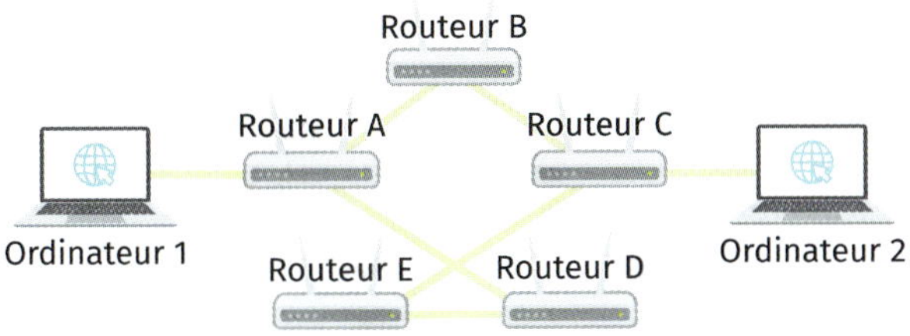

On appelle cela la topologie (ou structure) du réseau.

1. Lister l'ensemble des chemins possibles entre les deux ordinateurs.
2. Déterminer quel est le trajet le plus direct.

12 Adresse IP

Un consommateur achète un ordinateur.

- L'adresse IP a-t-elle déjà été choisie par le fabricant ? Expliquer.

13 Adresse IPv4

Une adresse IPv4 est codée sur 8 chiffres de type hexadécimal, chacun de ces chiffres étant lui-même codé sur 4 bits. Un octet est la combinaison de 8 bits. Un bit (contraction de *binary digit*) est associé à deux nombres : 0 ou 1.

1. Combien de combinaisons (ou de nombres) peut-on faire avec 1 octet ?
2. En déduire le nombre de combinaisons possibles pour une adresse IPv4.

14 Adresse inconnue

- Que se passe-t-il si le serveur DNS ne trouve pas l'adresse IP dont l'utilisateur a saisi l'adresse symbolique ? Faire le test en entrant une adresse symbolique longue et farfelue respectant la syntaxe www.nomfarfelu.com.

15 Sites et adresses IP

1. Déterminer, par une ou plusieurs méthodes, les adresses IP des sites suivants :
   a. education.gouv.fr.
   b. google.fr. **c.** amazon.fr.

16 Moteur de recherche

On s'intéresse à une opération réalisée dans l'invite de commande à l'aide de la commande **ping** suivie de l'adresse symbolique qwant.fr. Cette manipulation est très utile pour tester le bon fonctionnement du réseau.

1. Déterminer l'adresse IP associée au nom de domaine qwant.fr. Préciser combien de paquets ont été envoyés.
2. Calculer la taille en bits de chaque paquet envoyé.
3. Rechercher sur Internet la signification de TTL.

```
C:\Users\sreno>ping qwant.fr

Envoi d'une requête 'ping' sur qwant.fr [217.70.184.55] avec 32 octets de données :
Réponse de 217.70.184.55 : octets=32 temps=54 ms TTL=50
Réponse de 217.70.184.55 : octets=32 temps=104 ms TTL=50
Réponse de 217.70.184.55 : octets=32 temps=31 ms TTL=50
Réponse de 217.70.184.55 : octets=32 temps=75 ms TTL=50

Statistiques Ping pour 217.70.184.55:
    Paquets : envoyés = 4, reçus = 4, perdus = 0 (perte 0%),
Durée approximative des boucles en millisecondes :
    Minimum = 31ms, Maximum = 104ms, Moyenne = 66ms
```

Retrouvez un questionnement différencié sur le cahier d'activités p. 19

17 ●●● Téléchargement et pair-à-pair

Comprendre l'architecture d'un réseau.

Un professeur veut partager une vidéo de 1 Go avec les vingt élèves d'une classe. Pour cela, il dépose cette vidéo sur le serveur central du lycée. Les élèves doivent donc la télécharger chez eux (système client/serveur). On suppose que le débit moyen du serveur central est de 100 Mbit/s et que les élèves disposent aussi chez eux du même débit. De plus, on suppose que les élèves téléchargent en même temps cette vidéo.

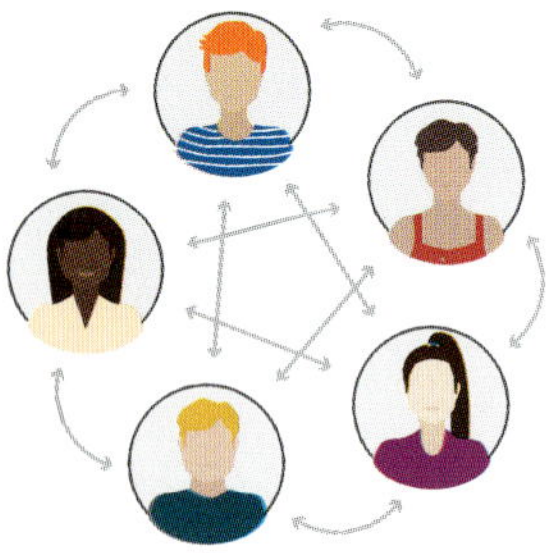

1. Déterminer le débit moyen que le serveur peut fournir pour chaque élève. En déduire alors la durée de téléchargement pour chaque élève.
2. Une élève de la classe possède déjà cette vidéo sur son ordinateur. Elle propose à ses camarades d'utiliser un logiciel pour créer un réseau pair-à-pair. On suppose qu'au bout d'un certain temps, la moitié des élèves ont récupéré la vidéo. Déterminer le nombre de serveurs disponibles et le nombre de clients restants.
3. En déduire quel est alors le débit moyen pour chaque élève.
4. Calculer la durée de téléchargement pour les dix élèves restants. Montrer l'intérêt du pair-à-pair.

18 ●●● Suivi d'un itinéraire

Connaître le rôle d'un DNS.

Sous Windows, on peut utiliser l'invite de commande pour obtenir l'itinéraire permettant d'accéder à un site. Pour cela, il suffit de taper **tracert** suivi de l'adresse symbolique du site. Lorsque le délai d'attente est dépassé, cela est signalé par des * et le message « délai d'attente de la réponse dépassé ».

1. Identifier le site dont on souhaite obtenir l'itinéraire d'après l'image téléchargeable sur LLS.fr/SNT2P46.
2. Indiquer l'adresse IP de ce site.
3. Donner le nombre de sauts nécessaires pour se connecter au site.
4. Identifier la box Internet utilisée par le navigateur demandant l'itinéraire.
5. Utiliser un logiciel pour visualiser sur une carte la position géographique de chaque routeur. On peut aussi utiliser un site pour le visualiser LLS.fr/SNT2Routeur.

```
C:\Users\sreno>tracert qwant.fr

Détermination de l'itinéraire vers qwant.fr [217.70.184.55]
avec un maximum de 30 sauts :

  1     2 ms    <1 ms    <1 ms  FREEBOX [192.168.0.254]
  2     9 ms    11 ms     7 ms  lse83-4-78-248-110-254.fbx.proxad.net [78.248.110.254]
  3     9 ms     8 ms     7 ms  78.254.7.158
  4    58 ms    25 ms    31 ms  tdv83-1-v900.intf.nra.proxad.net [78.254.254.102]
  5     9 ms     9 ms    37 ms  sol83-1-v902.intf.nra.proxad.net [78.254.254.114]
  6    10 ms     9 ms     9 ms  luc83-1-v900.intf.nra.proxad.net [78.254.254.118]
  7    11 ms    41 ms    17 ms  puget-49m-1-v902.intf.nra.proxad.net [78.254.254.122]
  8    45 ms    55 ms    26 ms  ppp42-metz.isdnet.net [194.149.166.169]
  9     *        *        *     Délai d'attente de la demande dépassé.
 10    74 ms    33 ms    20 ms  free.th2-1.rt.hopus.net [37.77.34.38]
 11    75 ms    83 ms    84 ms  lag-th2-1.pa3-1.rt.hopus.net [37.77.32.11]
 12    71 ms   211 ms   162 ms  gandi.pa3-1.hopus.net [37.77.38.5]
 13     *        *        *     Délai d'attente de la demande dépassé.
 14    21 ms    22 ms   131 ms  vlan548-br0.lf-3-b.sd4.ip4.gandi.net [217.70.176.123]
 15    20 ms    32 ms    44 ms  webredir.gandi.net [217.70.184.55]

Itinéraire déterminé.
```

Invite de commandes

19 ●●● Conversion hexadécimale et adresse IPv6

Savoir comment circulent les informations sur Internet.

En raison du nombre de plus en plus grand d'appareils connectés à Internet, le modèle d'adresse IPv4 ne suffit plus pour les distinguer, d'où la nécessité de passer aux adresses IPv6. Une adresse IPv6 est composée de 16 octets. Dans la pratique, ces 16 octets sont répartis en 8 blocs de 2 octets séparés par des deux-points ":".

Pour plus de clarté, une adresse IPv6 sera écrite en hexadécimal. Voici par exemple une adresse IPv6 :

2001:0DB8:0000:85A3:0000:0000:AC1F:8001

1. Le nombre le plus grand que l'on peut écrire avec 2 octets (16 bits) est : 1111 1111 1111 1111. À l'aide de la calculatrice Windows en mode programmeur ou de la page Web LLS.fr/SNT2Calculatrice, convertir ce nombre en écriture décimale.
2. Convertir, en version décimale et en utilisant la calculatrice, l'adresse IPv6 suivante :

2001:0DB8:0000:85A3:0000:0000:AC1F:8001

On peut faire la transformation par soi-même. Ainsi pour 2001, on calcule : $2 \times 16^3 + 0 \times 16^2 + 0 \times 16^1 + 1 \times 16^0$.

3. Retrouver les résultats de la question 2. en utilisant cette méthode pour les autres blocs.

Décimal (base 10)	Binaire (base 2)	Hexadécimal (base 16)
0	0000	0
1	0001	1
2	0010	2
3	0011	3
4	0100	4
5	0101	5
6	0110	6
7	0111	7
8	1000	8
9	1001	9
10	1010	A
11	1011	B
12	1100	C
13	1101	D
14	1110	E
15	1111	F

Tableau de conversion décimal/binaire/hexadécimal

Jeu sérieux

Rendez-vous sur LLS.fr/SNT2P47 pour obtenir un indice sur le criminel en rentrant le dernier nombre trouvé à la **question 2.**

20 ●●● Impact environnemental

Savoir comment circulent les informations sur Internet.

Le fait d'envoyer un courriel à un seul destinataire sans pièce jointe génère 4 g de CO_2. Chaque jour, près de 500 milliards d'emails sont envoyés.

1. Si on considère tous les courriels envoyés sur une journée dans le monde entier, estimer la masse de CO_2 rejetée dans l'atmosphère.
2. Proposer des solutions écoresponsables qu'il serait possible d'adopter.

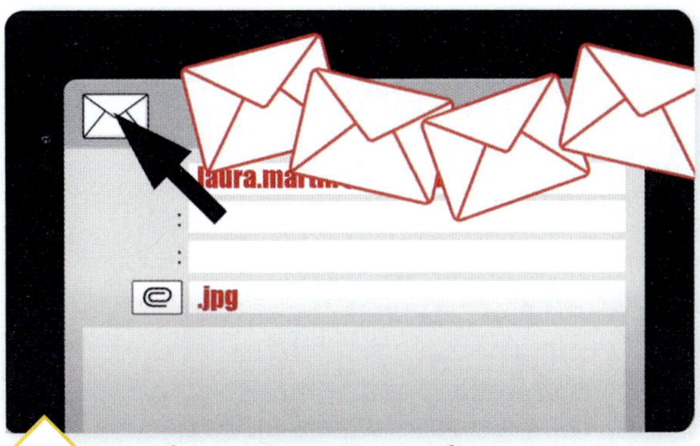

Empreinte carbone des emails

Retrouver la vidéo sur LLS.fr/SNT2EmpreinteCarbone.

Projets

Projet 1 Créer un réseau virtuel

Le logiciel Filius permet de créer et de simuler des réseaux informatiques. Le site est en allemand mais le logiciel est traduit en français.

Télécharger le logiciel sur LLS.fr/SNT2Filius.

Consigne

1. En utilisant le logiciel Filius, réaliser un réseau de trois ordinateurs reliés par un *switch* (élément permettant de router des informations entre les ordinateurs). Les adresses IP seront respectivement 192.168.1.1, 192.168.1.2, 192.168.1.3.
2. Tester la communication entre ces différents ordinateurs en utilisant l'invite de commande.

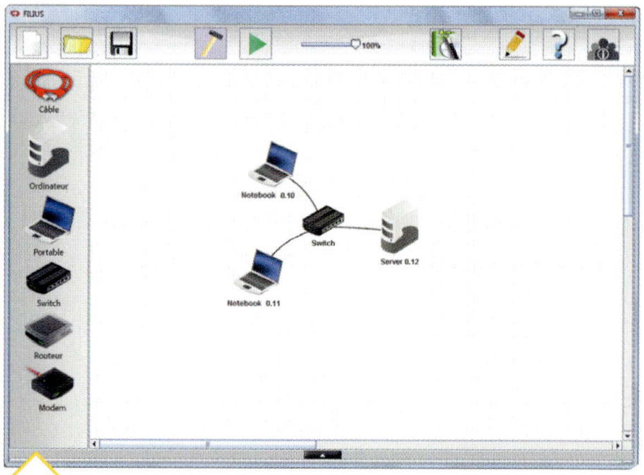

Filius 1 & 2 par D. Roche

Un tutoriel d'utilisation du logiciel Filius est accessible sur LLS.fr/SNT2TutoFilius.

Projet 2 Faire un exposé sur la neutralité d'Internet

Le 11 juin 2018, la neutralité du Net a pris fin aux États-Unis d'Amérique. C'était pourtant l'un des principes fondateurs d'Internet. De nombreuses manifestations ont eu lieu suite à cette décision.

Manifestation dans les rues de Philadelphie pour la neutralité d'Internet, 2018.

Consigne

1. Rechercher et définir l'expression la « neutralité du Net ».
2. Expliquer pourquoi en France cette question n'est pas d'actualité.
3. Réaliser un diaporama pour présenter les principes de la neutralité du Net.

Numérique

Découvrez une explication du principe à la base d'Internet sur LLS.fr/SNT2PrincipeInternet.

Métier

Architecte réseau

En quoi consiste votre métier ?

Mon travail consiste à créer, planifier et développer une architecture pour un réseau de communication à la demande d'une entreprise ou d'un opérateur téléphonique.

Qu'est-ce qui vous a amené à faire ce métier ?

Ce qui m'a intéressé, c'est l'aspect créatif et innovant qu'on retrouve pour chaque projet ! Il faut également être curieux, pour rester informé des dernières technologies, se former en permanence et posséder de bonnes qualités relationnelles pour bien comprendre ce que souhaite le client et bien se faire comprendre également.

Et si vous voulez changer de métier un jour ?

Après quelques années d'expérience, j'aimerais évoluer vers la gestion des équipes réseau ou la direction d'une équipe technique.

Études :

- Bac + 5 : diplôme d'ingénieur ou master mention Réseaux et Télécommunications

Salaire indicatif : 2 600 € net/mois ; 40 000 € brut/an.

Retrouver plus de métiers sur LLS.fr/SNT2P49.

PARCOURS pix

Wikipedia est une encyclopédie universelle et multilingue, créée en 2001. Il s'agit d'une œuvre libre, qui permet à tous les internautes d'écrire et de modifier des articles. On peut retrouver la trace des contributeurs et des modifications dans l'historique des versions d'un article.

Rendez-vous sur la compétence « Protéger les données personnelles et la vie privée » du domaine « Protection et sécurité » pour préparer la certification pix !

La page Wikipedia de Beyoncé a été modifiée le 3 septembre 2019 à 23:40.

Consigne : Dans quel pays se trouvait l'auteur de cette contribution ?

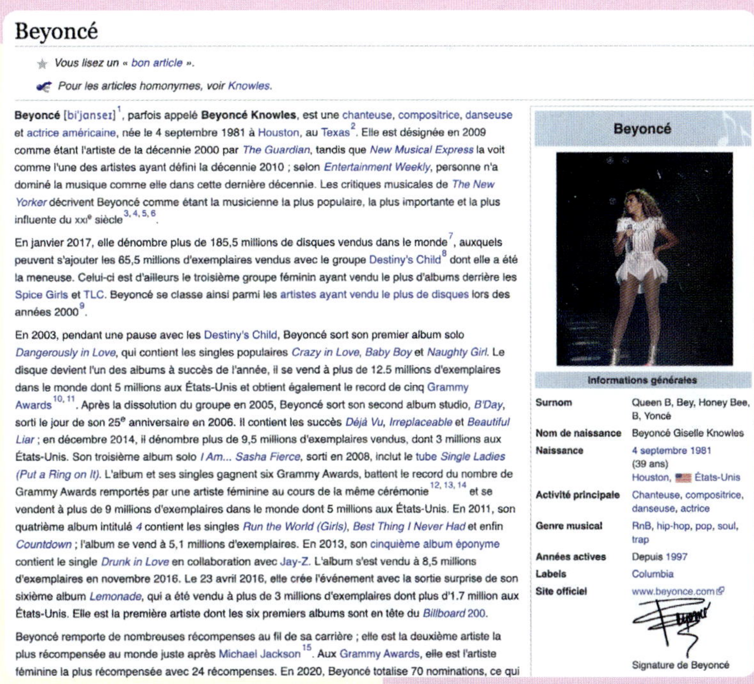

Beyoncé

Vous lisez un « bon article ».

Pour les articles homonymes, voir Knowles.

Beyoncé [bi'jɑnseɪ][1], parfois appelé **Beyoncé Knowles**, est une chanteuse, compositrice, danseuse et actrice américaine, née le 4 septembre 1981 à Houston, au Texas[2]. Elle est désignée en 2009 comme étant l'artiste de la décennie 2000 par *The Guardian*, tandis que *New Musical Express* la voit comme l'une des artistes ayant défini la décennie 2010 ; selon *Entertainment Weekly*, personne n'a dominé la musique comme elle dans cette dernière décennie. Les critiques musicales de *The New Yorker* décrivent Beyoncé comme étant la musicienne la plus populaire, la plus importante et la plus influente du XXIe siècle[3, 4, 5, 6].

En janvier 2017, elle dénombre plus de 185,5 millions de disques vendus dans le monde[7], auxquels peuvent s'ajouter les 65,5 millions d'exemplaires vendus avec le groupe Destiny's Child[8] dont elle a été la meneuse. Celui-ci est d'ailleurs le troisième groupe féminin ayant vendu le plus d'albums derrière les Spice Girls et TLC. Beyoncé se classe ainsi parmi les artistes ayant vendu le plus de disques lors des années 2000[9].

En 2003, pendant une pause avec les Destiny's Child, Beyoncé sort son premier album solo *Dangerously in Love*, qui contient les singles populaires *Crazy in Love*, *Baby Boy* et *Naughty Girl*. Le disque devient l'un des albums à succès de l'année, il se vend à plus de 12.5 millions d'exemplaires dans le monde dont 5 millions aux États-Unis et obtient également le record de cinq Grammy Awards[10, 11]. Après la dissolution du groupe en 2005, Beyoncé sort son second album studio, *B'Day*, sorti le jour de son 25e anniversaire en 2006. Il contient les succès *Déjà Vu*, *Irreplaceable* et *Beautiful Liar* ; en décembre 2014, il dénombre plus de 9,5 millions d'exemplaires vendus, dont 3 millions aux États-Unis. Son troisième album solo *I Am... Sasha Fierce*, sorti en 2008, inclut le tube *Single Ladies (Put a Ring on It)*. L'album et ses singles gagnent six Grammy Awards, battent le record du nombre de Grammy Awards remportés par une artiste féminine au cours de la même cérémonie[12, 13, 14] et se vendent à plus de 9 millions d'exemplaires dans le monde dont 5 millions aux États-Unis. En 2011, son quatrième album intitulé *4* contient les singles *Run the World (Girls)*, *Best Thing I Never Had* et enfin *Countdown* ; l'album se vend à 5,1 millions d'exemplaires. En 2013, son cinquième album éponyme contient le single *Drunk in Love* en collaboration avec Jay-Z. L'album s'est vendu à 8,5 millions d'exemplaires en novembre 2016. Le 23 avril 2016, elle crée l'événement avec la sortie surprise de son sixième album *Lemonade*, qui a été vendu à plus de 3 millions d'exemplaires dont plus d'1.7 million aux États-Unis. Elle est la première artiste dont les six premiers albums sont en tête du *Billboard* 200.

Beyoncé remporte de nombreuses récompenses au fil de sa carrière ; elle est la deuxième artiste la plus récompensée au monde juste après Michael Jackson[15]. Aux Grammy Awards, elle est l'artiste féminine la plus récompensée avec 24 récompenses. En 2020, Beyoncé totalise 70 nominations, ce qui

Beyoncé

Informations générales

Surnom	Queen B, Bey, Honey Bee, B, Yoncé
Nom de naissance	Beyoncé Giselle Knowles
Naissance	4 septembre 1981 (39 ans) Houston, États-Unis
Activité principale	Chanteuse, compositrice, danseuse, actrice
Genre musical	RnB, hip-hop, pop, soul, trap
Années actives	Depuis 1997
Labels	Columbia
Site officiel	www.beyonce.com

Signature de Beyoncé

Thème 2

Le Web

Comment se présentent les contenus du Web ?

Comment fonctionnent les moteurs de recherche ?

Contenus et capacités attendues

◆ **URL, requête HTTP, modèle client/serveur**

→ Activité 2 p. 56

Décomposer l'URL d'une page. Reconnaître les pages sécurisées. Décomposer le contenu d'une requête HTTP et identifier les paramètres passés.

◆ **Moteurs de recherche : principes et usages**

→ Activité 3 p. 58

Mener une analyse critique des résultats fournis par un moteur de recherche.

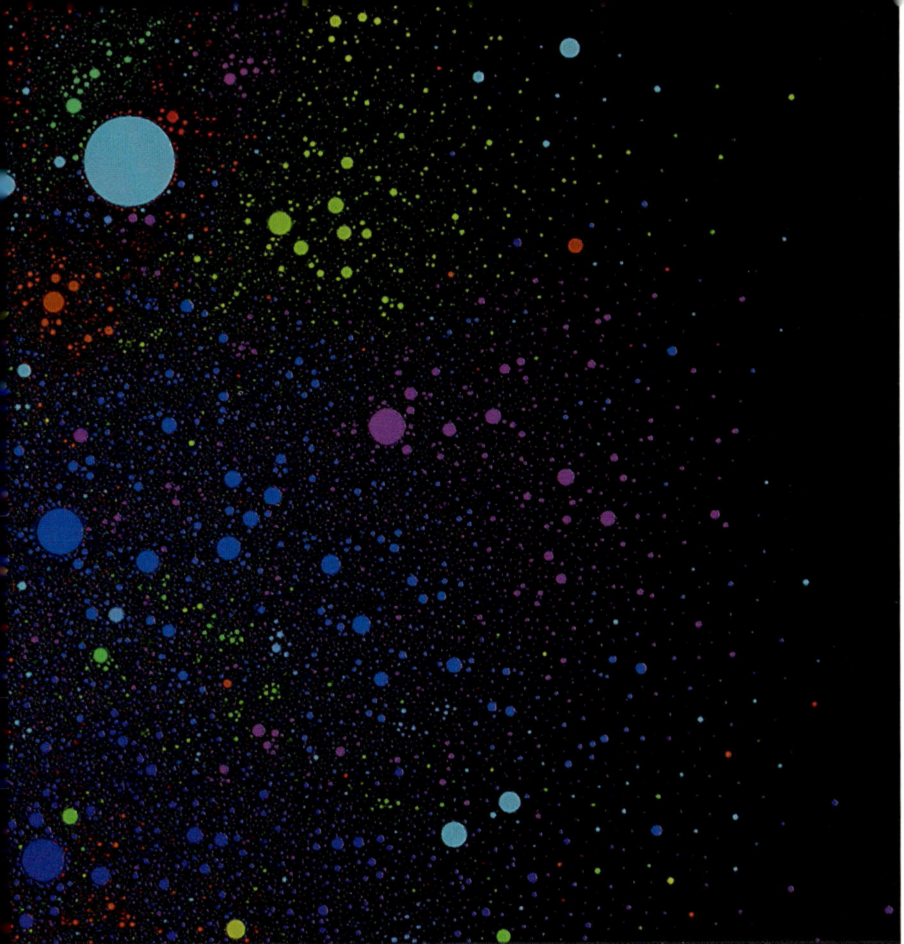

The Internet Map représente le Web comme une galaxie, après avoir agrégé les données de plus de 350 000 sites, dans près de 196 pays et en intégrant tous les noms de domaines existants en 2011. Chaque cercle coloré représente un site Web, dont la taille dépend de son trafic. La distance entre chaque cercle traduit l'intensité du lien créé lorsqu'un internaute navigue d'un site à l'autre.

Société et numérique

Le Web, créé il y a une trentaine d'années, a popularisé l'usage du réseau Internet.
Le Web est une immense collection de contenus numériques que l'on peut consulter, échanger ou diffuser n'importe où dans le monde. Son principe réside dans les liens hypertextes qu'il utilise et qui mettent en relation toutes ces ressources.
En facilitant l'accès de tous à l'information, le Web a considérablement changé notre façon de nous informer, de consommer ou encore de nous divertir.

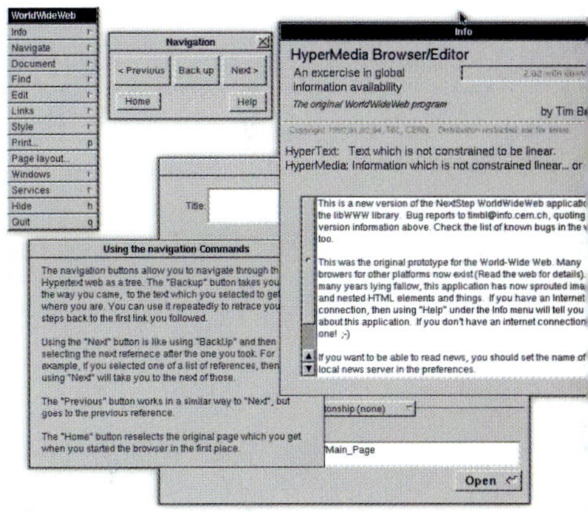

Page Web visualisée sur le premier navigateur WorldWideWeb, rebaptisé Nexus.

Numérique

On peut tester cet ancien navigateur en se rendant sur LLS.fr/SNT2Nexus.

- **Paramètres de sécurité d'un navigateur**
  → Activité 4 LLS.fr/SNT2T2Act4Num
  Maîtriser les réglages les plus importants concernant la gestion des cookies, la sécurité et la confidentialité d'un navigateur. Sécuriser sa navigation en ligne et analyser les pages et fichiers.

- **Langages HTML et CSS, hypertexte** → Activité 5 p. 60
  Distinguer ce qui relève du contenu d'une page et de son style de présentation. Étudier et modifier une page HTML simple. Maîtriser les renvois d'un texte à différents contenus. Inspecter le code d'une page hébergée par un serveur et distinguer ce qui est exécuté par le client et par le serveur.

- **Notions juridiques** → Activité 6 LLS.fr/SNT2T2Act6Num
  Connaître certaines notions juridiques (licence, droit d'auteur, droit d'usage, valeur d'un bien). Comprendre les enjeux de la publication d'informations.

Se tester

ChronoQuiz
Entraînez-vous en classe sur ChronoQuiz
LLS.fr/SNT2P52

1 Le Web versus Internet

1. Le Web est :
- **a.** la même chose qu'Internet.
- **b.** un système de liens fonctionnant sur Internet.
- **c.** un réseau social.
- **d.** une application de messagerie électronique.

2. De quoi a-t-on obligatoirement besoin pour surfer sur le Web ?
- **a.** D'Internet.
- **b.** D'un navigateur.
- **c.** D'une souris.
- **d.** Des URL.

3. Le Web permet :
- **a.** d'accéder à des informations.
- **b.** de consulter des contenus très divers, comme des œuvres d'art, des thèses scientifiques ou des *stories* de célébrités.
- **c.** de mettre des ordinateurs en réseau.

1 Pages Web et liens
Les pages Web permettent de présenter du contenu numérique que l'on peut consulter en se connectant à Internet.

2 Quelques outils du Web

1. Un navigateur permet :
- **a.** de jouer à Virtual Regatta.
- **b.** d'afficher le contenu des pages Web.
- **c.** de publier des sites Web.
- **d.** d'envoyer des courriels.

2. Un moteur de recherche permet :
- **a.** de référencer et rechercher des ressources sur le Web.
- **b.** de faire des achats sur Internet.
- **c.** de mettre des pages en ligne.
- **d.** de mettre en relation des personnes à travers le monde.

3. Quel est le moteur de recherche le plus utilisé à travers le monde ?
- **a.** DuckDuckGo.
- **b.** Qwant.
- **c.** Google.
- **d.** Yahoo.

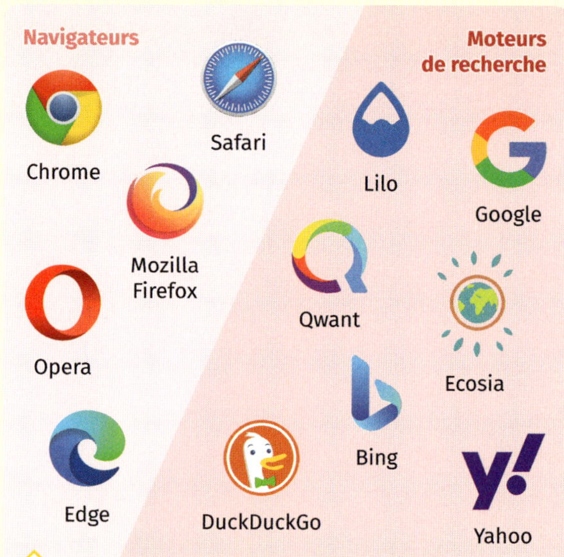

2 Navigateurs et moteurs de recherche

Retrouvez les exercices autocorrigés sur LLS.fr/SNT2P53

```
<!DOCTYPE html>
<html lang="fr">
   <body>
      <h1>Première page Web :)</h1>
      <p>Hello World !</p>
      <img src = "icone.png">
   </body>
</html>
```

3 Code simple d'une page Web

Les lignes inscrites permettent de générer la structure d'une courte page Web.

3 La création de pages Web

1. Lequel de ces métiers consiste à coder les pages d'un site Web ?

- **a.** Le développeur Web.
- **b.** Le Web designer.
- **c.** Le chef de projet Web.
- **d.** Le webmaster.

2. Qu'est-ce qui est utilisé pour créer un site Web ?

- **a.** Du Scratch.
- **b.** Des langages informatiques qui sont interprétés par les navigateurs.
- **c.** Des opérations mathématiques très complexes.

3. À combien estime-t-on le nombre de sites Web actifs en 2020 ?

- **a.** À près de 2 millions.
- **b.** À près de 20 millions.
- **c.** À près de 200 millions.
- **d.** À près de 2 milliards.

4 Le Web en société

1. À quoi sert l'outil de navigation privée ?

- **a.** À effacer les informations collectées par les sites Web consultés.
- **b.** À ne pas laisser de traces de navigation sur son ordinateur.
- **c.** À discuter avec ses amis sans que des oreilles indiscrètes enregistrent la conversation.
- **d.** À jouer en ligne sans donner son nom.

2. Quel site Web a été le plus visité au monde en 2020 ?

- **a.** Youtube.
- **b.** Facebook.
- **c.** Google.
- **d.** Wikipédia.

4 Traces sur le Web

Ce dessin de Martin Vidberg questionne les traces de navigation des internautes sur le Web. Ces données peuvent être collectées à des fins très diverses (commerciales, statistiques, etc.).

Glossaire illustré

Le Web

Définition • Ensemble des ressources liées entre elles par des liens hypertextes, accessibles en se connectant à Internet.

En d'autres termes • Le Web est la partie apparente d'Internet qui permet de naviguer entre des images, des vidéos et du texte. Si Internet était un musée, le Web désignerait les œuvres qui y sont exposées.

Un lien hypertexte

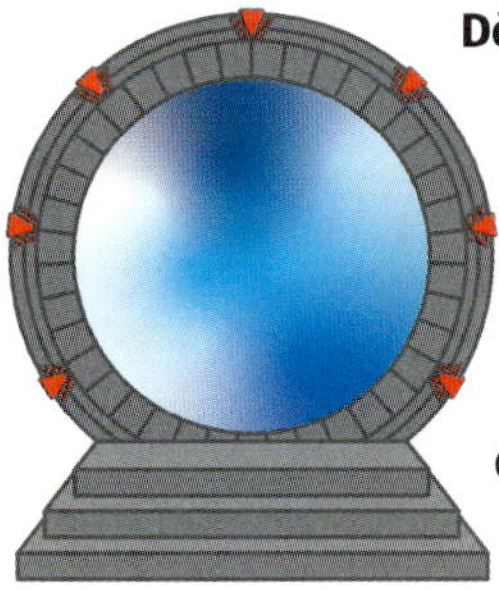

Définition • Renvoi d'une page Web permettant de passer automatiquement de celle-ci à une autre ressource.

En d'autres termes • C'est l'élément d'une page Web qui permet de rejoindre une autre page Web, une image, une vidéo, etc. Comme dans les jeux vidéo, les liens hypertextes sont des sortes de téléporteurs du Web.

Une URL (Uniform Resource Locator)

Définition • Chaîne de caractères spécifiant l'identification d'une ressource Web et le protocole d'échange avec le serveur pour y accéder.

En d'autres termes • L'URL est l'adresse précisant où et comment accéder à une ressource. Dans la vie courante, l'URL pourrait être assimilée à deux informations : le numéro de téléphone d'une personne et la langue qu'elle parle.

Le protocole HTTP (HyperText Transfer Protocol)

Définition • Protocole de communication client/serveur, alternant requêtes et réponses.

En d'autres termes • Ce sont les règles qui précisent comment un navigateur doit communiquer avec le serveur hébergeant la ressource Web. C'est en quelque sorte le langage et les règles de politesse à adopter en fonction de son interlocuteur.

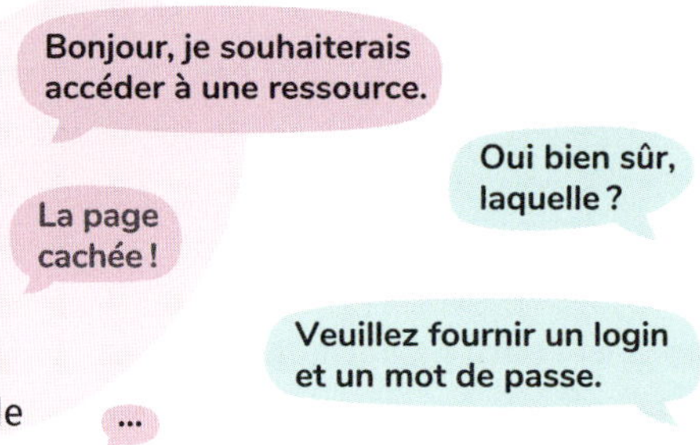

Le langage HTML (HyperText Markup Language)

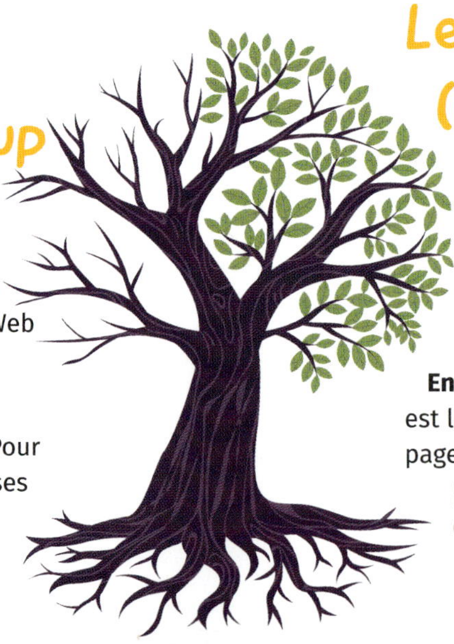

Définition • Langage de balisage conçu pour réaliser la structure d'une page Web et y inclure du contenu.

En d'autres termes • Le langage HTML précise le squelette d'une page Web. Pour un arbre, le code HTML symboliserait ses racines, son tronc et ses branches.

Le langage CSS (Cascading Style Sheet)

Définition • Langage décrivant la présentation des documents HTML.

En d'autres termes • Le langage CSS est le langage de mise en forme des pages Web. Pour l'arbre, le code CSS préciserait la couleur ou la taille des feuilles, des fleurs et des fruits.

Les repères historiques

Activité 1

Aujourd'hui, il semble difficile d'imaginer un monde sans le Web. Cette invention, aussi fondamentale que celle de l'imprimerie, n'existait pourtant pas avant la fin des années 1980.

D'où vient le Web ?

Premiers pas

Le Web repose sur la notion de liens hypertextes qui relient entre elles toutes les ressources qui le composent. Le terme d'hypertexte a été inventé par un sociologue américain, Ted Nelson, qui a fortement inspiré les informaticiens, dont Tim Berners-Lee, l'inventeur du Web.

1. D'après la courte biographie de Ted Nelson disponible sur LLS.fr/SNT2Nelson, préciser en quelle année est né le concept d'hypertexte.
2. Le CERN (Conseil Européen pour la Recherche Nucléaire) évoque le travail de Tim Berners-Lee sur LLS.fr/SNT2Lee. Identifier la date d'invention du Web.

Développement et démocratisation

L'expansion du Web s'est accélérée avec la mise à disposition des premiers navigateurs grand public permettant de surfer sur les quelque 200 sites qui le composaient à l'époque. Depuis, le Web n'a cessé de se perfectionner, notamment en adoptant des langages informatiques qui permettent d'interagir avec les internautes.

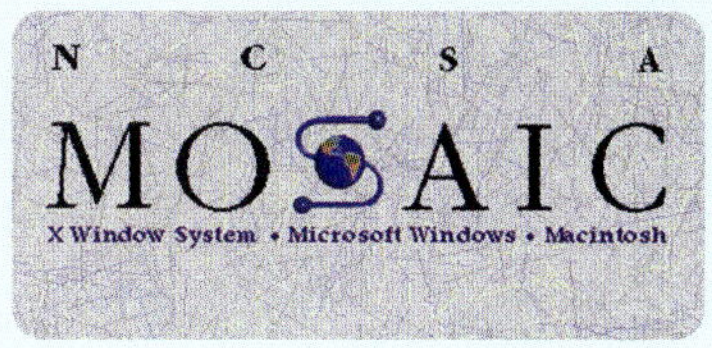

3. En quelle année a été publié le premier navigateur grand public nommé Mosaic ?
4. En 1995 est né un tout nouveau langage du Web permettant d'introduire du dynamisme et de l'interactivité avec les utilisateurs. Rechercher le nom de ce langage.

Aujourd'hui

La variété des ressources Web disponibles a conduit à une explosion du nombre de sites en ligne. Si la plupart d'entre eux sont inactifs, il n'en reste pas moins que les chiffres sont vertigineux !

5. Selon le média disponible sur LLS.fr/SNT2FranceTV, à combien estimait-on le nombre de sites en 2020 ?

Et pour l'avenir ?

Les dérives du Web ont conduit son inventeur, Tim Berners-Lee, à écrire une lettre ouverte, consultable sur LLS.fr/SNT2ForTheWeb, pour repenser l'avenir du Web.

6. Repérer dans la lettre de Tim Berners-Lee les trois objectifs auxquels devrait s'atteler le Web du futur.

Synthèse

7. En classe, rendez-vous sur LLS.fr/SNT2P55 pour participer au quiz sur le Web.
8. Retrouver une frise chronologique sur LLS.fr/SNT2P55 à compléter avec les dates relevées.

Activité 2 • L'affichage d'une page Web

ACTIVITÉ CONNECTÉE

Une page Web qui s'affiche dans un navigateur est devenue une opération banale. Mais pour arriver à ce résultat, de véritables défis techniques ont dû être relevés. Avec le nombre de données personnelles et économiques échangées, la sécurisation des contenus est également devenue un enjeu majeur.

Capacités

- Décomposer l'URL d'une page.
- Reconnaître les pages sécurisées.
- Décomposer le contenu d'une requête HTTP et identifier les paramètres passés.

Comment fonctionnent les échanges entre un serveur de site Web et les internautes qui le consultent ?

Une URL *(Uniform Resource Locator)* correspond à l'adresse d'une page Web. Elle compile l'adresse symbolique du serveur, le protocole de communication entre le client et le serveur, et le chemin de la page dans l'arborescence du site. Il peut également y avoir quelques éléments supplémentaires permettant de renseigner des paramètres destinés à personnaliser la génération de la page Web. De manière simplifiée, l'URL se décompose ainsi :

https://eduscol.education.fr/numerique

- **Protocole** *(HyperText Transfer Protocol Secure)* de communication
- **Adresse symbolique :** serveur où est stockée la ressource
- **Chemin d'accès à la ressource demandée :** exprimé depuis la racine du domaine

1 Adresse d'une ressource sur le Web

Le protocole HTTP *(HyperText Transfer Protocol)* est un ensemble de règles qui régissent les échanges de données entre un client et un serveur.

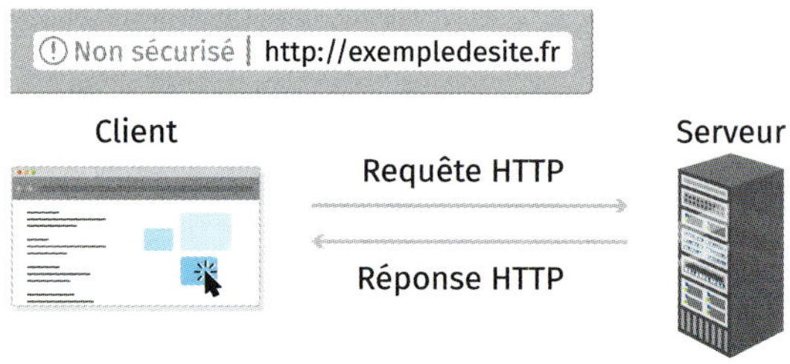

Une requête HTTP d'un client consiste à soumettre au serveur des informations ou des demandes au serveur sur lequel est hébergée une page Web. En retour, le serveur envoie aux clients une réponse HTTP. Ces requêtes et ces réponses sont accompagnées de nombreuses données sur le client et sur les serveurs appelés en-têtes (*headers* en anglais).

2 Protocole HTTP et échange client/serveur

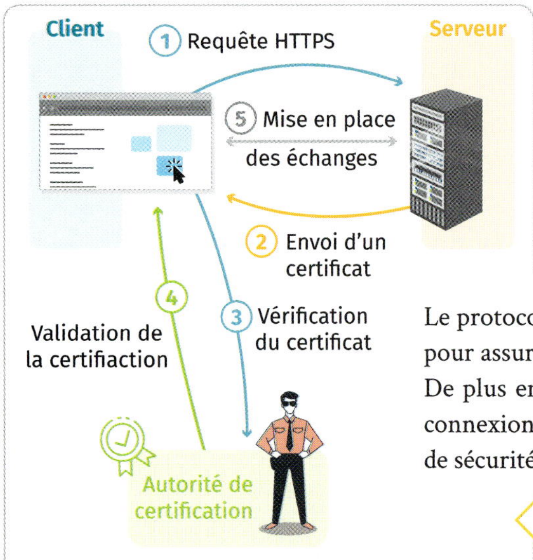

Le protocole HTTPS *(HyperText Transfer Protocol Secure)* a été mis au point pour assurer plus de sécurité dans les dialogues entre le client et le serveur. De plus en plus utilisé, il assure des garanties supplémentaires lors de la connexion. Ce protocole repose sur la vérification systématique de certificat de sécurité délivré par une entité appelée Autorité de certification.

3 Protocole HTTP Sécurisé (HTTPS)

Une page Web statique désigne une ressource Web dont l'affichage par le navigateur reste le même, quelle que soit la requête du client. Le serveur ne fait qu'envoyer une copie des codes informatiques de la page et divers contenus associés comme des images.

Pour une page Web dynamique, les échanges sont plus complexes. La réponse du serveur est en réalité personnalisée et tient compte de paramètres que le client lui a envoyés. En recevant ces paramètres, le serveur les interprète et génère les codes informatiques de la page en conséquence, en puisant éventuellement dans une base de données pour retrouver des informations supplémentaires.

4 Évolution des pages Web

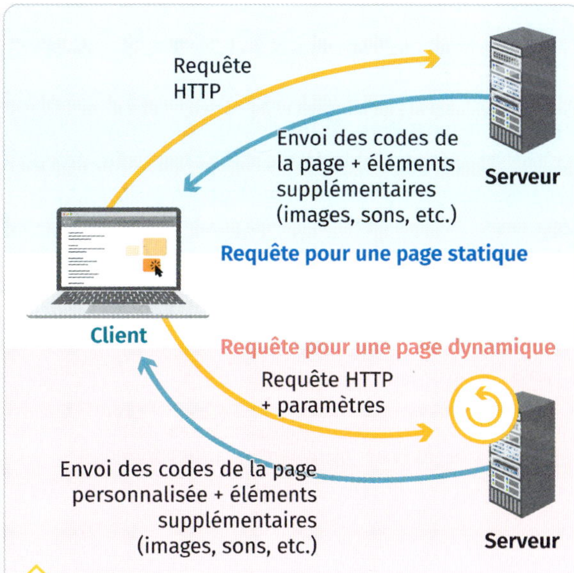

5 Échanges entre le client et le serveur pour une page Web statique ou dynamique

▾ En-têtes de la requête (554 o) — Texte brut

```
GET /wiki/Wikip%C3%A9dia:Accueil_principal HTTP/2
Host: fr.wikipedia.org
User-Agent: Mozilla/5.0 (Windows NT 10.0; Win64; x64; rv:83.0) Gecko/20100101 Firefox
Accept: text/html,application/xhtml+xml,application/xml;q=0.9,image/webp,*/*;q=0.8
Accept-Language: fr,fr-FR;q=0.8,en-US;q=0.5,en;q=0.3
Accept-Encoding: gzip, deflate, br
Connection: keep-alive
```

▾ En-têtes de la réponse (1,080 Ko) — Texte brut

```
HTTP/2 200 OK
date: Fri, 11 Dec 2020 08:06:16 GMT
server: mw1368.eqiad.wmnet
x-content-type-options: nosniff
p3p: CP="See https://fr.wikipedia.org/wiki/Special:CentralAutoLogin/P3P for more info
content-language: fr
vary: Accept-Encoding,Cookie,Authorization
```

6 Exemples d'en-têtes de requête et de réponse

Questions

Retrouvez un questionnement différencié sur le cahier d'activités p. 23

1. Se rendre sur la page d'accueil du site Web wikipedia.fr. **Doc. 2 et 3** Quel type de protocole est utilisé d'après la barre d'adresse ? Il peut être nécessaire de cliquer sur la barre d'adresse pour afficher le protocole.

2. **Doc. 6** Depuis un navigateur, ouvrir l'outil de développement et sélectionner le moniteur réseau (*network*) pour afficher l'ensemble des requêtes. → **Fiche méthode n° 10** LLS.fr/SNT2FM10

3. Recharger la page d'accueil du site et compter le nombre de requêtes qui ont été envoyées.

4. Sélectionner la première requête pour visualiser les en-têtes des échanges. Rechercher les informations suivantes et les classer selon qu'elles concernent le client ou le serveur : le nom du serveur hôte, le nom du document demandé, le navigateur utilisé et la nature du document renvoyé. On pourra s'appuyer sur le document disponible sur LLS.fr/SNT2T2C2Doc pour s'aider dans cette recherche.

5. Bilan Lister chronologiquement les différentes étapes de la circulation des informations pour obtenir l'affichage de la page education.gouv.fr/index.html dans un navigateur.

Activité 3 • Les moteurs de recherche

ACTIVITÉ CONNECTÉE

En 2020, le site Web le plus visité au monde était celui du moteur de recherche Google. Ce type d'outil permet d'explorer le Web et de trouver des ressources numériques à l'aide de mots-clés.

Capacité

Mener une analyse critique des résultats fournis par un moteur de recherche.

Comment fonctionnent les moteurs de recherche ?

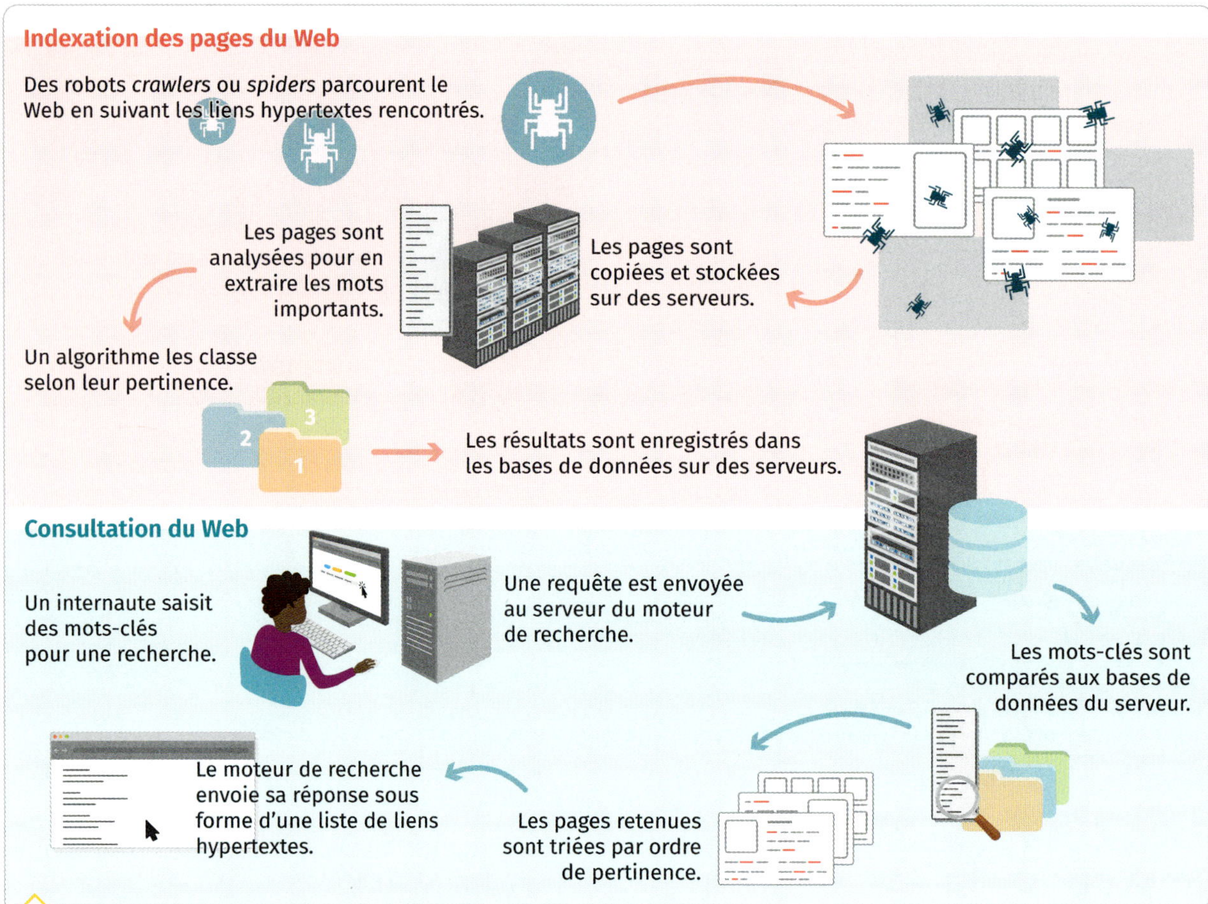

1 Fonctionnement d'un moteur de recherche

Pour apparaître dans les trois premières suggestions d'un moteur de recherche, plusieurs conditions doivent être réunies parmi les suivantes :

- permettre aux robots des moteurs de recherche d'atteindre les ressources sur le site sans les bloquer ;
- maximiser les liens entrant sur la page en provenance de sites fréquentés et pertinents ;
- optimiser le code de la page Web, dont les métadonnées, pour faciliter le travail d'indexation.

Les algorithmes des moteurs de recherche sont complexes et en constante évolution. Certains paramètres tels que la localisation de l'internaute ou son historique de navigation peuvent avoir une influence sur les réponses du moteur de recherche.

→ **Fiche méthode n° 6 p. 184** pour comparer les principaux moteurs de recherche.

2 Référencement naturel SEO *(Search Engine Optimization)*

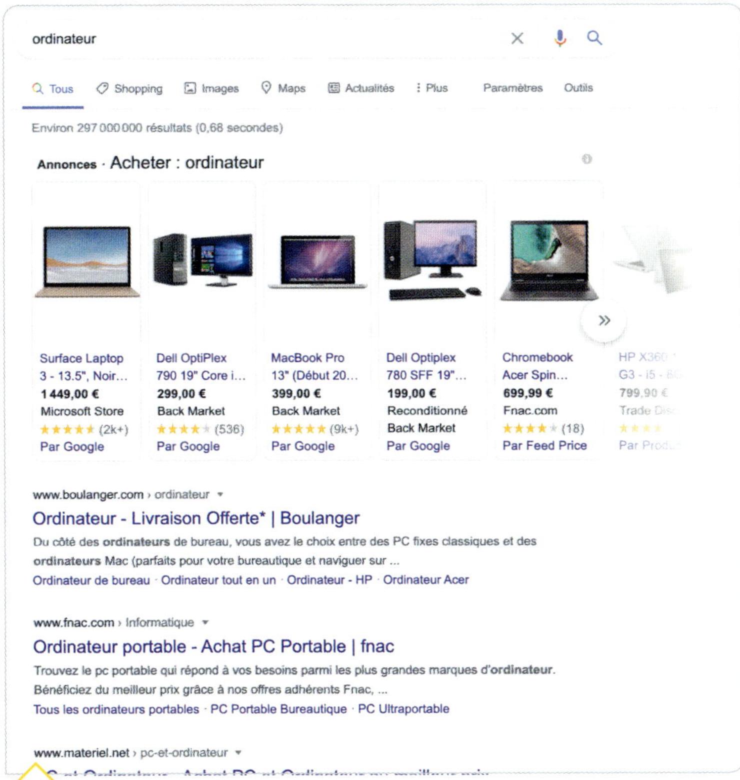

3 **Réponses à une recherche sur Google**

TP

DIFFÉRENCES DE RÉPONSES

- **Étape 1 •** Ouvrir un navigateur et se rendre sur le moteur de recherche Google.
- **Étape 2 •** Effectuer une recherche en tapant un mot-clé, par exemple : polo.
- **Étape 3 •** Ouvrir un nouvel onglet et répéter les étapes précédentes avec les moteurs de recherche de la **fiche méthode n°6 p. 184** pour le même mot-clé.
- **Étape 4 •** Comparer les cinq premiers sites renvoyés par le moteur de recherche utilisés.

Les mots-clés peuvent être achetés aux enchères auprès d'un moteur de recherche afin de s'assurer d'apparaître en haut de la liste des propositions faites par le moteur de recherche. Il s'agit du référencement payant ou SEA *(Search Engine Advertising)*. Certains bloqueurs de publicités permettent néanmoins de masquer ces annonces.

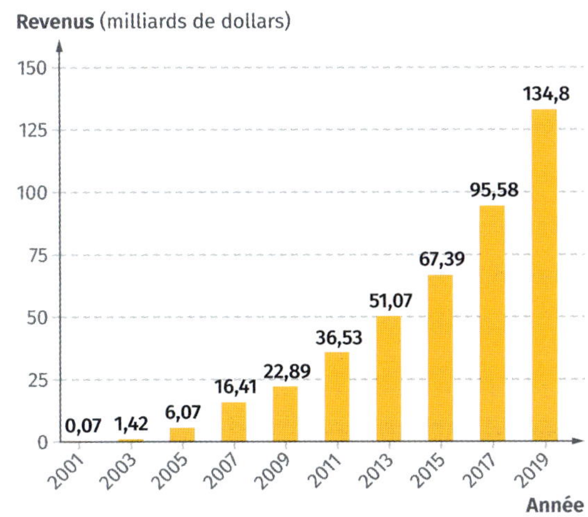

En 2019, les revenus publicitaires de Google représentaient près de 85 % des revenus de l'entreprise.

4 **Revenus des moteurs de recherche**

Numérique

Rendez-vous sur LLS.fr/SNT2P59 pour découvrir les différentes couches du Web.

Questions

Retrouvez un questionnement différencié sur le cahier d'activités p. 24

1. Citer plusieurs moteurs de recherche. Quelles sont leurs caractéristiques ?
2. Réaliser le TP « Différences de réponses ». Quelles différences peut-on constater ?
3. **Doc. 2, 3 et 4** Un internaute souhaite mettre en ligne un site Web. Lister quelques conseils à lui fournir pour apparaître dans les premières réponses d'un moteur de recherche.
4. **Bilan** Suite à la lecture des documents et des recherches faites lors de cette activité, répondre à la problématique de l'activité.

Retrouvez l'activité 4 sur les données de navigation en version numérique sur LLS.fr/SNT2T2Act4Num.

Activité 5 • La création d'une page Web

Capacités

- Distinguer ce qui relève du contenu d'une page et de son style de présentation.
- Étudier et modifier une page HTML simple.
- Maîtriser les renvois d'un texte à différents contenus.
- Inspecter le code d'une page hébergée par un serveur et distinguer ce qui est exécuté par le client et par le serveur.

Les pages Web sont écrites à l'aide de langages qui permettent d'afficher leurs contenus. À la base de ces pages, ce sont les langages HTML et CSS qui décrivent leur structure et leur mise en forme.

De quels outils dispose-t-on pour écrire une page Web ?

`<!DOCTYPE html>`	→ Indique au navigateur les règles de mise en forme
`<html>`	→ Début du document html
`<head>`	→ Début de l'en-tête (description du document)
`<link rel="stylesheet" href="style.css"/>`	→ Lien vers la feuille de style CSS associée
`<title>Titre</title>`	→ Nom visible dans l'onglet du navigateur
`</head>`	→ Fin des informations de description du document
`<body>`	→ Début du corps de la page (éléments de la page)
`<h1>Ma première page</h1>`	→ Titre de premier niveau
`<img src="image.png">`	→ Image et lien
`<p>Une belle image</p>`	→ Paragraphe
`</body>`	→ Fin du corps de la page
`</html>`	→ Fin du document html

1 Exemple de code HTML

HTML

L'HTML *(HyperText Markup Language)* est un langage informatique descriptif qui permet de placer tous les éléments d'une page Web (textes, liens, images, sons, etc.) sur celle-ci et de l'afficher sur un navigateur.

CSS

Le CSS *(Cascading Style Sheets)* est un langage de feuille de style qui permet de gérer la mise en forme d'une page en définissant les propriétés qui devront être appliquées pour chaque élément de la page.

L'utilisation d'un fichier de style CSS est déclarée entre les balises `<head>` et `</head>` du fichier .html dans lequel on souhaite qu'il s'applique en utilisant :

```
<link rel="stylesheet" href="style.css" />
```

2 Langages HTML et CSS

```
body {
   background-color : green ;
}

h1 {
   font-family : Arial ;
   font-size : 20px ;
   color : black ;
   text-align : center ;
}

p {
   font-family : Calibri ;
   font-size : 15px ;
   color : red ;
   text-align : left ;
}
```

3 Exemple de code CSS

Aperçu de la page.

Un lien hypertexte est une zone de la page Web sur laquelle il est possible de cliquer. Un clic permet d'être dirigé vers une ressource qui peut être une page Web (interne au site ou externe), un fichier, une image, un son, une vidéo, etc.

Dans un document HTML, un lien est défini par la balise <a> et la cible est indiquée par l'attribut `href` dont la valeur précise l'URL ou le chemin à suivre dans l'arborescence du site pour atteindre la ressource. Le contenu de la balise <a> est l'élément cliquable.

```
<a href="http://www.exemple.org">Cliquer sur ce texte</a>
<a href="http://www.exemple.org"><img src="img_a_cliquer.jpg"></a>
```

Balises définissant un lien hypertexte

Ressource vers laquelle pointe le lien

Élément cliquable affiché dans la page

Exemples de codes HTML pour définir un lien hypertexte.

4 Liens hypertextes

Les navigateurs disposent d'un outil d'inspection ou de développement des pages Web. Cet outil permet d'inspecter et de détecter des erreurs sur les codes HTML et CSS de la page.

→ **Fiche méthode n° 10** LLS.fr/SNT2FM10 pour découvrir l'outil d'inspection.

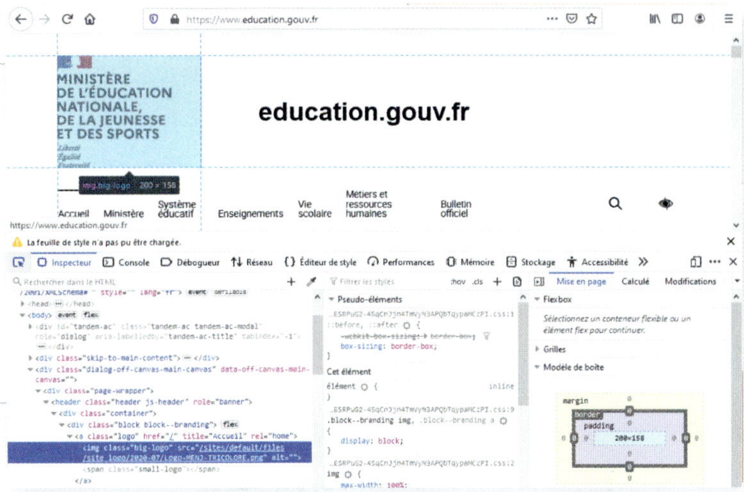

Site education.gouv.fr en mode d'inspection.

5 Outil d'inspection ou de développement

Questions

Retrouvez un questionnement différencié sur le cahier d'activités p. 26

1. Rendez-vous sur LLS.fr/SNT2P61 pour retrouver les codes HTML et CSS. Tester le code du **doc. 1** sur la console HTML sur LLS.fr/SNT2HTML et le code du **doc. 3** sur la console CSS sur LLS.fr/SNT2CSS.

2. Améliorer la structure de la page pour y intégrer un lien hypertexte renvoyant sur le site wikipedia.fr.

3. Pour cette question, l'objectif est d'améliorer l'aspect de l'ensemble en modifiant le code CSS notamment en s'appuyant sur la **fiche méthode 9 p. 185** ou sur des recherches Internet. Se répartir par groupe de cinq ou six élèves pour élire la plus belle page.

On se propose désormais de modifier une page Web d'un média connu.

4. Doc. 5 Ouvrir dans un navigateur la page de la version en ligne d'un journal (lexpress.fr, liberation.fr, etc.) et choisir un article. Ouvrir l'outil d'inspection du navigateur et apporter quelques modifications dans les textes. Enregistrer la nouvelle page puis demander au navigateur d'actualiser la page. Que constate-t-on et pourquoi ?

5. Le fichier code.php sur LLS.fr/SNT2P61 présente un extrait de page Web introduisant une partie de code ne pouvant être interprétée que par le serveur. Repérer cette partie.

6. Bilan Réaliser une fiche de synthèse sur les rôles des langages HTML et CSS pour le codage des pages Web.

Retrouvez l'activité 6 sur le Web, un espace de liberté en version numérique sur LLS.fr/SNT2T2Act6Num.

Cours • Le Web

1 La navigation sur le Web

A Le modèle client/serveur

Le Web désigne un ensemble de ressources numériques disponibles sur Internet. Il est basé sur l'utilisation des liens hypertextes qui permettent de surfer d'une ressource à une autre.

B Les échanges et leurs protocoles

Pour pouvoir accéder à des pages Web, les internautes utilisent des logiciels appelés navigateurs. Leur rôle est de demander aux serveurs les contenus qu'ils hébergent et ensuite de les afficher.

Afin de pouvoir se comprendre, le client (le navigateur) et le serveur utilisent le protocole de communication HTTP *(HyperText Transfer Protocol)* ou HTTPS sa version sécurisée *(HyperText Transfer Protocol Secure)*.

C Les URL

Pour trouver une ressource sur le Web, il faut pouvoir la localiser précisément et de façon unique. C'est le rôle de l'URL *(Uniform Resource Locator)* qui indique le protocole utilisé, le nom de domaine du service hébergeant la ressource, puis le chemin à suivre pour trouver la ressource sur le serveur.

Exemple : https ://www.msf.fr/decouvrir-msf/qui-sommes-nous

Protocole : https ; Nom de domaine : www.msf.fr ; Ressource : /decouvrir-msf/qui-sommes-nous

D Les navigateurs et leur paramétrage

De très nombreux navigateurs permettent aux internautes d'avoir accès aux ressources du Web. → Fiche méthode n° 6 p. 184

Ils présentent néanmoins des différences sur les données qu'ils collectent, le mode de navigation privée, la sécurité et la gestion des cookies.

2 Les moteurs de recherche

A Le fonctionnement des moteurs de recherche

Un moteur de recherche est un site qui référence les contenus du Web. Pour cela, il utilise des robots qui explorent le Web en utilisant les liens hypertextes. Les pages rencontrées sont copiées sur des serveurs, analysées puis indexées.

Lorsque l'internaute envoie une requête sous forme de mots-clés, des algorithmes ordonnent les URL correspondantes en fonction de leur pertinence supposée.

1 Différentes fenêtres de navigation

Vocabulaire

Client : logiciel qui envoie des requêtes vers un serveur.
Serveur : ordinateur en attente qui délivre la réponse à une requête.
Protocole : ensemble de règles.

Lors de la navigation, de petits fichiers texte sont enregistrés : les cookies. D'utilité variable, ils peuvent être retirés manuellement ou en configurant le navigateur.

2 Cookies

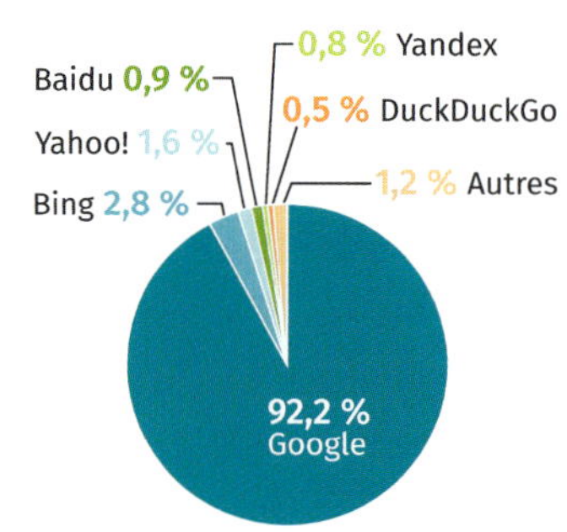

3 Parts de marché des moteurs de recherche en 2020

B La visibilité sur le Web

Les internautes regardent rarement au-delà de la première page de recherche, il est donc important pour les entreprises d'apparaître dans les premières propositions. Certaines optent donc pour un référencement payant leur permettant d'être mises en avant par rapport aux autres.

3 Les langages d'une page Web

A Le contenu (HTML)

Le langage descriptif HTML (*HyperText Markup Language*) permet de structurer les contenus présents sur une page Web et d'introduire des liens hypertextes, des images, des titres, des textes, etc., grâce à des balises qui peuvent être complétées par des attributs.

B La présentation (CSS)

Le langage CSS (*Cascading Style Sheets*) permet de mettre en forme des contenus du code HTML auquel il est rattaché. Il joue sur les tailles, les polices, les couleurs, les décorations, les effets, etc.

C L'interactivité et le dynamisme

Les codes HTML et CSS permettent de réaliser des pages statiques, c'est-à-dire qu'elles apparaissent de manière identique pour tous les internautes. D'autres langages de programmation permettent d'apporter du dynamisme et de l'interactivité aux sites Web. Ils sont exécutés soit par le serveur, en fonction des requêtes reçues, soit par le navigateur lui-même qui procède, par exemple, à l'affichage d'animations.

4 Les droits sur le Web

Le Web est un espace de liberté où chacun peut publier une page sans autorisation ni contrôle particulier. Cela ne doit pas faire oublier que la propriété intellectuelle s'applique sur la Toile. S'il est possible, en un clic, de copier des données (textes, sons, images, vidéos, etc.), cela n'autorise pas pour autant à les réutiliser.

Pour clarifier les différentes conditions de réutilisation et de distribution des œuvres, les auteurs peuvent mentionner comment ils souhaitent partager (ou non) leurs contenus qui se trouvent sur le Web à l'aide des licences *Creative Commons* notamment.

Numérique
Pour approfondir ces notions, rendez-vous sur LLS.fr/SNT2CC.

Le World Wide Web Consortium est en charge du développement des standards du Web afin de garantir la compatibilité des technologies du Web. De nombreux sites, comme LLS.fr/SNT2W3C, permettent de s'essayer à la création de pages Web.

4 World Wide Web Consortium

La balise <a> définit un élément comme étant un lien hypertexte. L'attribut `href=` permet de spécifier l'URL de la ressource liée.

```
<a href = "site.fr">
Texte cliquable</a>
```

5 Balises des liens hypertextes

Licence CC	Dénomination
PUBLIC DOMAIN	Domaine public
PUBLIC DOMAIN (0)	Zéro
cc BY	Attribution
cc BY SA	Partage avec la même licence
cc BY ND	Pas de modification
cc BY NC	Pas d'utilisation commerciale
cc BY NC SA	Pas d'utilisation commerciale Partage avec la même licence
cc BY NC ND	Pas d'utilisation commerciale Pas de modification

6 Licences *Creative Commons*

L'essentiel • Le Web

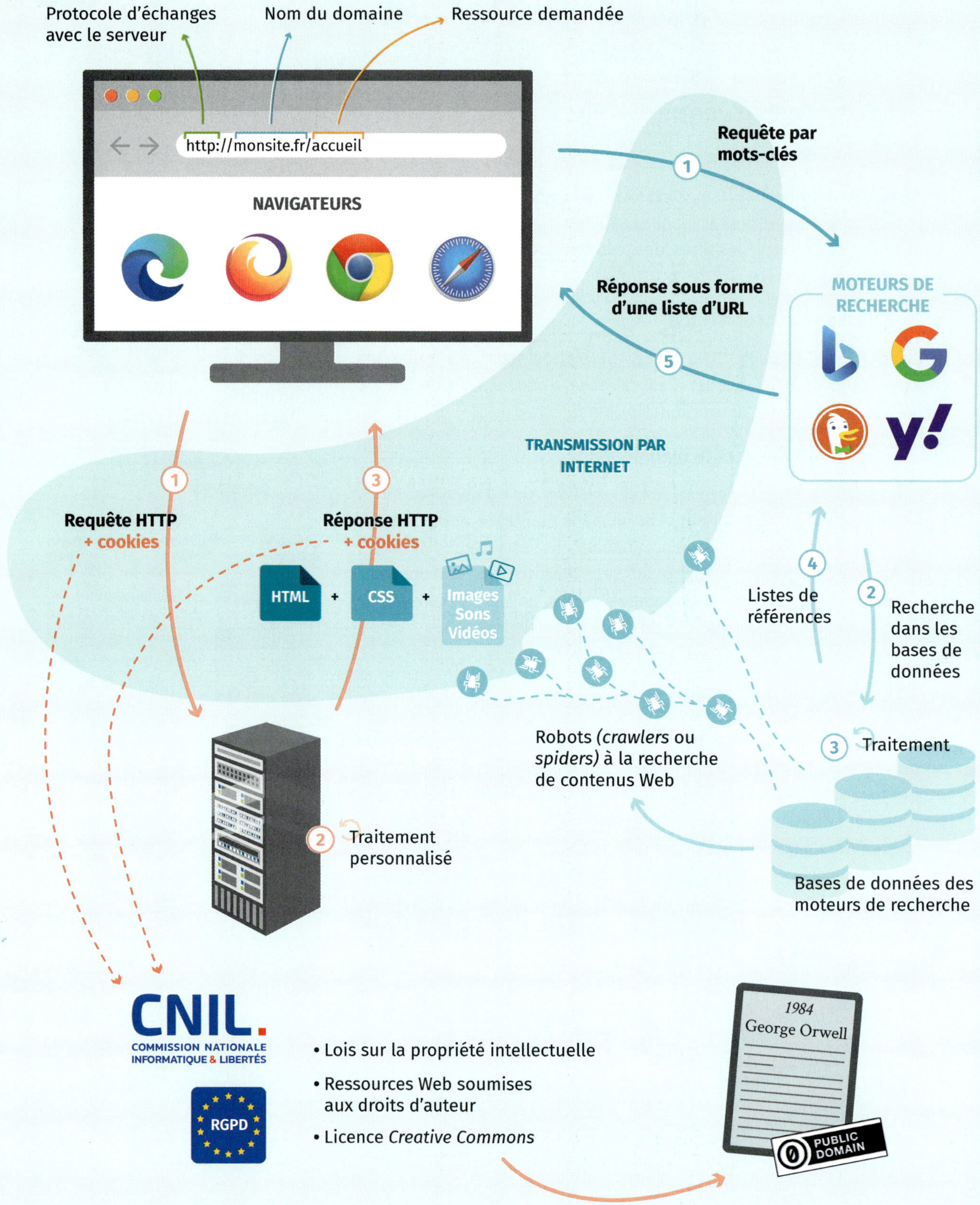

Retrouvez les réponses aux questions-clés sur LLS.fr/SNT2P65

Dans le monde

Sites Web les plus fréquentés à l'été 2020 en milliards de visites par jour
Source : SimilarWeb.

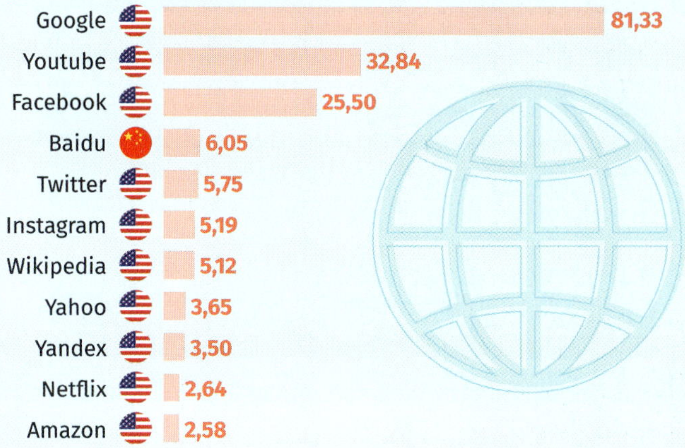

En chiffres

1,78 milliard
Nombre de sites Web dans le monde en juin 2020

5,54 milliards
Nombre d'internautes dans le monde

6 h 43 min
Temps moyen passé sur Internet par utilisateur par jour

1 min en ligne =
500 h de vidéos Youtube partagées
404 444 h de vidéos Netflix regardées
347 222 *stories* Instagram créées

Parts pour chaque type d'appareil utilisé lors d'une navigation sur le Web.

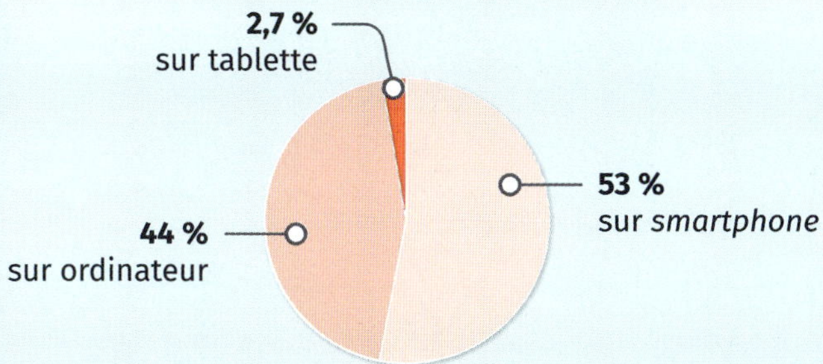

Questions-clés

1. Est-ce que je connais quatre moteurs de recherche différents ?

2. Est-ce que je peux citer quatre navigateurs différents ?

3. Que dois-je renseigner dans un navigateur pour atteindre une page Web ?

4. Est-ce que je connais les deux langages qui permettent de coder une page Web statique ?

5. Est-ce que je peux indiquer ce qu'apporte en plus le HTTPS ?

6. Est-ce que je sais paramétrer mon navigateur pour maîtriser les traces laissées sur Internet ?

Pour aller plus loin

À lire

« 30 ans après, le créateur du Web veut refonder son invention », plongez dans cet article de France Info où Tim Berners-Lee interroge l'avenir du Web.
À lire sur LLS.fr/SNT2Refonte.

À écouter

« Les moteurs de recherche », découvrez un podcast des Webosaures sur les moteurs de recherche. À écouter sur LLS.fr/SNT2Webosaures.

Numérique

Retrouvez l'essentiel du cours en vidéo sur LLS.fr/SNT2P65.

Exercices • Autoévaluation

Entraînez-vous avec les exercices autocorrigés sur LLS.fr/SNT2P66

Retrouvez les réponses de ces exercices p. 189.

1 Naissance du Web

Qui est considéré comme l'inventeur du Web ?

a. Ted Nelson.

b. Tim Berners-Lee.

c. Bill Gates.

2 Piliers du Web

Compléter le texte suivant avec le mot *URL*, *HTTP* ou *HTML* :

Le Web s'appuie sur trois éléments fondamentaux pour pouvoir fonctionner.
Un protocole d'échange entre un navigateur-client et le serveur ...., un langage de balisage pour la structure d'une page Web .... et un système d'identification unique d'une ressource Web .....

3 Surf sur le Web

Pour renvoyer à un contenu, une page Web utilise :

a. une adresse mail.

b. un lien hypertexte.

c. un navigateur.

4 Immangeables

Répondre par vrai ou faux en justifiant la réponse.
Les cookies informatiques sont :

a. nécessaires sur les sites marchands.

b. inutiles pour les utilisateurs du Web.

c. un fichier texte stocké par le navigateur.

Numérique

Connectez-vous sur lelivrescolaire.fr pour retrouver plus d'exercices LLS.fr/SNT2P66.

5 Sigles du Web

```
<link rel="preconnect" href="//s3.mysite.com" />
    <link rel="preconnect" href="//www.mysite.com" />

<meta name="viewport" content="width=640, initial-scale=1">

            <script>
            var mytag = mytag || {};
            mytag.cmd = mytag.cmd || [];
            (function() {
                    var gads = document.createElement('script');
                    gads.async = true;
                    gads.type = 'text/script';
                    var useSSL = 'https:' == document.location.protocol;
                    gads.src = (useSSL ? 'https:' : 'http:') + '//www.mytagservices.co
                    var node = document.getElementsByTagName('script')[0];
                    node.parentNode.insertBefore(gads, node);
            })();
            mytag.cmd.push(function() {
                                        var homepageSquarySizeMapping = my
                        addSize([945, 250], [200, 200]).
                        addSize([0, 0], [300, 250]).
```

Associer chaque terme à son rôle et à ce qu'il permet de faire.

CSS •	• Protocole d'échange sécurisé
HTTPS •	• Style de la page
HTML •	• Contenu de la page

6 Info ou intox ?

Répondre par vrai ou faux en justifiant la réponse.

a. Tout le Web est accessible grâce au site de Google.

b. Toutes les pages Web ont le même degré de sécurité.

c. Le langage HTML est un langage fonctionnant à partir de balises.

d. Un robot *(crawler)* vérifie l'exactitude du contenu des pages.

e. Un moteur de recherche personnalise sa réponse.

Savoir-faire - Parcours d'apprentissage	Activités	Exercices
❑ Savoir comment fonctionne le Web.	2 6	7 6
❑ Savoir comment sont codées les pages statiques du Web.	5	11 13
❑ Connaître le rôle et le principe de fonctionnement des moteurs de recherche.	3	14
❑ Savoir gérer la sécurité et la navigation sur le Web.	4	15

Retrouvez un questionnement différencié sur le cahier d'activités p. 30

7 Pour ne pas se perdre

Le vocabulaire du Web regorge de sigles tels que URL, HTTP, CSS ou HTML.

♦ Écrire en toutes lettres la signification de ces sigles.

8 Exposé SNT

Un élève souhaite utiliser en partie le schéma-bilan de ce chapitre LLS.fr/SNT2P64 pour un exposé en classe.

1. Retrouver la licence de publication sur LLS.fr/SNT2LLS.
2. Conclure quant à la possibilité d'utiliser ce document.

9 Bon chemin

Voici l'arborescence d'un site Web :

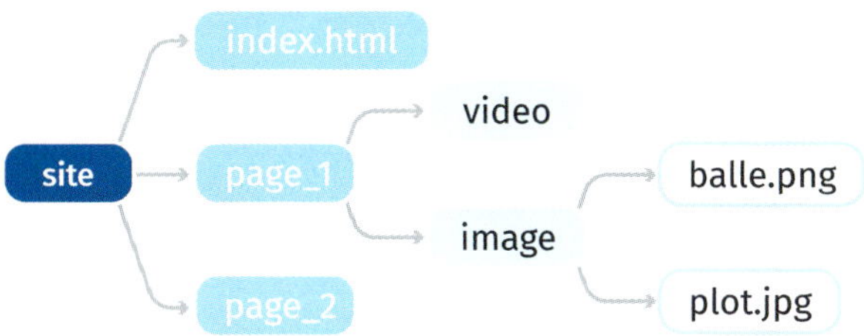

1. Écrire le chemin pour atteindre l'image balle.png depuis la racine du site.
2. Écrire la ligne de code HTML permettant de créer un lien hypertexte vers cette image dans le document index.html.

10 Mise à jour d'une page Web

Un webmaster doit apporter les modifications suivantes à sa page Web :

- mettre à jour le contenu d'un paragraphe ;
- changer la police de caractère du titre ;
- modifier la couleur du fond ;
- ajouter un bouton à un menu.

♦ Indiquer pour chaque modification si elle intervient dans le fichier .html ou dans le fichier .css de la page.

11 Journal en ligne du lycée

Voici la trame de l'article destiné au site du lycée :

```
<article>
   <div class="Article BD">
      <h1>Conseils BD du mois
      <h2>Ma sélection
      </h1>
      </h2>
      <br/>
      <ul>
         <li>Titre<li>
         <li>Auteur
         <li>Editeur</li>
      </ul>
      <p>Petit résumé</p>
      <p>Mon avis argumenté</p>
   <:div>
</article>
```

Un test met en évidence des dysfonctionnements.

1. Repérer les erreurs dans le code et les corriger.
2. Tester la correction sur la console en ligne LLS.fr/SNT2HTML.

12 Accès au site en ligne

Voici la requête HTTP envoyée par un navigateur pour consulter l'une des pages du site lemonde.fr :

```
GET https://www.lemonde.fr/
Accept: text/html,application/
xhtml+xml,application/xml;q=0.9,image/
webp,*/*;q=0.8
Accept-Encoding: gzip, deflate, br
Accept-Language: fr,fr-FR;q=0.8,en-
US;q=0.5,en;q=0.3
https://www.lemonde.fr/
Host: www.lemonde.fr
Upgrade-Insecure-Requests: 1
User-Agent: Mozilla/5.0 (Windows NT 10.0;
Win64; x64; rv:82.0) Gecko/20100101
Firefox/82.0
```

1. Relever le protocole utilisé pour les échanges entre le navigateur et le serveur.
2. Repérer dans l'en-tête de la requête le navigateur utilisé par le visiteur.

Numérique

Retrouvez plus d'exercices sur LLS.fr/SNT2P67.

Retrouvez un questionnement différencié sur le cahier d'activités p. 31

13 Évolution d'un site

Savoir comment sont codées les pages statiques du Web.

Pour les soldes, un site marchand souhaite modifier sa bannière d'accueil. La mention « Bienvenue » doit faire place à « SOLDES » en rouge, sur un fond blanc.

Avant :

Après :

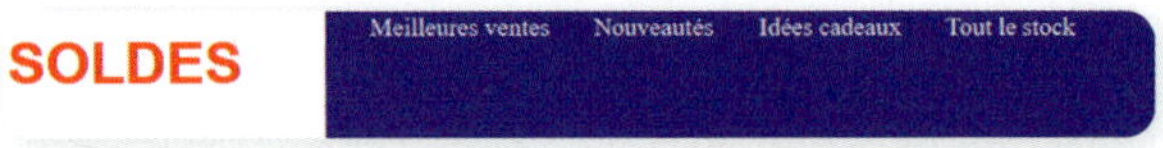

LLS.fr/SNTP68

```
<!DOCTYPE html>
<html>
   <head>
     <meta charset="UTF-8">
     <title> Boutique en ligne</title>
     <link rel="stylesheet" type="text/
     css" href="styles.css">
   </head>
   <body>
     <header>
       <h1 id="title">Bienvenue</h1>
       <nav>
       <ul>
         <li><a href="#">Meilleures
         ventes</a></li>
         <li><a href="#">Nouveautés</a>
         </li>
         <li><a href="#">Idées cadeaux
         </a></li>
         <li><a href="#">Tout le stock
         </a></li>
       </ul>
       </nav>
     </header>
<!--Contenu de la page non représenté-->
   </body>
</html>
```

1 Extrait du programme index.html

LLS.fr/SNTP68

```
ul {
   list-style : none ;
}

h1 {
   font-family : Arial, Helvetica,sans-
   serif ;
   font-size : 45px ;
   line-height : 0.9 ;
   color : #fff ;
   text-align : left ;
}

a:hover {
   color : red ;
}

header {
   position : relative ;
   background : blue ;
   width : 100% ;
   height : 100px ;
}

nav ul li a {
   float : left ;
   margin-left : 35px ;
   font-size : 20px ;
   color : white ;
   background-color : transparent ;
   text-decoration : none ;
}

#title {
   float : left ;
   width : 250px ;
   height : 100px ;
   background-color : transparent ;
   margin-top : 0px ;
   padding-top : 20px ;
}
```

2 Extrait du programme styles.css

1. Utiliser un éditeur de texte ou la console en ligne LLS.fr/SNT2CSS pour modifier la bannière.

2. Créer des liens hypertextes sur les différents éléments du menu de la bannière pour qu'ils ouvrent une page spécifique liant leur thématique aux objets soldés.

Jeu sérieux

Rendez-vous sur LLS.fr/SNT2P68 pour obtenir un indice sur le criminel en rentrant la couleur modifiée du titre en notation hexadécimale.

14 Faille temporelle

Connaître le rôle et le principe de fonctionnement des moteurs de recherche.

Il est possible de constater une distorsion du temps lors d'une recherche avec Google :

- faire une recherche Google pour trouver le site lequipe.fr ;
- afficher la page pointée par l'URL dans une nouvelle fenêtre ;
- afficher la page mise en cache (archivée sur les serveurs de Google) de cette URL.

1. Relever les différences entre les deux pages.
2. Trouver la durée écoulée depuis la mise en cache de la page.
3. Expliquer quelle peut être l'incidence de cette « faille temporelle » sur une recherche d'information.

Pour afficher les pages mises en cache, il faut :

1. À l'aide d'un navigateur, lancer une recherche Google pour trouver une page Web.
2. Cliquer sur la flèche vers le bas située à droite de l'URL du site.
3. Cliquer sur « En cache ».

Extrait de l'aide en ligne de Google

15 Protection rapprochée

Savoir gérer la sécurité et la navigation sur le Web.

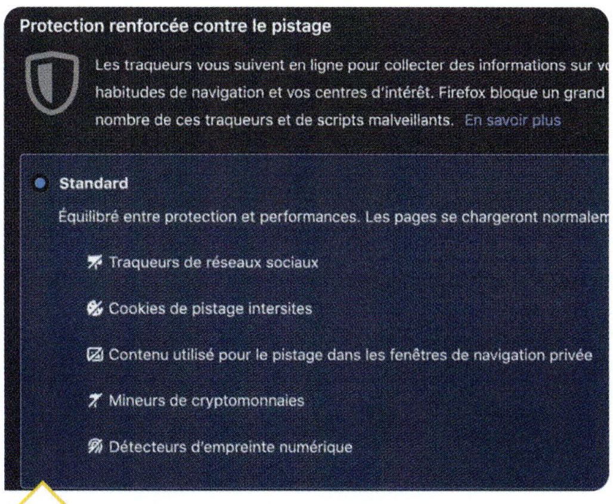

1 Paramétrage de la sécurité

1. À l'aide d'une recherche sur le Web, identifier les risques contre lesquels l'utilisateur du navigateur est protégé en paramétrage « Standard » sur le navigateur Mozilla Firefox.
2. Analyser les options retenues et les commenter au regard des risques qu'elles laissent encourir.

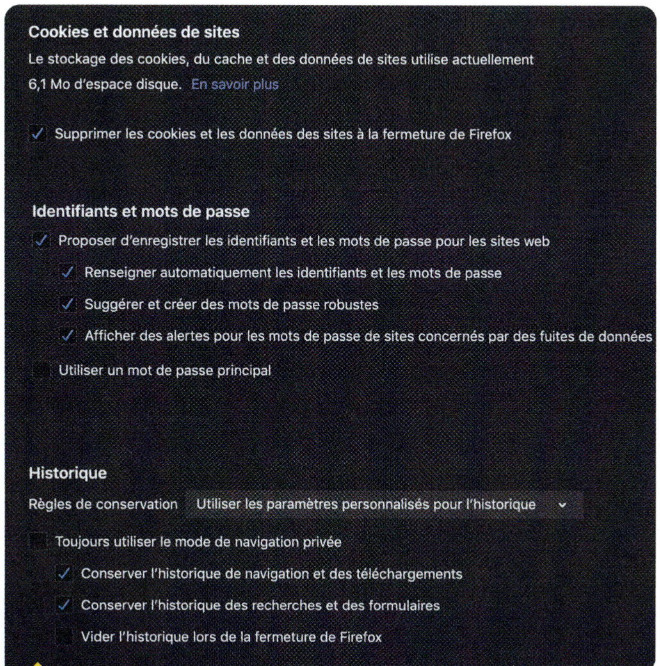

2 Réglage des paramètres « Vie privée et Sécurité » sur Mozilla Firefox

Projet 1 Construire un site Web

Un site Web est un ensemble de pages organisées entre elles au sein d'une arborescence, accessibles les unes avec les autres à l'aide de liens hypertextes.

Une charte graphique commune est indispensable pour une cohérence globale et un confort d'utilisation optimal. C'est pour cela qu'il est préférable que toutes les pages utilisent la même feuille de style CSS.

Consigne

Le but est ici de créer un petit site *Web People*. À partir d'une trame définie, ce site doit :

- proposer une page spécifique présentant une personnalité contemporaine ou historique en utilisant des images libres de droit que l'on pourra par exemple rechercher sur flickr.com ;
- mettre en place la page dans l'arborescence du site et s'assurer que les liens fonctionnent bien.

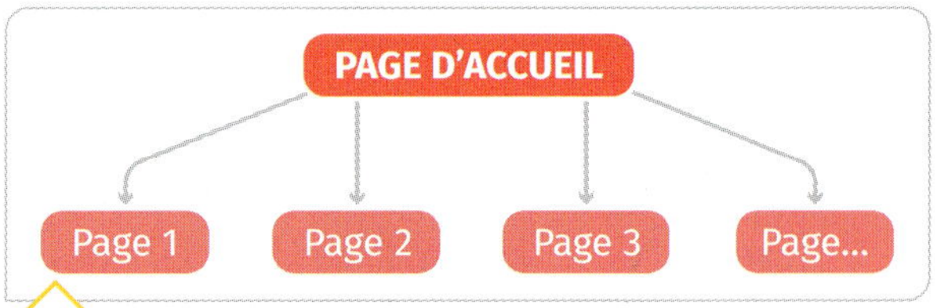

Arborescence du site

Projet 2 Programmer un algorithme de type PageRank

Inventé par Larry Page et développé avec Sergey Brin, l'algorithme PageRank est à l'origine du succès de leur site de moteur de recherche Google et a grandement contribué à leur fortune.

Cet algorithme permet de classer les résultats de recherche trouvés dans l'index afin de les présenter dans l'ordre, a priori, le plus pertinent.

Sergey Brin et Larry Page, cofondateurs de Google

Consigne

Ce projet se décompose en trois étapes :

- rechercher sur le Web le principe du PageRank de Google ;
- proposer un algorithme pour la programmation ;
- écrire un programme en Python qui permet de réaliser cet algorithme sur un petit échantillon de sites afin de déterminer lequel est le plus populaire.

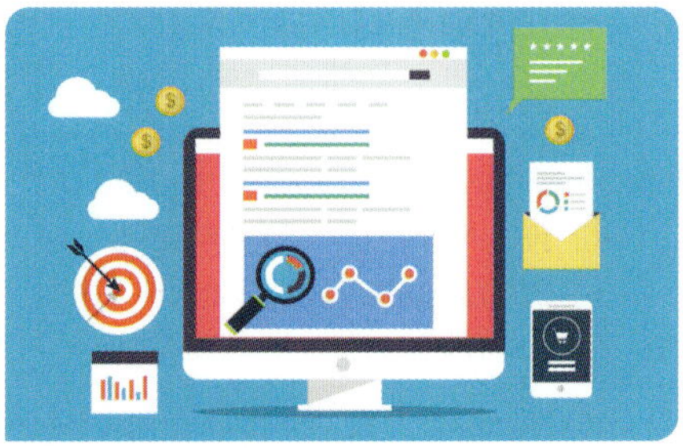

Métier

Chef(fe) de projet Web

Présentation du métier

Un chef de projet Web a pour mission de coordonner les étapes de réalisation et d'amélioration d'un site Web. Son rôle commence par centraliser les demandes du client. Il coordonne ensuite les équipes techniques jusqu'à la livraison au client.

En quoi consiste votre métier ?

Chaque projet se décompose en plusieurs étapes. D'abord, la prise de contact avec le client pour définir ses besoins, le conseiller et rédiger un cahier des charges. Ensuite, la coordination de l'équipe technique qui travaille sur le projet (développeurs, webdesigners, testeurs, etc.). Durant toute cette étape de réalisation, il faut s'assurer que tout respecte bien la demande du client, fonctionne correctement et que les délais sont respectés. Enfin, je coordonne la livraison, ou mise en production, c'est-à-dire la mise à jour du site avec les éléments livrés.

Qu'est-ce qui vous a amené à faire ce métier ?

L'attrait pour les nouvelles technologies. J'aime aussi échanger avec des gens d'horizons différents et faisant d'autres métiers.

Quelles sont selon vous les qualités requises ?

Pour réussir, il est indispensable d'avoir un bon relationnel et du sang-froid pour gérer les situations de crise. Il faut aussi être rigoureux dans le travail, réactif et avoir un bon bagage technique.

Études :

- Bac + 3 : licence professionnelle Conception et Gestion de sites internet
- Bac + 5 : master Info-Com ou diplôme d'école de commerce ou d'ingénieur

Salaire indicatif : 1700 € net/mois ; 28 000 € brut/an.

Retrouver plus de métiers sur LLS.fr/SNT2P71.

PARCOURS pix

Un lien hypertexte est un élément sur lequel il est possible de cliquer, pour être par exemple redirigé vers une page Web. Ce type d'élément est la base du Web. Dans un document HTML, le lien est défini par la balise <a>...</a>.

Rendez-vous sur la compétence « Programmer » du domaine « Création de contenu » pour préparer la certification pix !

```
<p>
  <h3>Evaluez vos compétences numériques :</h3>
  <ul>
    <li>Information et données</li>
    <li>Communication et collaboration</li>
    <li>Création de contenu</li>
    <li>Protection et sécurité</li>
    <li>Environnement numérique</li>
  </ul>
</p>
```

Consigne :

Modifier le code fourni pour que le texte correspondant au domaine « Création de contenu » soit mis en emphase à l'aide de la balise <em>…</em> et que celle-ci devienne un lien hypertexte renvoyant vers le site de pix.

Thème 3

Les réseaux sociaux

Comment fonctionnent les réseaux sociaux ? Quels impacts ont-ils dans nos vies ?

La communication sur les réseaux sociaux est aujourd'hui banale. Des personnalités politiques à celles du monde du spectacle, comme ici le chanteur Will.i.am au musée du Louvre, tout le monde les utilise pour toucher le plus de personnes possibles.

Société et numérique

Les réseaux sociaux (Facebook, Twitter, Instagram, Snapchat, Youtube, TikTok, LinkedIn, etc.) sont aujourd'hui très présents dans notre vie quotidienne. Leur nombre d'utilisateurs à travers le monde a explosé depuis le début des années 2010. Ils nous permettent de rester connectés les uns aux autres et d'avoir accès à une multitude de contenus.

Contenus et capacités attendues

- **Réseaux sociaux existants et modèles économiques** → Activité 2 p. 78
  Distinguer plusieurs réseaux sociaux selon leurs caractéristiques, y compris un ordre de grandeur de leurs nombres d'abonnés. Identifier les sources de revenus des entreprises de réseautage social.

- **Identité numérique, e-réputation, identification, authentifications** → Activité 3 p. 80
  Connaître les principaux concepts liés à l'usage des réseaux sociaux. Paramétrer des abonnements pour assurer la confidentialité des données.

- **Caractéristiques d'un graphe et expérience de Milgram** → Activité 4 p. 82
  Décrire comment est conditionnée l'information présentée par le choix préalable de ses amis. Déterminer les caractéristiques d'un graphe simple.

- **Cyberviolence** → Activité 5 LLS.fr/SNT2T3ActNum
  Connaître les dispositions de l'article 222-33-2-2 du code pénal. Connaître les différentes formes de cyberviolence (harcèlement, discrimination, *sexting*...) et les ressources disponibles pour lutter contre la cyberviolence.

Numérique

Notre e-réputation est en jeu sur tous les réseaux sociaux où nous sommes présents. Découvrez-en plus sur LLS.fr/SNT2Ereputation.

Se tester

ChronoQuiz
Entraînez-vous en classe sur ChronoQuiz
LLS.fr/SNT2P74

1 La chronologie des réseaux sociaux

1. Quel a été le premier réseau social permettant de créer une page de profil et d'être en relation avec d'autres utilisateurs ?
- **a.** Facebook.
- **b.** Facetime.
- **c.** Sixdegrees.
- **d.** Myspace.

2. En quelle année Facebook a-t-il été créé ?
- **a.** 1940.
- **b.** 1988.
- **c.** 2004.
- **d.** 2016.

3. Quelle est la spécificité du réseau social TikTok dont la première version a été mise en ligne en 2016 ?
- **a.** Partager et visionner des vidéos du monde entier en y intégrant de la musique.
- **b.** Élargir ses relations professionnelles.
- **c.** Mettre en contact des personnes autour des célébrités qu'elles préfèrent.

2 Les réseaux sociaux en quelques chiffres

1. Le nombre de comptes actifs de Facebook en 2020 était évalué à près de :
- **a.** 1 million.
- **b.** 100 millions.
- **c.** 3 milliards.
- **d.** 10 milliards.

2. Lesquels de ces réseaux sociaux atteignaient plus d'un milliard d'utilisateurs fin 2020 ?
- **a.** Youtube.
- **b.** WhatsApp.
- **c.** Skype.
- **d.** Instagram.

3. À combien estime-t-on le montant des revenus générés par TikTok en 2020 ?
- **a.** 1 million d'euros.
- **b.** 10 millions d'euros.
- **c.** 1 milliard d'euros.
- **d.** 10 milliards d'euros.

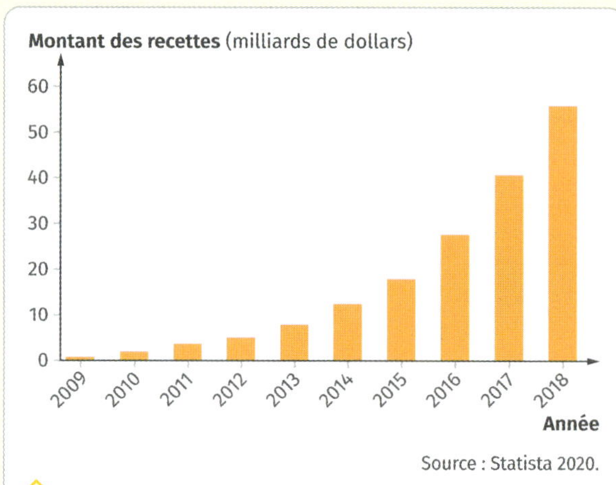

1 Recettes perçues par Facebook aux États-Unis de 2009 à 2018

Retrouvez les exercices autocorrigés sur LLS.fr/SNT2P75

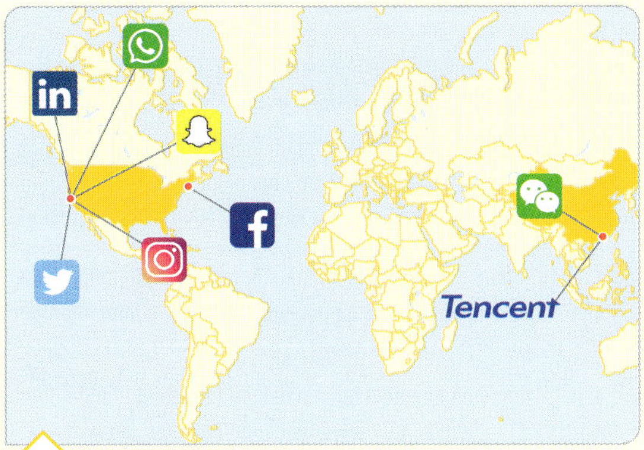

2 Domination des États-Unis

Les grandes entreprises américaines détiennent la majeure partie des réseaux sociaux les plus utilisés dans le monde. Cette suprématie est toutefois remise en question par l'essor des réseaux sociaux chinois.

3 Les origines des réseaux sociaux

1. Parmi ces réseaux sociaux, lesquels appartiennent à l'entreprise Facebook ?

- **a.** Instagram.
- **b.** Twitter.
- **c.** WhatsApp.
- **d.** TikTok.

2. Où a été créé le réseau social TikTok ?

- **a.** En France.
- **b.** Aux États-Unis.
- **c.** En Chine.
- **d.** En Nouvelle-Zélande.

4 Les réseaux sociaux et la législation

1. Le type de cybercriminalité le plus fréquent sur les réseaux sociaux est :

- **a.** le cyberharcèlement.
- **b.** l'usurpation d'identité.
- **c.** les paiements frauduleux.
- **d.** le *phishing*.

2. Que faire face à une situation de cyberharcèlement ?

- **a.** Prévenir sa famille.
- **b.** Conserver des preuves incriminant le ou les harceleurs.
- **c.** En découdre en harcelant à son tour.
- **d.** Signaler la situation auprès des autorités si nécessaire.

3. Le harcèlement caractérisé :

- **a.** peut être puni de deux à trois ans d'emprisonnement.
- **b.** n'est pas un crime mais seulement un délit mineur.
- **c.** est puni plus durement lorsqu'il est commis par plusieurs individus.
- **d.** ne peut pas être reproché lorsqu'il a lieu en ligne sur les réseaux sociaux.

3 Quelques exemples de cybercriminalité

De nombreuses formes de cybercriminalité apparaissent sur le Web, notamment sur les réseaux sociaux comme le *revenge porn*, la diffusion de vidéos violentes, les arnaques en ligne ou encore l'usurpation d'identité.

Un réseau social

Définition • Plateforme Web permettant de connecter virtuellement les internautes entre eux sur divers supports.

En d'autres termes • Un réseau social est un site ou une application qui permet d'échanger avec d'autres utilisateurs et de partager des photographies, des vidéos, de la musique, etc. Un réseau social désigne donc simplement un groupe de personnes qui échangent entre elles, comme dans une association sportive.

Un graphe

Définition • Représentation graphique qui dans le cadre des réseaux sociaux interconnecte des individus selon la relation établie entre eux.

En d'autres termes • C'est un schéma représentant des relations dans un groupe, à l'image d'un maillage de neurones dans le cerveau.

Un algorithme de recommandation

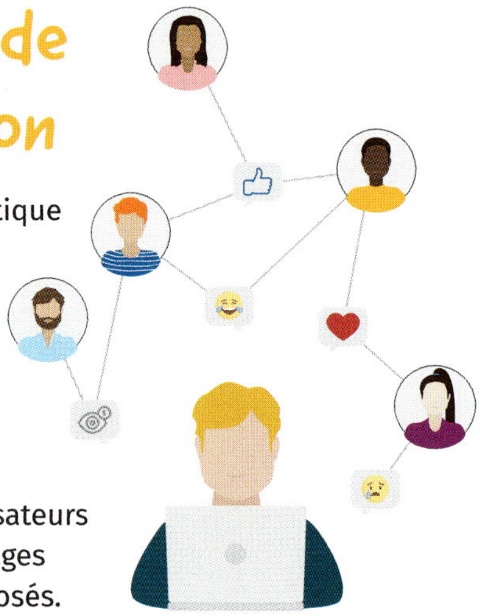

Définition • Programme informatique recoupant les usages et les données personnelles des individus pour suggérer des contenus, des relations ou des annonces promotionnelles.

En d'autres termes • C'est un programme qui analyse les utilisateurs des réseaux sociaux et leurs usages pour adapter les contenus proposés. Ces algorithmes ressemblent à s'y méprendre aux *profilers* des séries américaines qui étudient finement les comportements des suspects.

L'hameçonnage (ou phishing)

Définition • Technique employée par un fraudeur consistant à se faire passer pour un tiers de confiance (ami, banque, gouvernement, police, etc.) auprès de la victime pour lui soutirer ses données personnelles ou son argent.

En d'autres termes • Se faire passer auprès d'une personne pour quelqu'un de confiance afin de lui voler ses mots de passe, son numéro de carte de crédit, etc. Ce type de fraude n'est pas spécifique aux réseaux sociaux : elle est également mise en œuvre par des escrocs qui se présentent chez des particuliers sous de fausses étiquettes, comme des agents de police, des agents d'ENEDIS, etc.

L'usurpation d'identité

Définition • Acte malhonnête consistant à s'emparer délibérément de l'identité virtuelle d'une personne existante, et à se faire passer pour elle en utilisant son compte ou en créant un compte similaire.

En d'autres termes • L'usurpation d'identité consiste à se faire passer pour quelqu'un d'autre sur Internet. L'usurpation d'identité numérique reviendrait à voler le visage d'une personne dans la vie de tous les jours pour prendre sa place, comme les masques utilisés par les protagonistes de *Mission Impossible*.

Les repères historiques

◆ **Activité 1**

Les réseaux sociaux numériques sont aujourd'hui au cœur de nos sociétés mais ce phénomène est très récent à l'échelle de l'humanité. Fondant leur fonctionnement sur la mise en relation des internautes, les réseaux sociaux se sont progressivement diversifiés en proposant davantage de ressources partageables.

Comment les réseaux sociaux sont-ils devenus omniprésents dans nos sociétés ?

Premiers pas

Classmates.com est l'un des premiers réseaux à avoir mis en relation des internautes autour d'un élément commun : leurs années scolaires ! Accessible sur LLS.fr/SNT2Classmates, il a connu un certain succès aux États-Unis et au Canada.

classmates®

1. Retrouver la date de création de ce réseau social en observant sa page d'accueil.

Développement et démocratisation

Lorsque l'on parle de réseau social, difficile de faire l'impasse sur le plus grand : Facebook. Lancée par Mark Zuckerberg, cette entreprise de réseautage social s'est largement imposée depuis ses débuts dans une faculté américaine.

2. En visionnant la bande-annonce du film *The Social Network* sur LLS.fr/SNT2TheSocial, relever le nom de la faculté dans laquelle était inscrit Mark Zuckerberg en 2004 lorsqu'il publie *The Facebook* sur le Web.

Aujourd'hui

L'omniprésence du réseau social Facebook a permis à l'entreprise de générer des revenus si colossaux qu'elle a notamment pu racheter de nombreux autres réseaux sociaux comme WhatsApp et Instagram.

3. Rechercher sur le Web quand sont apparus WhatsApp et Instagram.

TikTok, lancé en 2016, s'est progressivement imposé comme le réseau social à destination des jeunes.

4. Rechercher sur le Web dans quel pays l'entreprise ByteDance a développé TikTok.

Et pour l'avenir ?

On estime à près de 3,9 milliards le nombre de personnes abonnées à au moins un réseau social en 2020.

5. Déterminer la part de la population mondiale, en pourcentage, possédant un compte sur au moins un réseau social.

Synthèse

6. En classe, rendez-vous sur LLS.fr/SNT2P77 pour participer au quiz sur les réseaux sociaux.
7. Retrouver une frise chronologique sur LLS.fr/SNT2P77 à compléter avec les dates relevées.

Activité 2 • En groupe Les modèles économiques des réseaux sociaux

Capacités

Distinguer plusieurs réseaux sociaux selon leurs caractéristiques, y compris un ordre de grandeur de leurs nombres d'abonnés.

Identifier les sources de revenus des entreprises de réseautage social.

Facebook, Instagram, TikTok, Snapchat, Youtube, etc. Il existe de nombreux réseaux sociaux ayant chacun leurs spécificités.

Quelles sont les principales différences entre les réseaux sociaux ? D'où proviennent leurs revenus ?

Réseau social	Principe	Fonctionnalités principales
Facebook	Rester en contact et échanger avec son entourage	• Publication de contenus avec des amis (photos, vidéos, textes, etc.) • Discussion en ligne (Messenger) • Création de pages ou de groupes • Création de *stories* (photos, vidéos)
Youtube	Poster et regarder des vidéos	• Création d'une chaîne Youtube • Suivre la chaîne d'autres personnes • Visionnage de vidéos
Instagram	Partager des photos et des vidéos	• Publication de contenus sur son compte • Suivi et interaction avec les autres utilisateurs • Création de *stories* (photos, vidéos)
WhatsApp	Dialoguer et échanger des photos et des vidéos instantanément	• Création de groupes de discussion • Partage de photos et de vidéos avec ses contacts mais aussi via des groupes
Snapchat	Regarder des photos et des vidéos de manière éphémère	• Création de *stories* : ensemble de photos/vidéos de 10 secondes maximum, prises en direct, disponibles pendant 24 heures et consultables par ses contacts
Twitter	Envoyer des messages courts pour commenter l'actualité ou échanger avec des internautes	• Partage de statuts, de *tweets* (messages courts de 280 caractères maximum), avec ses abonnés ou *followers* • Suivre les *tweets* de ses abonnements

1 Principales fonctionnalités des réseaux

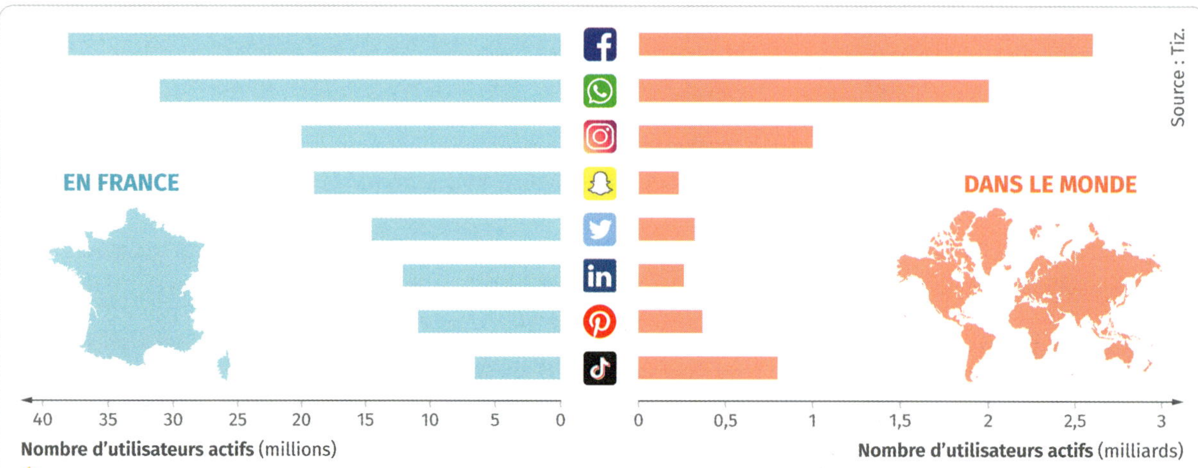

2 Nombre d'utilisateurs des réseaux sociaux en France et dans le monde

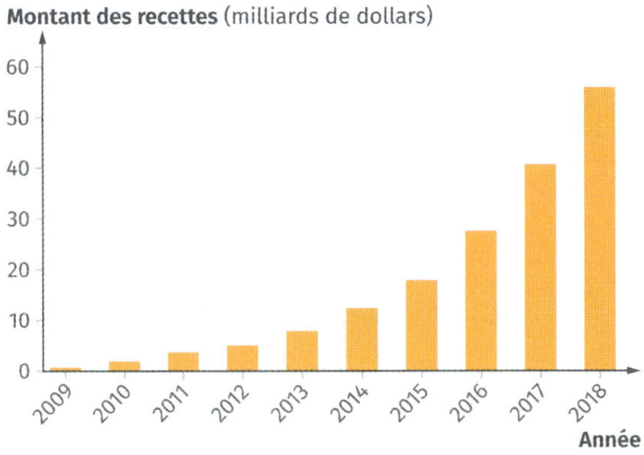

Source : Statista 2020.

3 Revenus de l'entreprise Facebook

Les modèles économiques des réseaux sociaux ne sont pas tous équivalents. Si l'inscription est gratuite en général, certains réseaux sociaux proposent des contenus ou des fonctionnalités supplémentaires aux internautes qui paient les services d'un compte *premium*. Dans ce cas-là, la source de revenus est clairement identifiée.

D'autres, comme Facebook, utilisent la publicité ciblée qui se sert des données collectées sur les utilisateurs de leur plateforme pour générer des profits. Pour cela, les entreprises qui souhaitent diffuser leurs annonces achètent aux réseaux sociaux un espace pour afficher leurs publicités, en précisant le profil d'utilisateurs souhaité. Sur ces critères, les algorithmes des réseaux sociaux diffusent les publicités aux internautes ciblés.

Numérique

Quel est le modèle économique de TikTok ? Découvrez-le en vidéo sur LLS.fr/SNT2TikTok.

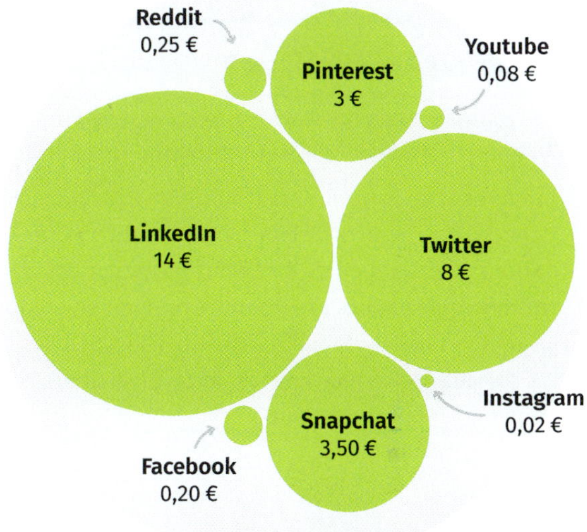

Source : PostBeyond.

Revenus moyens générés par utilisateur et par an. Ce graphique illustre les différences de modèle économique adopté par les réseaux sociaux. LinkedIn met en avant l'utilisation des comptes premium, ce qui augmente les revenus par utilisateur. À l'inverse, Facebook utilise davantage la publicité, ce qui permet de tirer ses bénéfices des contrats avec les annonceurs.

4 Sources des revenus des réseaux sociaux

Questions

Retrouvez un questionnement différencié sur le cahier d'activités p. 35

1. Après avoir lu l'ensemble des documents, se répartir par groupes pour préparer la carte d'identité d'un réseau social sous la forme d'un poster. Celle-ci doit inclure :

- sa date de création ;
- son pays d'origine ;
- le nom de son ou de ses fondateurs ;
- le nombre d'utilisateurs actuel ;
- le principe sur lequel il se fonde ;
- l'entreprise qui le possède ;
- sa ou ses principales sources de revenus.

On propose la liste suivante (non exhaustive) des réseaux sociaux sur lesquels les groupes peuvent travailler : Facebook, TikTok, LinkedIn, Instagram, WhatsApp, Twitter, Youtube.

2. Mettre en commun les différentes cartes d'identité en les présentant à la classe.

3. Bilan Commenter le slogan suivant, souvent utilisé pour caractériser le modèle économique des réseaux sociaux : « Quand c'est gratuit, c'est vous le produit ! »

Activité 3 • La gestion des données par les réseaux sociaux

ACTIVITÉ CONNECTÉE

Les algorithmes sont au cœur du fonctionnement des réseaux sociaux. Ils permettent de suggérer des contenus et de prédire certaines décisions des utilisateurs en se fondant sur une analyse de leurs choix antérieurs et sur l'exploitation de leurs données personnelles.

Capacités

Connaître les principaux concepts liés à l'usage des réseaux sociaux.

Paramétrer des abonnements pour assurer la confidentialité de données personnelles.

Comment les algorithmes influencent-ils les choix sur les réseaux sociaux ?

Les réseaux sociaux donnent l'impression à leurs utilisateurs d'être maîtres de leurs décisions. En réalité, ces derniers sont influencés dans leurs choix par des algorithmes, qui sont des programmes prenant en compte les préférences et les habitudes de consommation sur les réseaux (musiques, vidéos, jeux, posts likés, etc.) pour suggérer des contenus.

Par conséquent, ces suggestions favorisent une certaine partie des contenus présents sur le réseau et limitent les centres d'intérêt des utilisateurs. Ils se retrouvent alors enfermés dans une bulle de filtrage qui ne favorise pas la découverte de nouveautés.

L'algorithme de recommandation de Facebook permet notamment d'établir des profils de personnes, en s'appuyant sur les pages, les publications qu'elles ou leurs amis ont aimées. Par exemple, un fan de films Marvel verra davantage de bandes-annonces de films de super-héros. En effet, l'algorithme aura repéré ses goûts et adapté ses contenus au profil de ce fan.

1 Algorithmes de recommandation

Plus ces critères sont remplis, plus la publication est mise en avant par l'algorithme de recommandation.

Les algorithmes de recommandation des réseaux sociaux évaluent la portée et l'impact des contenus partagés par leurs utilisateurs. De cette manière, ils peuvent choisir de les mettre en avant ou non.

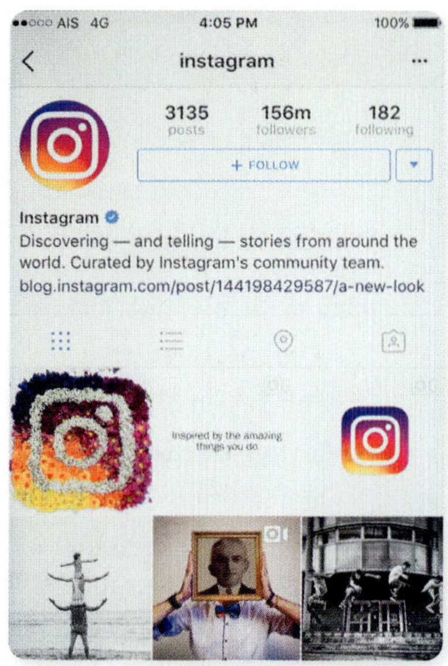

2 Algorithme de recommandation Instagram

En 2018, Facebook reconnaît publiquement que la firme Cambridge Analytica a récupéré les données personnelles de 87 millions d'utilisateurs à leur insu. Cette entreprise, spécialisée dans les outils d'influence de l'opinion publique, est accusée de s'être servie de ces données illégalement durant une campagne électorale.

Suite à ce scandale, Mark Zuckerberg, le patron du groupe, a été sommé de s'expliquer devant les parlementaires américains.

3 Scandale Facebook : Cambridge Analytica

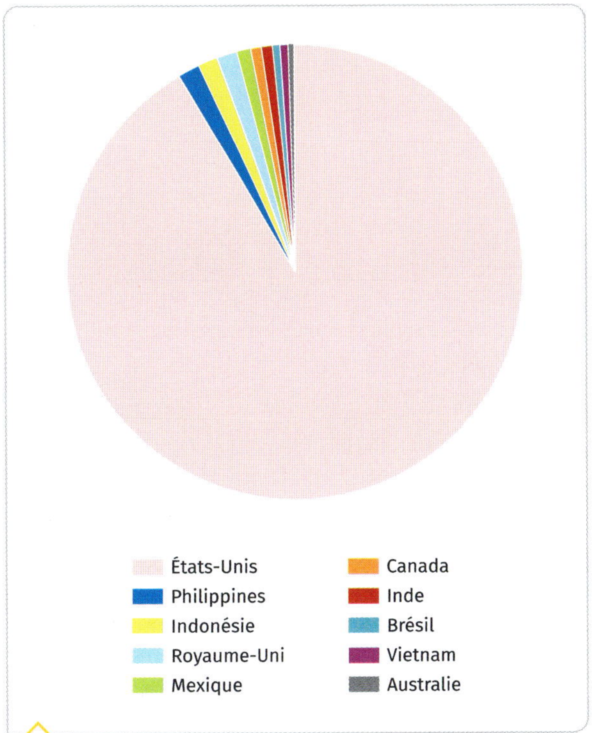

4 Nationalités des utilisateurs touchés par la fuite de données

L'essentiel des données récupérées par Cambridge Analytica appartenait à des Américains du propre aveu de Facebook.

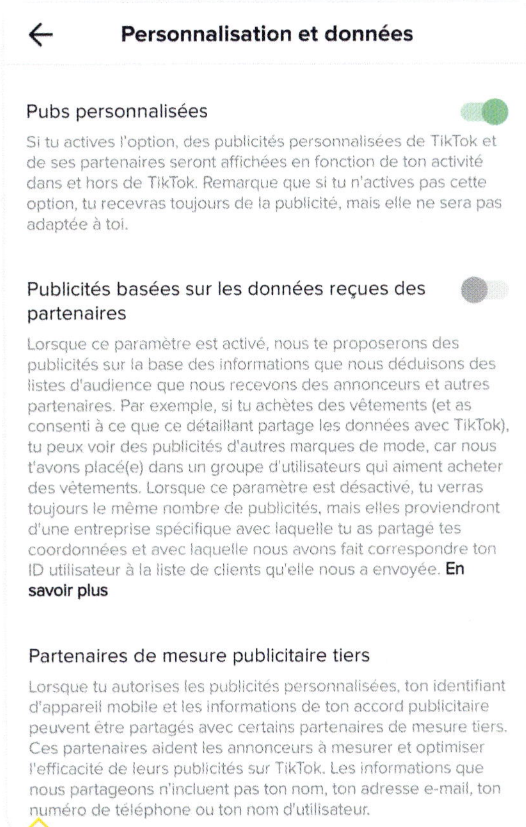

5 Paramétrage de la confidentialité des données personnelles sur TikTok

Questions

Retrouvez un questionnement différencié sur le cahier d'activités p. 36

1. Proposer une explication simple de ce qu'est un algorithme de recommandation.
2. Lister quelques principes sur lesquels repose son fonctionnement.
3. Rechercher sur Internet dans quel contexte politique est survenu le scandale Cambridge Analytica.
4. **Débat** Les données collectées par les réseaux sociaux peuvent-elles représenter un danger ?
5. **Bilan** Chez soi, sur son *smartphone* ou son ordinateur, vérifier les paramètres de confidentialité selon son choix de partager ou non différentes informations sur son réseau social préféré. Retrouver comment accéder à ces paramètres sur LLS.fr/SNT2P81.

Activité 4 • La théorie des graphes et l'expérience de Milgram

Certains réseaux sociaux proposent à leurs utilisateurs de se mettre en relation avec d'autres utilisateurs en fonction de leurs relations communes et des contenus qu'ils consultent.

Capacités

Décrire comment l'information présentée par les réseaux sociaux est conditionnée par le choix préalable de ses amis.

Déterminer des caractéristiques sur des graphes simples.

Comment s'organisent les liens entre les contacts sur les réseaux sociaux ?
Sur quoi reposent les propositions de contacts ?

La carte présente un parcours connectant une personne en Suède à une autre personne aux États-Unis.

L'expérience de Milgram, en 1967 que l'on appelle « effet du petit monde » pour la distinguer d'une autre expérience du même sociologue Stanley Milgram, est une hypothèse selon laquelle toute personne peut être reliée à n'importe qui d'autre par une courte chaîne de relations sociales.

En 2015, un jeu télévisé suédois a démontré cette hypothèse en donnant pour mission à ses participants de serrer fictivement la main de l'Américain Buzz Aldrin, deuxième homme à avoir marché sur la Lune, en passant au maximum par six relations intermédiaires. Et les participants y sont parvenus !

L'émergence d'Internet et des contenus Web a permis de vérifier cette hypothèse du « petit monde ». En 1998, l'université de Cornell a mené une étude sur 240 millions d'utilisateurs d'une messagerie de Microsoft pour évaluer le degré de séparation moyen entre chacun d'eux. Ils sont arrivés à la conclusion que, sur cette messagerie, le degré de séparation était de 6,6 relations.

C'est avec la démocratisation des réseaux sociaux que ce degré de séparation a pu être fortement réduit. En 2011, Facebook, qui comptait alors 720 millions d'utilisateurs, a publié une étude sur ce sujet et a évalué que le degré de séparation sur son réseau social s'était abaissé à 4,74 relations. Aujourd'hui, avec près de 3 milliards d'utilisateurs à son actif et des algorithmes de recommandation toujours plus perfectionnés, ce degré s'est encore réduit.

1 Théorie du « petit monde » et degré de séparation

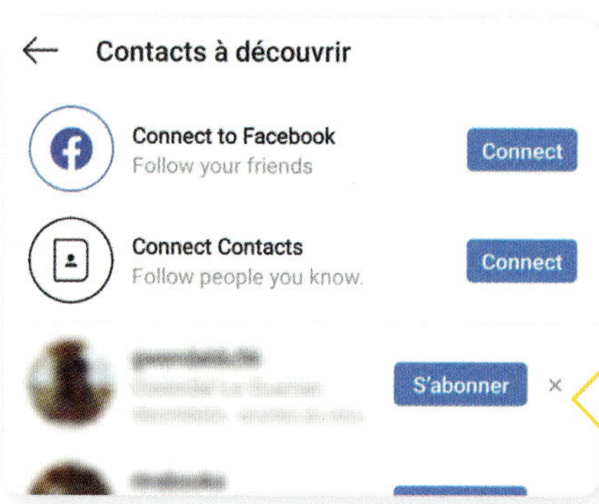

2 Recommandation de contacts

Numérique

Comment les réseaux sociaux peuvent-ils rapprocher virtuellement des personnes qui ne se connaissent pas dans la vie réelle ?
Découvrez une explication en vidéo sur LLS.fr/SNT2SmallWorld.

Pour représenter simplement les relations entre les utilisateurs des réseaux sociaux, on peut utiliser des graphes. Les graphes n'utilisent que deux éléments différents : les sommets, qui correspondent aux différents utilisateurs, et les arêtes, correspondant à leur mise en relation sur le réseau social.

La distance entre deux sommets correspond au nombre minimal d'arêtes entre eux. Il s'agit, pour faire écho à la notion développée par Milgram, du degré de séparation. Dans l'exemple ci-contre, Mohamed et Yasmine ont une distance de 2 arêtes entre eux, soit un degré de séparation de 2.

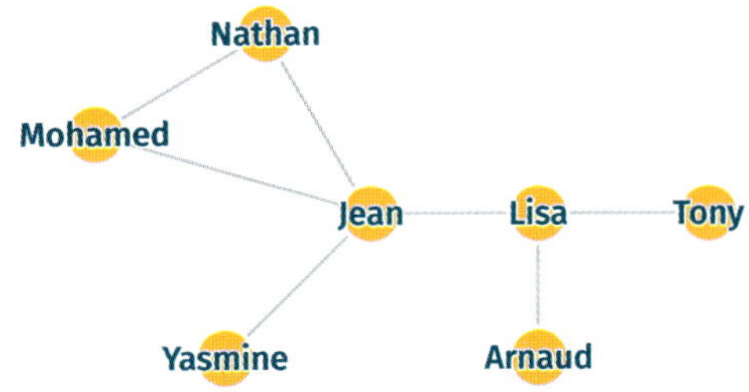

Cet exemple de graphe représente des utilisateurs d'un réseau social ayant établi ou non des relations d'amitié entre eux.

À partir de là, on peut définir les notions d'**écartement**, de **centre**, de **rayon** et de **diamètre** :

- l'**écartement** d'un sommet est la distance qui le sépare du sommet le plus éloigné de lui : dans cet exemple, Nathan a un degré de séparation maximal avec Tony et Arnaud correspondant à une distance de 3 arêtes, il s'agit donc de son écartement dans le graphe présenté ;
- le **centre** d'un graphe désigne un sommet qui possède le plus faible écartement : dans l'exemple présenté, Jean et Lisa sont les seuls à posséder un écartement de 2, ils sont donc les centres du graphe ;
- le **rayon** d'un graphe désigne l'écartement d'un centre, à savoir 2 dans l'exemple correspondant donc à l'écartement de Jean ou celui de Lisa ;
- le **diamètre** quant à lui correspond à la distance maximale entre deux sommets du graphe : ici, il pourrait s'agir de la distance entre Yasmine et Tony, soit 3 arêtes.

3 Graphe des relations

Le tableau ci-contre présente plusieurs élèves d'un même lycée qui ont participé à une enquête. Tous utilisent Instagram de façon régulière. On les désigne uniquement par leur prénom et on leur soumet un questionnaire pour déterminer s'ils sont en contact les uns avec les autres sur le réseau social.

	Judith	Mathieu	Omar	Leslie	Kyllian	Maeva
Judith	–		✔	✔		
Mathieu		–	✔	✔		
Omar	✔	✔	–			✔
Leslie	✔	✔		–		
Kyllian					–	✔
Maeva			✔		✔	–

Le symbole ✔ signifie que les deux lycéens sont en relation sur Instagram.

4 Relations dans un lycée

Questions

Retrouvez un questionnement différencié sur le cahier d'activités p. 37

1. Doc. 1 Expliquer la notion de « petit monde ».

2. À partir des explications du **doc. 3** sur les graphes de relations, construire ce graphe pour les élèves ayant participé à l'étude sur Instagram du **doc. 4**.

3. Déterminer les caractéristiques du graphe réalisé pour la question précédente en utilisant le vocabulaire descriptif adéquat (**doc. 3**).

Au fil du temps, les réseaux sociaux comme Instagram et Facebook proposent des suggestions de relations à établir à ses utilisateurs en fonction de leurs propres relations et de leurs centres d'intérêt comme l'illustration le montre sur le **doc. 2**.

4. Doc. 4 Instagram suggère à Leslie et Kyllian d'établir une relation, ce qu'ils acceptent. Comment évoluent les caractéristiques du graphe ?

5. Bilan De façon générale, expliquer le rôle que jouent les algorithmes de suggestion de contacts sur le degré de séparation évoqué dans l'expérience de Milgram.

Retrouvez l'activité 5 sur les réseaux sociaux et la cyberviolence en version numérique LLS.fr/SNT2T3ActNum.

Cours • Les réseaux sociaux

1 Les caractéristiques principales des réseaux sociaux

A La définition d'un réseau social

La notion de réseau social désigne un ensemble d'individus qui interagissent ensemble autour d'un même centre d'intérêt. Avec l'essor d'Internet et des technologies du Web, cette notion s'est recentrée sur les plateformes numériques dédiées à la mise en relation des internautes, qui connaissent un immense succès depuis le début des années 2000.

B Les domaines d'application

Il existe une grande diversité de réseaux sociaux qui se positionnent parfois sur des thématiques bien spécifiques. Certains d'entre eux mettent en avant le partage de contenus, le monde professionnel, le microblogging, la messagerie instantanée, le *streaming* vidéo, etc. D'autres, plus généralistes, mettent avant tout l'accent sur la mise en relation de leurs abonnés et la présentation ciblée de contenus.

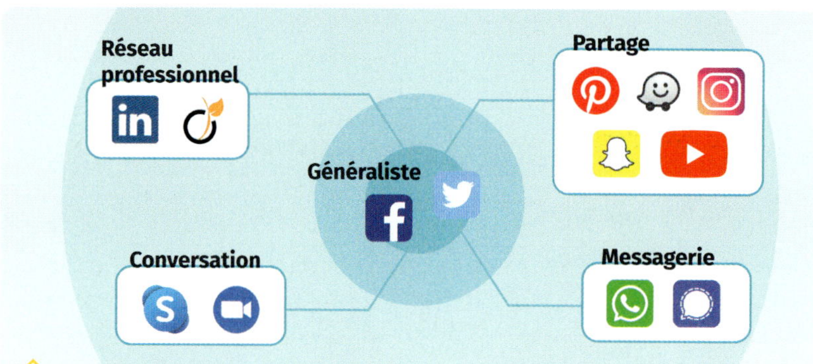

1 Différents réseaux sociaux

C Les algorithmes de recommandation

Pour proposer des contenus pertinents à ses utilisateurs, les réseaux sociaux se fondent sur des algorithmes de recommandation qui analysent les données personnelles des internautes et identifient leurs centres d'intérêt et opinions. Ce fonctionnement leur permet également de suggérer des mises en relation entre leurs utilisateurs.

D Les modèles économiques

Si certains réseaux sociaux fondent leur modèle économique principalement sur des abonnements payants, d'autres ont recours à la publicité ciblée. Pour cela, les annonceurs, c'est-à-dire les entreprises qui investissent en vue de faire connaître leur produit ou leur service, précisent le profil type de leur client. Le réseau social recoupe ces informations avec les données personnelles de ses abonnés pour ne présenter la publicité qu'à un public susceptible d'être intéressé.

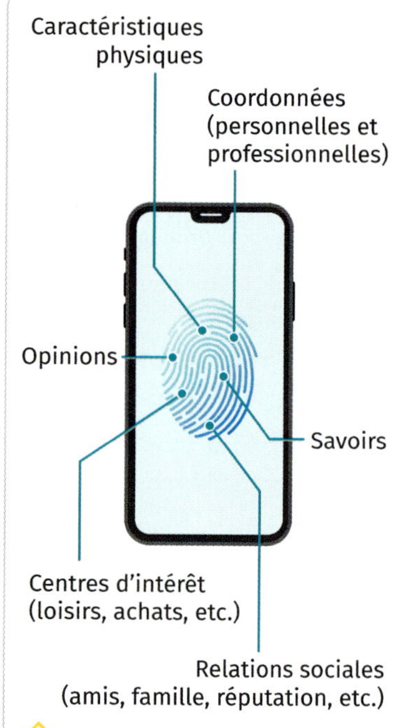

2 Identité numérique

Sur les réseaux sociaux, les internautes rendent publiques de nombreuses informations. Recoupées, celles-ci constituent l'identité numérique.

Vocabulaire

Réseau social : service Web permettant aux individus de construire un profil et de créer des liens avec d'autres individus.

Algorithme de recommandation : programme informatique d'aide à la décision par recoupement de données personnelles.

Numérique

Rendez-vous sur LLS.fr/SNT2PubCiblee pour comprendre les publicités ciblées.

2 Les notions de graphes et de « petit monde »

A La notion de « petit monde »

Le phénomène du « petit monde », appelé aussi « paradoxe de Milgram », est le fait que tout individu peut être lié à n'importe quel autre individu par une courte chaîne de relations sociales. Le degré de séparation moyen entre deux individus a fortement diminué avec l'essor des réseaux sociaux et des algorithmes suggérant la mise en relation entre abonnés.

B Les graphes des réseaux sociaux

Un réseau social correspond à un immense maillage d'individus. Il peut être représenté par un graphe où les sommets correspondent aux abonnés du réseau social, liés ou non par des arêtes traduisant la mise en relation des internautes entre eux.

Dans les graphes, on définit plusieurs notions (**doc. 3**) :

- la **distance** qui traduit le degré de séparation entre deux individus. Il s'agit du nombre minimum d'arêtes pour connecter deux sommets (A et F ont un degré de séparation de 2) ;
- l'**écartement** qui désigne la distance maximale entre un sommet et les autres sommets du graphe (E a un écartement de 3, correspondant à la distance avec les sommets A, B, ou C) ;
- le **centre** qui qualifie le sommet possédant l'écartement le plus faible (il peut y en avoir plusieurs : D et F possèdent un écartement de 2 car ils sont connectés à tous les autres sommets à l'aide de 2 arêtes) ;
- le **rayon** qui correspond à l'écartement du centre (c'est-à-dire 2 pour les sommets D et F) ;
- le **diamètre** qui désigne l'écartement maximal (l'écartement est maximal pour E, A, B ou C et égal à 3).

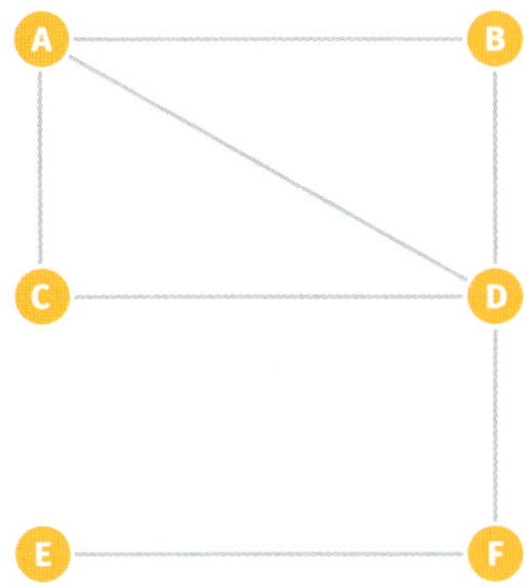

Le graphe montre un réseau social composé de six individus dont les relations établies sont les suivantes :

Relation établie	A	B	C	D	E
F				✓	✓
E					
D	✓	✓	✓		
C	✓				
B	✓				

3 Exemple d'un graphe

3 Les possibles dérives

A La cyberviolence et le cyberharcèlement

Certains utilisateurs malintentionnés détournent l'utilisation des réseaux sociaux (cyberharcèlement, usurpation d'identité, *phishing*, partages de contenus illicites, incitation à la haine ou au terrorisme).

Face à ces risques, un certain nombre de dispositifs existent, comme la modération des contenus effectuée par les réseaux sociaux eux-mêmes ou le recours à la justice. L'article 222-33 du code pénal assure à ce titre une protection juridique face au problème de harcèlement. De nombreux conseils sont également à retrouver sur LLS.fr/SNT2Non pour savoir comment réagir en tant que victime ou en tant que témoin.

B Les usages abusifs de la collecte de données

La quantité importante de données collectées par les réseaux sociaux pose également question quant aux risques collectifs que cela peut engendrer (fuites de données personnelles, propagation de fausses informations, etc.).

La cyberdépendance est un trouble qui se traduit généralement par un usage pathologique et abusif d'Internet, notamment des réseaux sociaux. Ses conséquences peuvent parfois être dramatiques sur les personnes atteintes (comportements incontrôlables, anxiété et agressivité).

4 Cyberdépendance

L'essentiel • Les réseaux sociaux

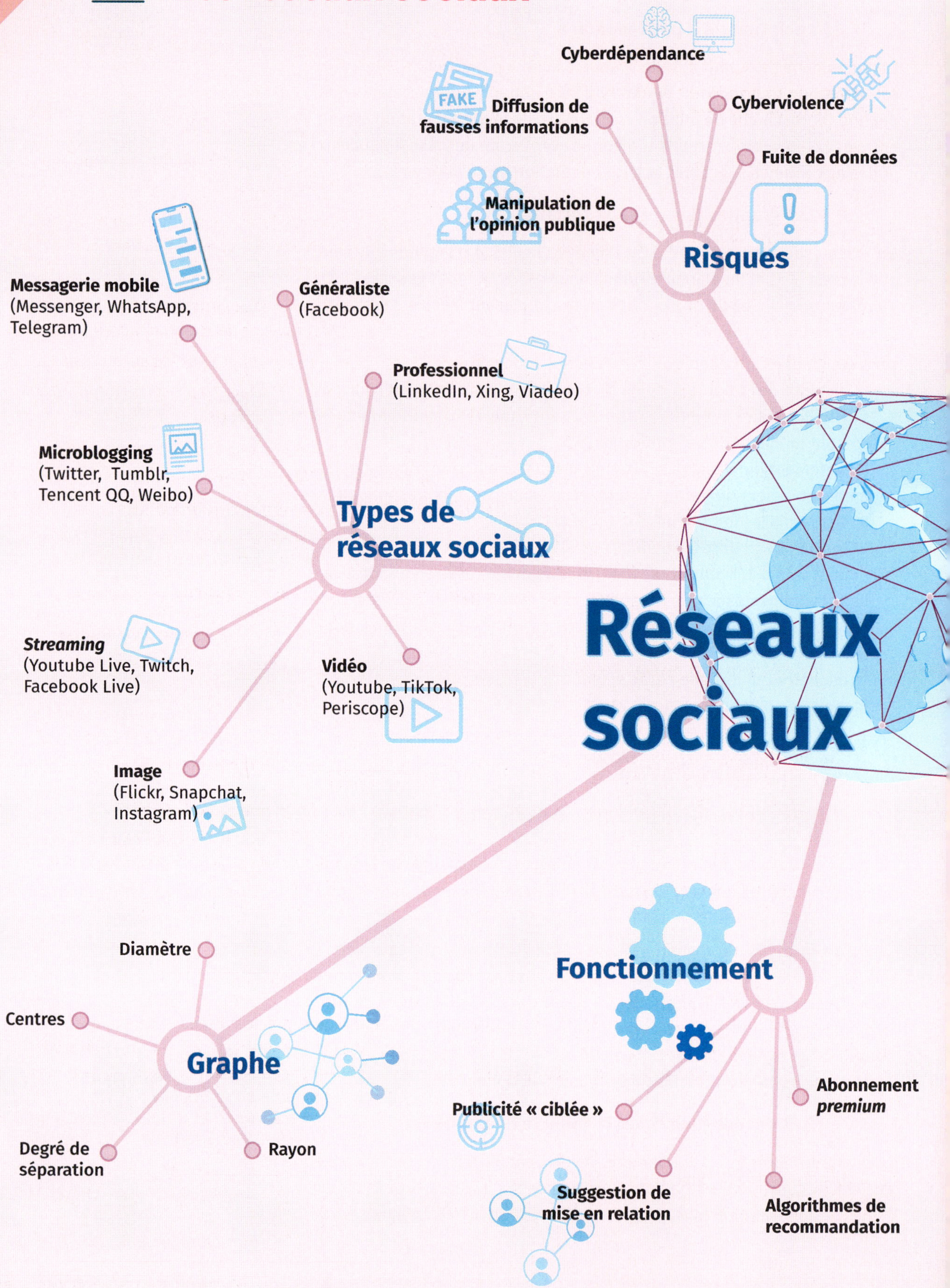

Retrouvez les réponses aux questions-clés sur LLS.fr/SNT2P87

Dans le monde en chiffres

Pourcentage de personnes utilisant les réseaux sociaux dans le monde en janvier 2020
Source : Wearesocial.

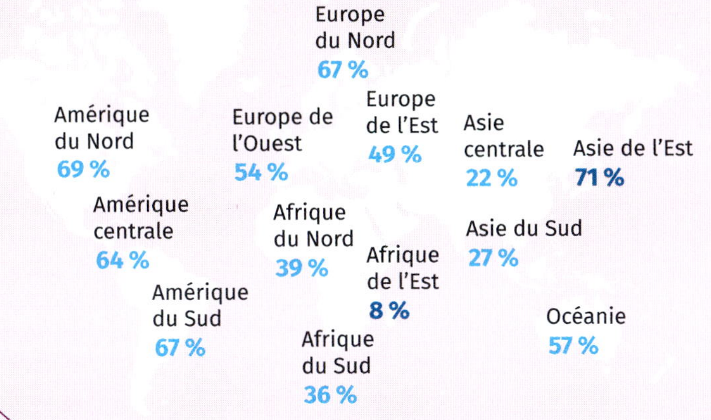

4,14 milliards
Nombre d'utilisateurs des réseaux sociaux en 2020

4,08 milliards
Nombre d'utilisateurs des réseaux sociaux sur mobile en 2020

2,70 milliards
Nombre d'utilisateurs mensuels actifs sur Facebook, le réseau social le plus utilisé dans le monde en 2020

2 h 24 min
Temps moyen par jour passé sur les réseaux sociaux en 2020

Collecte de données personnelles

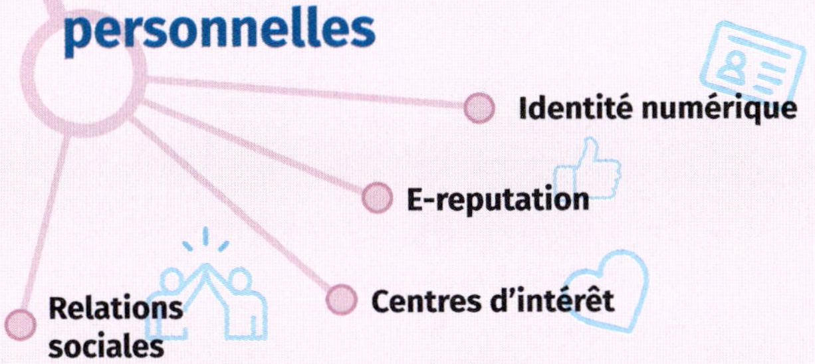

Questions-clés

1. Est-ce que je sais expliquer ce qu'est un réseau social ?
2. Qu'est-ce qui permet aux entreprises des réseaux sociaux de gagner de l'argent ?
3. Est-ce que je peux expliquer le rôle des algorithmes de recommandation ?
4. Est-ce que je sais modéliser un réseau social avec un graphe et déterminer ses caractéristiques ?
5. Qu'est-ce que le degré de séparation entre les individus ?
6. Quelles sont les formes de cyberviolence auxquelles je peux être confronté(e) sur les réseaux sociaux ?
7. À qui dois-je m'adresser en cas de cyberharcèlement ?

Pour aller plus loin

À regarder

Derrière nos écrans de fumée : ce documentaire de Netflix met en garde contre l'impact dangereux des réseaux sociaux.
À visionner sur LLS.fr/SNT2Fumée.

À écouter

« Trump et les réseaux sociaux », découvrez cette émission qui interroge l'usage des réseaux sociaux par le pouvoir.
À écouter sur LLS.fr/SNT2Listen.

Numérique
Retrouvez l'essentiel du cours en vidéo sur LLS.fr/SNT2P87.

Exercices • Autoévaluation

Entraînez-vous avec les exercices autocorrigés sur LLS.fr/SNT2P88

Retrouvez les réponses de ces exercices p. 189.

1 Nombre d'utilisateurs

Le nombre d'utilisateurs actifs sur les réseaux sociaux dans le monde en 2020 est d'environ :

a. 3 milliards. **b.** 4 milliards.
c. 5 milliards. **d.** 10 milliards.

2 Modèle économique

Le financement des réseaux se fait principalement grâce :

a. aux abonnements *premium*. **b.** à la publicité.
c. aux subventions. **d.** aux dons.

3 Kevin Bacon

Kevin Bacon est un acteur américain qui a acquis malgré lui une renommée mondiale grâce au jeu *Six Degrees of Kevin Bacon* basé sur l'expérience de Milgram. Ce jeu part du principe que Kevin Bacon se situe au centre d'un graphe et qu'il est possible de relier n'importe quel acteur à lui avec une distance maximale de six partenaires de cinéma. Le site oracleofbacon.org permet notamment de calculer le degré de séparation.

À l'aide du site LLS.fr/SNT2Oracle, déterminer le degré de séparation de Jean Dujardin à Kevin Bacon.

a. 2 **b.** 4 **c.** 6 **d.** 8

4 Vrai ou Faux

Répondre par vrai ou faux aux affirmations suivantes en justifiant.

a. Le réseau social préféré des jeunes de 16 à 25 ans est Twitch.

b. Plus de 50 % de la population mondiale a ouvert un compte sur un réseau social.

c. Les réseaux sociaux ne diffusent que des informations fiables.

d. Le premier réseau social existe encore : c'est Facebook.

e. L'usurpation d'identité sur les réseaux sociaux est punie par la loi.

5 Théorie des graphes

Compléter le texte à trous avec les mots suivants : graphes, arêtes, sommets, diamètre, rayon, centre.

La théorie des .... est la discipline qui étudie les réseaux en les modélisant à l'aide de .... liés les uns aux autres par des .... On définit un .... comme étant le sommet dont l'écartement est le plus faible. Ce dernier est également appelé .... du graphe. L'écartement maximal du graphe s'appelle le .... du graphe.

6 Réseau d'amis

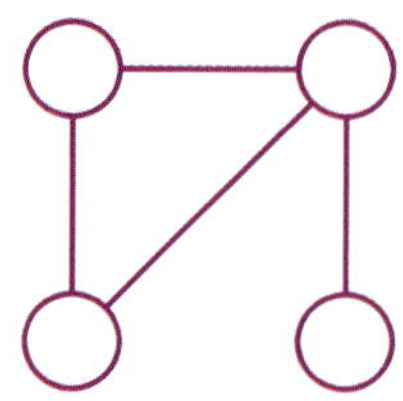

Jean est ami avec Marie et Luc. Marie connaît Zoé et Luc.

a. Avec ces informations, compléter le graphe ci-contre en y indiquant le nom des sommets.

b. Déterminer le centre, le rayon et le diamètre du graphe.

7 Exploitation des connaissances

a. Décrire deux types de cyberviolence.

b. Que risque un cyberharceleur ?

c. En recherchant cette information sur le Web, préciser quels sont les numéros d'urgence à appeler en tant que victime ou témoin.

Numérique
Retrouvez plus d'exercices sur LLS.fr/SNT2P88.

Savoir-faire - Parcours d'apprentissage	Activités	Exercices
❑ Connaître le principe de fonctionnement des réseaux sociaux.	3	2 12
❑ Savoir ce qui distingue les réseaux sociaux.	2	15 16
❑ Savoir utiliser la notion de graphe pour modéliser un réseau social.	4	5 9
❑ Connaître des formes de cyberviolence.	5	7 14

Retrouvez un questionnement différencié sur le cahier d'activités p. 42

8 Frise chronologique

♦ En effectuant des recherches complémentaires sur le Web, réaliser une frise chronologique en distinguant les faits historiques et les faits relatifs aux réseaux sociaux.

- Apparition d'Instagram (États-Unis)
- Création de ClassMate (États-Unis)
- Création du moteur de recherche Google (États-Unis)
- Première mise en circulation de l'euro
- Apparition de Trombi (France)
- Création de WeChat (Chine)
- Apparition des premiers malades du Covid-19
- Apparition du réseau Copains d'avant (France)
- Attentat du World Trade Center à New York
- Premier iPod
- Création du réseau professionnel LinkedIn (États-Unis)
- Première guerre du Golfe
- Création de TikTok (Chine)
- Apparition du réseau de Myspace (États-Unis)
- Attentats terroristes du 13 novembre à Paris
- Création de Facebook (États-Unis)
- Création de Youtube (États-Unis)
- Création de Tumblr (États-Unis)
- Naissance de Twitter (États-Unis)
- Fin de l'apartheid en Afrique du Sud
- Création de la messagerie instantanée WhatsApp (États-Unis)
- Lancement de Tencent Weibo (Chine)
- Apparition de Pinterest (États-Unis)
- Catastrophe nucléaire à Fukushima
- Création de Snapchat (États-Unis)
- Naissance de Youku (Chine)
- Apparition de la messagerie Telegram (Royaume-Uni)

9 Étude d'un graphe

1. Rappeler ce que représente une arête dans le cas d'un graphe modélisant un réseau social.
2. Déterminer le degré de séparation entre Élise et Yohann, puis entre Yanis et May.

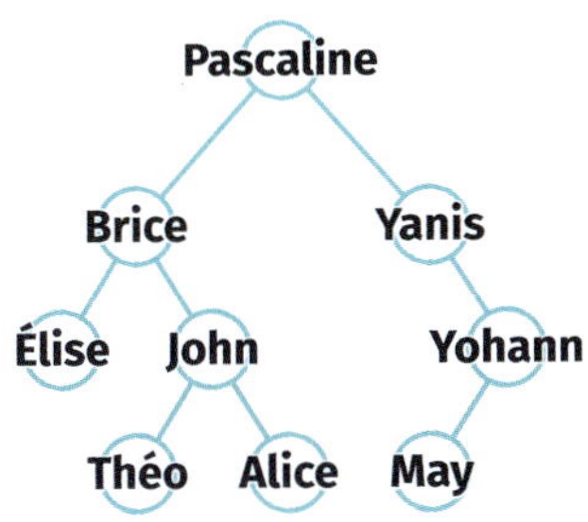

3. Identifier le centre du graphe, son rayon et son diamètre.

10 Réseau social

♦ Expliquer en un court paragraphe :

a. ce qu'est un réseau social.

b. les avantages et les inconvénients des réseaux sociaux.

11 Identité numérique

♦ Préciser quels sont les éléments qui constituent une identité numérique sur un réseau social.

12 Confidentialité

La notion de confidentialité est un enjeu majeur sur les réseaux sociaux. De nombreuses informations personnelles sont considérées comme sensibles.

1. Préciser à quoi servent les paramètres de confidentialité.
2. Lister quelques questions à se poser avant de publier sur les réseaux sociaux.

13 Législation

L'article 222-33-2-2 du code pénal encadre le cyberharcèlement (article à consulter sur LLS.fr/SNT2CodePenal).

1. Relever les cas constituant une infraction.
2. Identifier les peines auxquelles un harceleur s'expose.
3. Préciser comment est évalué le montant des amendes en cas d'infractions.

14 Cyberharcèlement

Le site stoplaviolence.net propose un jeu sérieux autour du cyberharcèlement.

1. Résoudre les trois enquêtes du jeu sérieux sur LLS.fr/SNT2StopViolence.
2. Préciser de quels harcèlements sont victimes les élèves de ce collège.
3. Quel comportement adopter en tant que victime ?
4. Quelles sont les attitudes à avoir lorsque l'on est témoin de ce genre de comportements ?

Aperçu du jeu sérieux

Exercices • Pratique

Retrouvez un questionnement différencié sur le cahier d'activités p. 43

15 Réseaux sociaux et sondage

Connaître le principe de fonctionnement des réseaux sociaux.

Chaque internaute possède sa propre identité numérique, ses propres centres d'intérêt et a une utilisation plus ou moins importante des réseaux sociaux.

Pour se situer parmi les innombrables profils qui tissent la toile du Web, le sondage suivant permet de situer son rapport avec les réseaux sociaux en comparant ses réponses avec celles de ses camarades.

Par groupe de cinq ou six, répondre aux questions suivantes sur le formulaire téléchargeable sur LLS.fr/SNT2P90.

1. Préciser quels sont les réseaux sociaux sur lesquels vous possédez un compte.
2. Quel appareil utilisez-vous le plus pour accéder aux réseaux sociaux ?
3. Avez-vous déjà lu leurs conditions générales d'utilisation (CGU) ?
4. Avez-vous déjà quitté un réseau social ? Si oui, pourquoi ? Avez-vous veillé à supprimer correctement vos données personnelles ?
5. Sur quel réseau social vous connectez-vous tous les jours ?
6. Combien de temps en moyenne restez-vous connecté(e) ?
7. Quelles informations laissez-vous totalement publiques sur votre profil ?
8. Préciser le nombre de contacts que vous possédez sur votre réseau social préféré.
9. Avez-vous déjà discuté physiquement avec l'ensemble de vos contacts ?

16 Jeu avec les réseaux sociaux

Savoir ce qui distingue les réseaux sociaux.

Les réseaux sociaux font partie du quotidien de milliards d'individus. Ils se distinguent notamment par leurs caractéristiques, leur nombre d'utilisateurs ainsi que par les revenus qu'ils génèrent.

1. Préparer une série de six questions concernant l'un des sept réseaux sociaux proposés dans le panel ci-contre. Chaque question sera rédigée sur une carte.
2. Pour chaque question, rédiger trois à quatre propositions de réponse, dont une seule est vraie.

Le jeu suivant se déroule par équipe. Un joueur de la première équipe tire une carte préparée au préalable et pose la question à l'ensemble de la classe ainsi que les trois ou quatre propositions de réponse (dont une seule est vraie). Chaque équipe décide de la réponse à donner. Les bonnes réponses donnent un point à l'équipe. L'équipe qui remporte le jeu est celle qui marque le plus de points à l'issue des questions.

3. Lancer le jeu en veillant à bien compter les points !

Snapchat
TikTok
Instagram
Twitter
WhatsApp
Facebook
Twitch

17 ●●● Données personnelles et traces sur Internet

✔ Connaître le principe de fonctionnement des réseaux sociaux.

Les données numériques, personnelles ou non, circulent en permanence sur les réseaux sociaux et plus généralement sur le Web. Elles sont analysées pour alimenter des bases de données et profiler les internautes.

1. À l'aide du moteur de recherche Webmii.com, réaliser une recherche sur une personnalité publique.
2. Une fois la page des résultats affichée, naviguer sur les différents profils proposés (Facebook, Twitter, etc.) afin d'identifier trois types de traces :
   - traces liées au profil (créées lors de la création du profil) ;
   - traces de publication par la personne elle-même (textes, images, vidéos, partages, etc.) ;
   - traces de publication par des tiers (*likes*, commentaires, partages, etc.).
3. Quelles sont les traces volontaires (publication/profil) et les traces subies ou héritées (publications de tiers) ?
4. Reprendre les questions précédentes en étudiant sa propre identité numérique.

Me and my shadow

Le site myshadow.org/fr permet de mettre en évidence les traces laissées sur Internet par les utilisateurs. Il propose plusieurs méthodes pour les réduire.

18 ●●● Modèle économique de Facebook

✔ Connaître le principe de fonctionnement des réseaux sociaux.

Facebook est un réseau social qui a été fondé en 2004 par Mark Zuckerberg et d'autres étudiants de l'université d'Harvard. Il est le troisième site Web le plus visité au monde après Google et Youtube.

1. Recenser les services mis à disposition des utilisateurs de Facebook sur leurs conditions de service accessibles sur LLS.fr/SNT2ServicesFB.
2. Rechercher dans les conditions de service le paragraphe mentionnant l'utilisation des données personnelles à des fins publicitaires et accéder à la rubrique permettant de la paramétrer.
3. Lister l'ensemble des paramètres qu'il est possible de modifier.

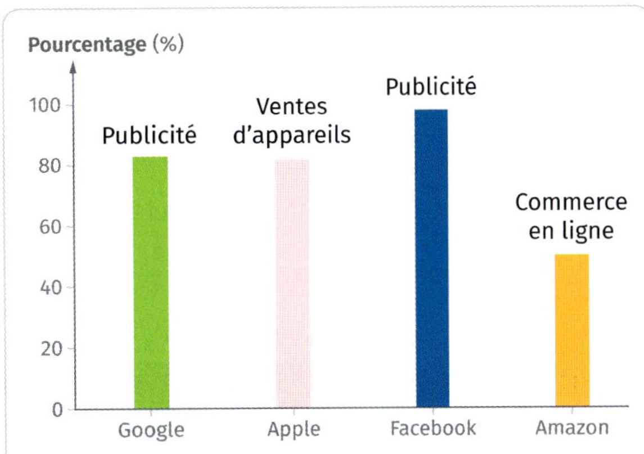

Revenus des GAFA

Le graphique représente la principale source de revenus de chaque entreprise, et sa part dans le pourcentage total de ses revenus.

Jeu sérieux

Rendez-vous sur LLS.fr/SNT2P91 pour obtenir un indice sur le criminel en rentrant le dernier mot de l'URL de la page Web permettant de consulter la politique d'utilisation des données.

Pour aller plus loin

Après en avoir pris connaissance, modifier les paramètres sur l'utilisation de vos données par Facebook ou tout autre réseau social que vous utilisez fréquemment.

Projet 1 ●●● Construire un graphe

Pour schématiser les connexions entre les utilisateurs des réseaux sociaux, on peut avoir recours à des graphes qui permettent d'identifier facilement les relations liant chaque individu. Ici, on s'intéresse au fonctionnement d'un algorithme de recommandation s'appuyant sur les séries pour établir des relations entre utilisateurs. Chaque élève de la classe donne son avis.

Consigne

1. Au sein de la classe, proposer une liste commune de cinq séries. Préciser pour chacune d'elles si vous la connaissez et l'appréciez.
2. Remplir le tableur de sondage accessible sur LLS.fr/SNT2P92 pour pouvoir présenter vos goûts à l'ensemble de la classe.
3. Après avoir formé des groupes de quatre, représenter un graphe où les élèves sont liés les uns aux autres uniquement s'ils possèdent :
   - exactement les mêmes goûts ;
   - presque les mêmes goûts, à une série près.
4. Préciser le centre du graphe au sein de la classe, le rayon et le diamètre.

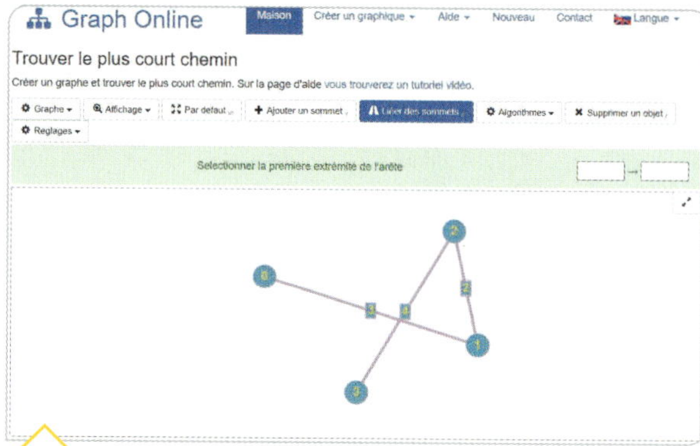

Réalisation de graphes

Les sites LLS.fr/SNT2GraphOnline et LLS.fr/SNT2Github permettent de tracer des graphes et d'en déterminer ses caractéristiques.

Projet 2 ●●● Lutter contre le cyberharcèlement

Le cyberharcèlement est une forme de cyberviolence particulièrement présente sur les réseaux sociaux. On estime que sur l'ensemble des cyberharcèlements recensés en Europe, 65 % d'entre eux se déroulent sur les plateformes de réseautage social.

Pour lutter contre cette dérive, les entreprises responsables de ces réseaux se sont engagées à repérer et à modérer le contenu des publications et à fournir aux victimes des outils de dénonciation de leurs cyberharceleurs. Sur le plan pénal, le cyberharcèlement est un délit dont plusieurs circonstances aggravantes peuvent conduire les auteurs à trois ans d'emprisonnement et 45 000 € d'amende.

Consigne

En se basant sur les informations fournies sur LLS.fr/SNT2Non et des différentes campagnes de communication, réaliser plusieurs affiches de sensibilisation à destination des autres élèves du lycée présentant :

- quelques exemples de situations de cyberharcèlement ;
- des extraits d'articles de presse où des cyberharceleurs ont été punis par la loi ;
- la démarche à suivre en tant que victime ou témoin.

Affiche lauréate du concours « Non au harcèlement » 2020

Métier

Responsable de communauté

En quoi consiste votre métier ?

Le responsable de communauté ou *community manager* doit assurer la présence et la réputation d'une entreprise sur les réseaux sociaux et professionnels. Il est en veille permanente, il anime des forums, poste des vidéos, alimente les pages sur les réseaux sociaux ou répond aux questions posées sur le site Internet de l'entreprise.

Qu'est-ce qui vous a amenée à faire ce métier ?

Je dirais que c'est avant tout ma passion pour la communication, pouvoir échanger avec les autres et donner mon avis. Déjà au lycée j'adorais les travaux où on devait faire des restitutions à l'oral, c'était vraiment mon truc ! Après, je dirais que je me suis orientée au bon moment. Dès que les réseaux sociaux sont apparus, il y a eu un vrai phénomène de curiosité et les gens se sont de plus en plus connectés.

Et si vous voulez changer de métier un jour ?

Je ne pense pas changer de métier pour l'instant ! Mais si j'en ai l'occasion, je me verrais bien travailler dans l'événementiel, pour faire la promotion des spectacles par exemple. Ce qui est important à mes yeux, c'est que je reste dans une profession qui me permette d'échanger !

Études :

- Bac + 3 : licence Info-Com ou licence professionnelle Métiers de la communication

Salaire débutant : 1600 € net/mois ; 27300 € brut/an

Retrouver plus de métiers sur LLS.fr/SNT2P93.

PARCOURS pix

Le modèle économique des réseaux sociaux repose sur la collecte de données personnelles et la publicité. Celle-ci peut apparaître sous forme de recommandation, mais peut aussi être déguisée sous d'autres formes, notamment sur les pages des « influenceurs ».

Rendez-vous sur la compétence « S'insérer dans le monde numérique » du domaine « Communication et collaboration » pour préparer la certification pix !

Consigne :

Compléter la phrase suivante en ajoutant à chaque fois un seul mot.

Ce type de publication est un .... de produit. Cela signifie que .... a été rémunérée par .... pour mettre en avant du maquillage.

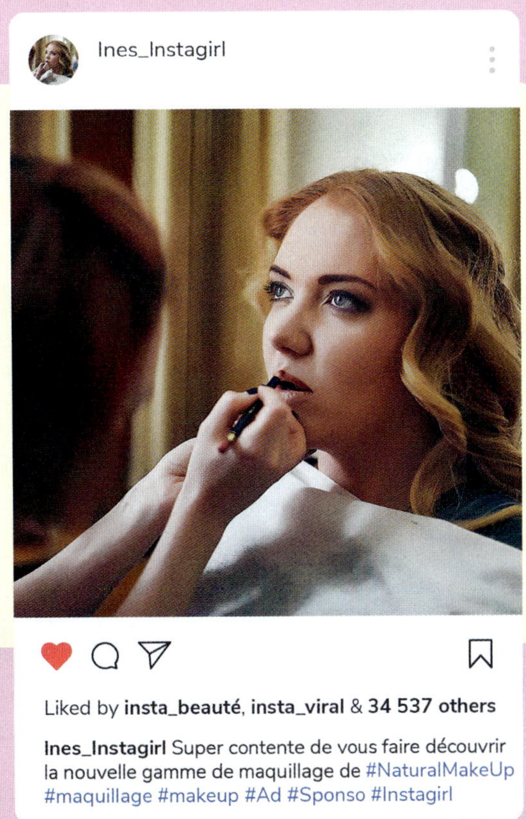

Thème 4

Les données structurées et leur traitement

Comment stocker, organiser et traiter les données ?
Comment le numérique a-t-il fait évoluer leur importance dans nos pratiques ?

Une grande quantité de données archivées sur plusieurs décennies, voire sur plusieurs siècles, reste encore à numériser. Cette transition facilite l'accès à l'information en dématérialisant le stockage et la consultation.

Société et numérique

La collecte et le traitement des données sont des activités humaines dont les premières traces remontent aux inventaires de production agricole dans l'Antiquité.
Depuis près d'un siècle, avec le développement de l'informatique puis d'Internet, les données peuvent désormais être collectées, stockées et partagées massivement. L'utilisation d'algorithmes toujours plus performants et l'augmentation des capacités de stockage rendent les données omniprésentes dans tous les domaines de la société.

Tablette d'argile sumérienne présentant des données liées à la distribution de bière, 3 000 ans av. J.-C. (British Museum).

Contenus et capacités attendues

- **Données, données structurées** → Activité 2 p. 78
  Identifier les différents descripteurs d'un objet. Distinguer la valeur d'une donnée de son descripteur. Utiliser un site de données ouvertes. Identifier les principaux formats et représentations de données.
- **Traitement de données structurées** → Activité 3 p. 80
  Réaliser des recherches, des filtres, des tris ou des calculs sur une table.
- **Métadonnées** → Activité 4 p. 82
  Définir une donnée personnelle. Retrouver les métadonnées d'un fichier.
- **Données dans le nuage *(cloud)*** → Activité 5 LLS.fr/SNT2T4Act5Num
  Utiliser un support de stockage dans le nuage. Partager des fichiers, paramétrer des modes de synchronisation.
- **Données dans le nuage *(cloud)*** → Activité 6 LLS.fr/SNT2T4Act6Num
  Identifier les principales causes de la consommation énergétique des centres de données ainsi que leur ordre de grandeur.

Numérique

Retrouvez de nombreuses données publiques librement accessibles sur LLS.fr/SNT2Data.

Se tester

ChronoQuiz
Entraînez-vous en classe sur ChronoQuiz
LLS.fr/SNT2P96

1 Le stockage des données

1. L'être humain conserve des données depuis :
- **a.** l'Antiquité.
- **b.** la Première Guerre mondiale.
- **c.** l'invention de l'ordinateur à la fin des années 1930.
- **d.** le début du XXIe siècle.

2. Parmi les réponses suivantes, lesquelles désignent des moyens de stocker physiquement des données numériques à long terme ?
- **a.** Le disque dur.
- **b.** Le centre de données *(data center)*.
- **c.** La carte graphique d'un ordinateur.
- **d.** Les lunettes connectées.

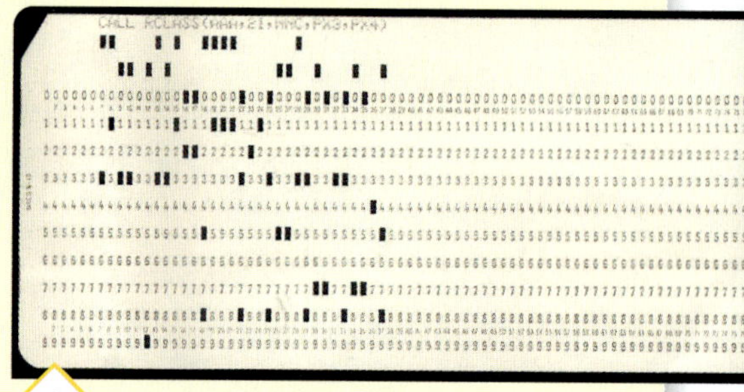

1 Carte perforée permettant le stockage de données

Cet outil était utilisé par les tout premiers ordinateurs.

3. Conserver des données à distance, par exemple ses mails sur sa boîte :
- **a.** ne consomme d'électricité que quand l'ordinateur est allumé.
- **b.** consomme de l'électricité en permanence.
- **c.** permet d'y accéder depuis n'importe quel ordinateur connecté à Internet.
- **d.** est toujours gratuit.

2 Le traitement des données

1. Quel type de logiciel permet de représenter des données dans un tableau et de les traiter facilement ?
- **a.** Un tableur.
- **b.** Un traitement de texte.
- **c.** Un navigateur Internet.

2. Avec un tableur, on peut :
- **a.** stocker des données.
- **b.** trier des données.
- **c.** visualiser graphiquement des données.
- **d.** envoyer des données.

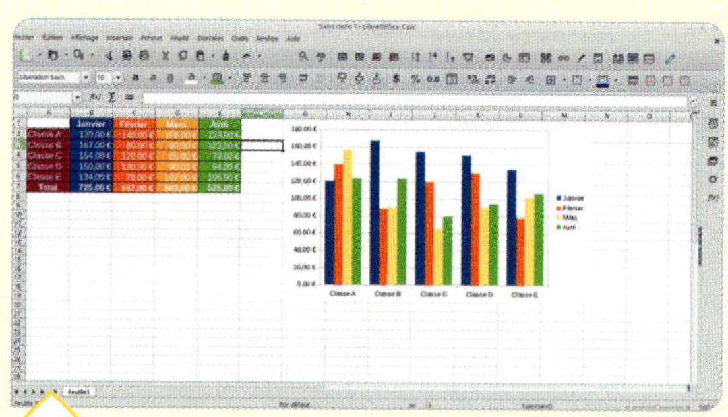

2 LibreOffice Calc

Le logiciel LibreOffice Calc est un tableur gratuit et téléchargeable sur LLS.fr/SNT2LibreOffice.

3. Les données que l'on peut stocker dans un tableur sont :
- **a.** exclusivement des nombres.
- **b.** des nombres ou des chaînes de caractères.
- **c.** du code de programmation.

Retrouvez les exercices autocorrigés sur LLS.fr/SNT2P97

3 Les données et les métadonnées

1. **Un moteur de recherche peut effectuer la recherche de fichiers en prenant en compte :**
   - **a.** le contenu du fichier.
   - **b.** le titre du fichier.
   - **c.** d'autres informations liées au fichier, appelées métadonnées.
   - **d.** des données sur l'utilisateur.
2. **Avec une fenêtre de navigation privée, des données sont collectées et ponctuellement visibles par :**
   - **a.** personne.
   - **b.** l'employeur ou l'établissement scolaire.
   - **c.** le fournisseur d'accès Internet.
   - **d.** le site Web consulté.

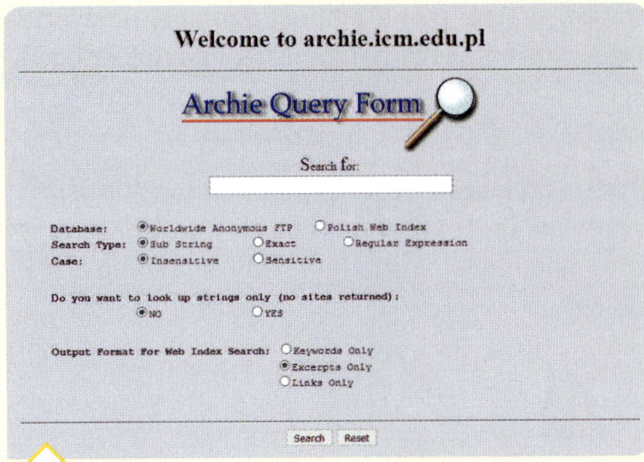

3 Archie
Cet outil est considéré comme le premier moteur de recherche Internet et a été développé en 1990.

4 La maîtrise des données personnelles

CNIL.

1. **Quel est le rôle de la CNIL (Commission Nationale de l'Informatique et des Libertés) ?**
   - **a.** Réguler l'usage des données en ligne.
   - **b.** Analyser les données qui transitent en France.
   - **c.** Sensibiliser les particuliers sur l'usage de leurs données personnelles.
   - **d.** Conseiller les entreprises sur les différentes possibilités de stockage en ligne.
2. **Quel est le texte de référence de l'Union européenne en matière de protection des données à caractère personnel ?**
   - **a.** La HADOPI (Haute Autorité pour la Diffusion des Œuvres et la Protection des droits sur Internet).
   - **b.** Le RGPD (Règlement Général sur la Protection des Données).
   - **c.** La LOPPSI2 (Loi d'Orientation et de Programmation pour la Performance de la Sécurité Intérieure).
3. **Les enquêteurs de police française ont le droit, sans l'accord d'un magistrat, dans le cadre d'une enquête :**
   - **a.** d'enregistrer des conversations téléphoniques.
   - **b.** de retracer les différents endroits où un téléphone portable était présent.
   - **c.** de récupérer tous les contacts téléphoniques.

Une donnée

Définition • Valeur ou ensemble de valeurs pouvant prendre plusieurs formes (nombres, chaînes de caractères) et permettant de décrire un ou plusieurs objets.

En d'autres termes • C'est une information sur un objet ou une personne. Pour une classe d'élèves de 2de, une donnée pourrait ainsi correspondre au prénom d'un élève.

Les données structurées

Définition • Ensemble de données stockées sous la forme d'une table regroupant de multiples objets selon un ou plusieurs descripteurs.

En d'autres termes • Les données peuvent être structurées en tableau regroupant des informations sur plusieurs objets selon leurs caractéristiques. Pour la classe de 2de, il peut ainsi s'agir d'un tableau regroupant plusieurs informations sur les élèves de la classe, comme leur prénom, leur nom, leur date de naissance, etc.

Prénom	NOM	Date de naissance
Clara	THOMAS	14/06/2004
Tim	DUBOIS	08/09/2004
Noam	PETIT	03/01/2004
Maud	ROUSSELLE	25/04/2004

Les métadonnées d'un fichier

Définition • Ensemble de données décrivant les caractéristiques d'un fichier, sans être spécifiquement liées à son contenu.

En d'autres termes • Ce sont les informations qui décrivent un fichier. Par exemple, une fois que l'on a saisi toutes les informations des élèves de la classe dans un tableur, le nom, la date de création ou le type de fichier constitueraient des métadonnées.

Une base de données

Définition • Entité stockant des données structurées et permettant leur traitement à l'aide d'algorithmes.

En d'autres termes • Une base de données est une sorte de réservoir de données que l'on peut récupérer et étudier. Le secrétariat d'un lycée collecte et utilise ainsi de nombreuses informations qui concernent les élèves, les professeurs, les classes, etc. Toutes ces données constituent la base de données de l'établissement.

Le cloud

Définition • Service de stockage de données à distance via Internet.

En d'autres termes • Le *cloud* est un service qui permet de sauvegarder et d'accéder à ses dossiers sur Internet. Le *cloud*, ou nuage, peut être associé à un vaste espace dans lequel les données informatiques sont envoyées sans que l'on sache vraiment où elles se trouvent. C'est ce qui permet aux enseignants de faire l'appel en ligne par exemple.

Les repères historiques

Activité 1

Le stockage des données est une activité ancienne. Les premières traces de recensement des récoltes sont liées à l'apparition de l'écriture et à l'émergence des premiers États en Mésopotamie. Avec l'évolution des technologies, le stockage de données a permis à la collecte d'informations de prendre une ampleur sans précédent. Cette évolution récente a favorisé la mise à disposition des données gouvernementales au grand public.

Quelles sont les grandes étapes de l'utilisation des données ?

Premiers pas

La carte perforée est une invention qui date du XVIIe siècle et qui a été mise à profit par les informaticiens pour stocker des données.

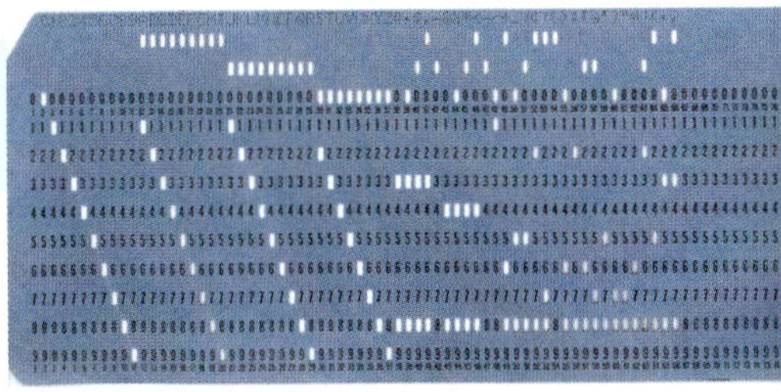

1. Rechercher sur Internet le nom et la nationalité de l'inventeur de la carte perforée.
2. En 1956, Reynold Johnson met au point une invention capable de stocker de grandes quantités de données. Rechercher son nom.

Développement et démocratisation

En 1970, l'anglais Edgar Frank Codd met au point un modèle, appelé modèle relationnel, permettant de structurer et d'indexer des bases de données. Pour le grand public, la collecte et le traitement des données se font surtout sur des logiciels spécifiques appelés tableurs.

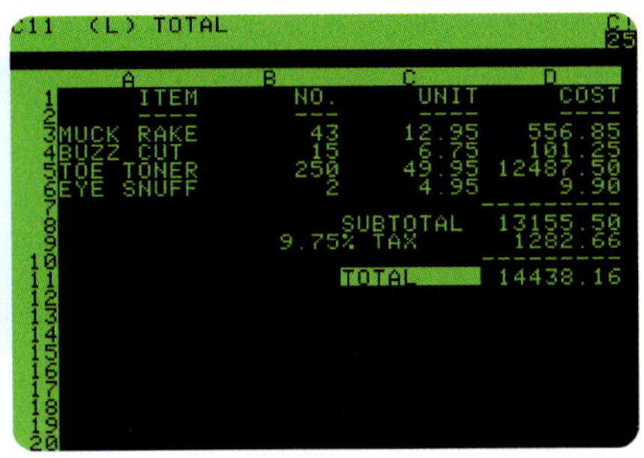

3. Rechercher le nom du tout premier logiciel de type tableur inventé en 1978.

Aujourd'hui

Avec le développement des capacités de stockage, d'immenses quantités de données sont collectées à travers le monde. L'opacité qui entoure leur stockage et leur traitement pousse les États-Unis à mettre en place l'*Open Government Initiative* dans le but de rendre plus transparentes les politiques publiques.

4. En quelle année l'*Open Government Initiative* est-elle mise en place ? Par quel président américain ?

Synthèse

5. En classe, rendez-vous sur LLS.fr/SNT2P99 pour participer au quiz sur les données structurées et leur traitement.
6. Retrouver une frise chronologique sur LLS.fr/SNT2P99 à compléter avec les dates relevées.

Activité 2 • La structure des données

ACTIVITÉ CONNECTÉE

Les données stockées dans des fichiers sont en général structurées. L'un des formats les plus courants est le format .csv qui permet de stocker et de séparer chaque donnée de façon bien précise.

Comment sont structurées les données dans une table ?

liste_des_prenoms.csv - Bloc-notes

Fichier Edition Format Affichage Aide

```
nombre;sexe;annee;prenoms;nombre_total_cumule
24;M;2011;Virgile;24
7;M;2011;Warren;7
9;F;2011;Yael;9
5;M;2011;Zakary;5
52;M;2012;Abel;52
22;M;2012;Aboubacar;22
7;M;2012;Alassane;7
24;M;2012;Alban;24
12;F;2012;Amy;12
6;F;2012;Angelina;6
6;M;2012;Auxence;6
7;M;2012;Bakary;7
6;F;2012;Binta;6
6;M;2012;Chahine;6
12;F;2012;Chaïma;12
18;F;2012;Coline;18
12;F;2012;Dahlia;12
5;M;2012;Danyl;5
35;M;2012;Djibril;35
27;M;2012;Dylan;27
```

Un fichier de données .csv (*Comma-Separated Values*) est un fichier texte contenant des données séparées les unes des autres par un caractère appelé séparateur (une virgule, un point-virgule, une indentation, etc.). Ce format a l'avantage d'être simple et peu gourmand en mémoire.

Pour ouvrir ce type de fichiers à l'aide d'un tableur, comme LibreOffice Calc, il est nécessaire de spécifier quel caractère est utilisé pour séparer chacune des données.

1 Fichier de données en format .csv

Aperçu du contenu du fichier .csv contenant la liste des prénoms attribués aux enfants entre 2004 et 2016 dans la ville de Paris.

Capacités

Identifier les différents descripteurs d'un objet.

Distinguer la valeur d'une donnée de son descripteur.

Utiliser un site de données ouvertes, pour sélectionner et récupérer des données.

Identifier les principaux formats et représentations de données.

Numérique

Visionnez un tutoriel vidéo pour exporter un fichier .csv sur LibreOffice Calc ou Microsoft Excel sur LLS.fr/SNT2P100.

Le site data.gouv.fr est le site Web du gouvernement qui permet d'accéder aux données publiques collectées par différents organismes. De l'économie à l'écologie, en passant par l'agriculture et le droit, toutes ces données sont librement accessibles et téléchargeables.

Parmi ces données, on peut notamment trouver la liste des prénoms des enfants déclarés à l'état civil de 2004 à 2019 dans la ville de Paris. Ces données, disponibles au format .csv, présentent plusieurs descripteurs.

2 *Open data* et données publiques

TP

REPRÉSENTATION DE DONNÉES À L'AIDE D'UN TABLEUR

Pour représenter des données avec un tableur, par exemple le logiciel LibreOffice Calc, on peut utiliser l'outil « Diagramme ». Cet outil permet, parmi un large choix de types de diagrammes, de représenter des courbes, des diagrammes circulaires, etc.

Pour représenter une série de données :

Étape 1 • Sélectionner les données.

Étape 2 • Appuyer sur le bouton d'insertion « Diagramme ».

Étape 3 • Choisir le type de représentation souhaitée.

Étape 4 • Spécifier les options éventuelles sur la série de données sélectionnée avant de valider.

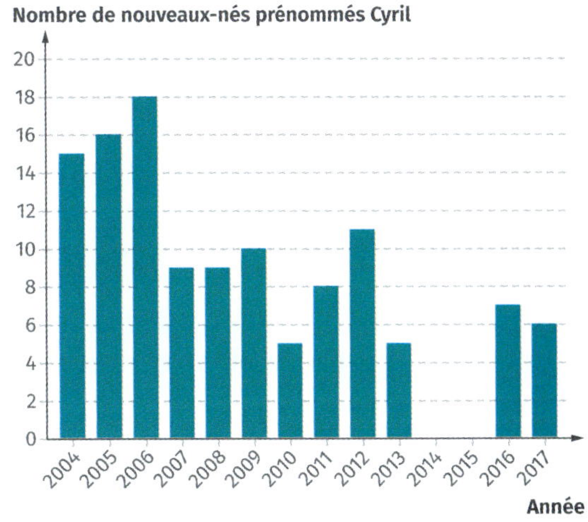

Le graphique représente le nombre de naissances d'enfants prénommés Cyril à Paris entre 2004 et 2016. Il a été obtenu sur LibreOffice Calc en utilisant le type de diagramme « Colonne ».

3 Exemple de graphique obtenu

Un ensemble de données regroupées dans un fichier est dit structuré lorsque celles-ci se présentent sous la forme d'une table. Une table a l'avantage de regrouper sous la dénomination d'objet toutes les données liées entre elles, en distinguant chacune selon un descripteur.

Prénom	Âge	Sexe	Classe	Lycée
Paul	16	Masculin	2G	Paul Éluard
Émilie	15	Féminin	2F	Paul Éluard
Julien	15	Masculin	2F	Paul Éluard

Dans l'exemple présenté, la table recense 15 données différentes relatives à des élèves d'un lycée. Elles sont regroupées chacune selon trois objets différents correspondant à un élève en particulier (les trois lignes du bas) et selon cinq descripteurs (prénom, âge, sexe, classe et lycée).

4 Données structurées

Questions

Retrouvez un questionnement différencié sur le cahier d'activités p. 47

1. **Doc. 2** À l'aide des indications, rechercher et télécharger le fichier .csv contenant toutes les données relatives aux prénoms donnés aux nouveaux-nés entre 2004 et 2019 à Paris.

2. Ouvrir le fichier à l'aide d'un tableur et identifier les différents descripteurs.

3. Rechercher dans le fichier, à l'aide du raccourci clavier « Ctrl + F » sur Windows ou « cmd + F » sur MacOS, toutes les lignes correspondant au nombre de naissances par an de nouveaux-nés portant votre prénom. Relever toutes ces valeurs et les reporter dans une autre feuille du tableur.

4. À l'aide de l'outil « Diagramme », représenter l'histogramme du nombre de nouveaux-nés portant votre prénom chaque année à Paris.

5. Bilan Lister toutes les conditions à remplir pour qu'un fichier de données puisse être qualifié de « structuré ».

Activité 3 • En groupe Le traitement des données

ACTIVITÉ CONNECTÉE

Disposer de données n'est intéressant que si l'on est capable d'en extraire des informations pertinentes. Cela implique que les données soient structurées de façon logique et traitées à l'aide de logiciels spécifiques comme les tableurs.

Capacité

Réaliser des opérations de recherche, filtre, tri, calcul sur une ou plusieurs tables.

Comment, à l'aide d'un tableur ou d'un langage de programmation, peut-on traiter des données structurées ?

GROUPE 1 Tableur et jeu gratuit

Les jeux gratuits, *free to play* ou F2P en anglais, sont innombrables en ligne et sur les *stores* des principaux systèmes d'exploitations de *smartphones*. Leur modèle économique repose sur la publicité ou sur un système d'achat optionnel d'objets ou de monnaie virtuels, permettant d'acquérir des avantages par rapport aux autres joueurs.

Exemples de jeux gratuits.

1 Jeux gratuits ou *free to play*

	A	B	C	D
1	Identifiant	Age	Score	Achat_de_monnaie_virtuelle
2	Momo18	11	55	non
3	Filip	15	69	non
4	Tintin22	17	77	oui
5	JohnDoe	18	36	non
6	Warrior	19	55	oui
7	Samia19	21	27	non
8	Jenny	25	98	oui
9	EfleKawai	26	37	non
10	SuperGuy	27	79	oui
11	VincentB	32	42	non
12	Wong17	35	67	oui
13	Tranxen2000	39	73	oui
14	PapyG	40	68	non
15	SuperGirl	45	87	oui
16	Maxiboss	52	50	oui
17	Batman	15	50	non
18				

LLS.fr/SNT2P102

2 Données relatives à un jeu *free to play*

Questions

Retrouvez un questionnement différencié sur le cahier d'activités p. 48

1. Doc. 2 Lister les informations disponibles sur chaque joueur du jeu gratuit. Quelles autres informations sur les joueurs auraient pu être stockées ?

2. Télécharger le fichier jeu.csv à l'adresse LLS.fr/SNT2P102, puis sélectionner les lignes 2 à 17 et cliquer sur l'icône « Tri croissant ». Expliquer ce qu'il se produit.

3. Sélectionner les lignes 2 à 17, puis cliquer sur l'icône « Tri ». Choisir comme critère de tri la colonne recensant les scores des joueurs. Expliquer ce qu'il se produit.

4. Déterminer l'âge moyen et le score moyen des joueurs ayant recours à un achat virtuel.

→ Fiche méthode n° 4 p. 183

5. Bilan À partir des questions précédentes, lister les traitements simples qu'il est possible d'appliquer à des données à l'aide d'un tableur.

GROUPE 2 Python et recensement ●●●

Pour manipuler et traiter des données, l'utilisation d'un tableur, comme LibreOffice Calc ou Microsoft Excel qui offrent de nombreux outils, est souvent privilégiée.

Toutefois, lorsque l'on est amené à manipuler de grandes quantités de données, les tableurs se retrouvent vite mis en défaut (lenteur d'exécution, manipulation gourmande en mémoire, etc.). Dès lors, le recours aux langages de programmation devient indispensable. Certains d'entre eux, comme Python, permettent efficacement de récupérer des données et de les traiter dans un programme plus complet.

3 Traitement de données

LLS.fr/SNT2P103

Le recensement permet d'obtenir de nombreuses informations, comme le nombre d'habitants de chaque commune. Ces données permettent, par exemple, de visualiser des bassins à forte densité de population.

Commune	Population	DEP
L' Abergement-Clémenciat	725	01
L' Abergement-de-Varey	167	01
Ambérieu-en-Bugey	11432	01
Ambérieux-en-Dombes	1407	01
Ambléon	86	01
Ambronay	2144	01
Ambutrix	586	01
Andert-et-Condon	275	01
Anglefort	772	01
Apremont	328	01
Aranc	275	01
Arandas	135	01
Arbent	3623	01

Ces données publiques proviennent du site data.gouv.fr.

4 Population des communes françaises

Questions

Retrouvez un questionnement différencié sur le cahier d'activités p. 48

1. Télécharger le fichier recensement.csv ainsi que le script Python sur LLS.fr/SNT2P103. Toutes les questions qui suivent reposent sur l'utilisation du script Python. À l'aide d'une opération de tri, identifier les cinq communes les moins peuplées de France. Combien d'habitants possèdent-elles ?
2. En utilisant la ligne de code appropriée, rechercher le nombre d'habitants de votre commune.
3. En modifiant le code, proposer et mettre en œuvre une méthode permettant d'évaluer le nombre moyen d'habitants d'une commune de votre département.
4. En utilisant la dernière partie du code, représenter sous la forme d'un histogramme la population de votre département par commune.
5. **Bilan** À partir des questions précédentes, lister les traitements simples qu'il est possible d'appliquer à des données en utilisant un langage de programmation.

Instant Maths / Python

Python permet d'importer des données et de les traiter. Le module **pandas** fournit notamment de nombreuses fonctionnalités pour l'étude des données stockées dans un fichier .csv.

GROUPES 1 ET 2 Synthèse

1. Mettre en commun les travaux réalisés par les deux groupes.
2. **Bilan** Lister les avantages du tableur par rapport à un langage de programmation pour le traitement des données. Dans quels cas les langages de programmation s'avèrent-ils utiles ?

Activité 4 • En groupe Les métadonnées et les données personnelles

En informatique, les métadonnées permettent de préciser la nature des fichiers informatiques quel que soit leur type. Elles apportent de nombreuses informations sur les ressources numériques.

Capacités

Retrouver les métadonnées d'un fichier personnel.

Définir une donnée personnelle.

Comment définir les métadonnées et les données personnelles ?

GROUPE 1 Définition des métadonnées

Une métadonnée est une donnée sur une donnée. Plus précisément, c'est un ensemble structuré d'informations décrivant une ressource [...]. Une métadonnée peut être externe à la ressource qu'elle décrit (cas d'une microfiche par exemple, d'une notice dans un catalogue) ou interne (balise méta d'une page Web, description d'une image, etc.) notamment dans le cas de données informatiques. [...]

Les métadonnées sont la carte d'identité d'un document. Elles permettent de l'identifier, de le décrire, d'expliquer l'origine de sa création, son utilité et ses destinataires. Au-delà de cette seule description, elles facilitent la recherche et le partage des ressources, leur préservation autant que la gestion des droits et l'authentification des documents.

D'après le dictionnaire de l'ENSSIB

Retrouver plus d'informations concernant les métadonnées sur LLS.fr/SNT2Metadonnees.

1 Définition des métadonnées

- **280 av. J.-C.** • Les parchemins sont équipés d'une étiquette dans la grande bibliothèque d'Alexandrie, afin d'en identifier facilement le contenu sans les dérouler.
- **Moyen Âge** • Des miniatures permettent de présenter à la fois le contenu des chapitres ainsi que leur auteur.
- **XIXe siècle** • Sur les cadres des photographies sont indiquées les informations sur le lieu ou la date de prise de vue.
- **1876** • La classification décimale de Dewey apparaît : c'est un système visant à classer l'ensemble des ouvrages d'une bibliothèque.
- **1960** • Le format de données MARC (*MAchine-Readable Cataloging*) est mis en place : il permet d'informatiser les catalogues de bibliothèques.
- **1979** • Les organismes de presse mettent en place des règles sur les métadonnées des images, afin d'améliorer l'échange d'informations.
- **1993** • Le premier moteur de recherche sur les métadonnées voit le jour. Il est accessible sur LLS.fr/SNT2P104.

2 Quelques dates

Questions

Retrouvez un questionnement différencié sur le cahier d'activités p. 49

1. **Doc. 1** À partir de la définition des métadonnées, citer quelques exemples de métadonnées utilisées en informatique.
2. Rendez-vous sur LLS.fr/SNT2P104 pour télécharger quatre fichiers et découvrir leurs métadonnées via leurs propriétés.
3. Recenser toutes ces métadonnées dans un tableur en les structurant.
4. **Bilan** À la lumière de ce bref historique, préciser quelle a été la principale raison pour laquelle les métadonnées sont apparues.

GROUPE 2 Données personnelles

Le carnet d'adresses est une base de données dans laquelle se trouvent de nombreuses informations personnelles concernant tous les contacts avec lesquels on peut échanger par mail. Si l'adresse mail est un descripteur essentiel, d'autres données personnelles sont également stockées dans le carnet, comme le nom ou le prénom du contact.

Il est possible de consulter ce carnet d'adresses en se rendant sur son logiciel de messagerie (par exemple Mozilla Thunderbird, Microsoft Outlook) ou directement sur l'application Web gérant l'adresse, que ce soit gmail.com, zimbra.free.fr, laposte.net, etc. Il est alors possible d'exporter le carnet d'adresses en format .csv pour en étudier ses caractéristiques.

3 Carnet d'adresses

Le *Big Data* désigne l'ensemble des données numériques, collectées par les différents acteurs du Web. Si certaines sont d'ordre public, comme par exemple les informations commerciales, scientifiques, médiatiques, d'autres en revanche sont personnelles et parfois confidentielles. Ce volume colossal d'informations est une source importante de revenus pour les géants du Web qui les collectent et les traitent. Elles sont notamment utilisées pour la publicité ciblée.

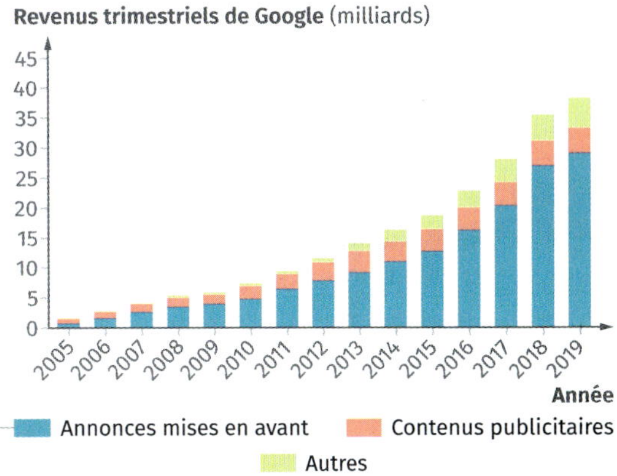

Les revenus de Google proviennent principalement de la publicité, notamment la publicité ciblée.

4 *Big Data*

Questions

Retrouvez un questionnement différencié sur le cahier d'activités p. 49

1. **Doc. 3** Par groupe de trois ou quatre, récupérer le carnet d'adresses de l'un d'entre vous et l'exporter au format .csv. Identifier les descripteurs les plus souvent renseignés pour chaque contact.

Toutes ces données personnelles peuvent être facilement détournées et collectées par des acteurs du Web.

2. À l'aide d'un compte Google, se rendre sur LLS.fr/SNT2GoogleMyAc pour observer ce qu'il est possible de télécharger comme données collectées par Google.

3. Google conserve-t-il un historique de vos positions géographiques ? Des vidéos que vous consultez ?

4. **Bilan** Expliquer pourquoi une publicité ciblée à l'aide des données personnelles est plus intéressante qu'une publicité classique pour les entreprises ayant recours, par exemple, aux services de Google, ou d'autres géants du Web.

GROUPES 1 ET 2 Synthèse

1. Mettre en commun le travail de chaque groupe par une courte présentation orale.

2. **Bilan** Réaliser une affiche distinguant le rôle des métadonnées et des données personnelles notamment dans le cadre d'une recherche sur un moteur de recherche.

Retrouvez les activités 5 et 6 en version numérique sur LLS.fr/SNT2T4Act5Num et LLS.fr/SNT2T4Act6Num.

Cours • Les données structurées et leur traitement

1 Les données structurées

A La notion de donnée

Une donnée est une valeur décrivant un objet. On parle d'une donnée personnelle lorsqu'elle se rapporte à une personne. Plusieurs descripteurs peuvent être utilisés pour décrire un même objet. Une collection regroupe plusieurs objets partageant les mêmes descripteurs.

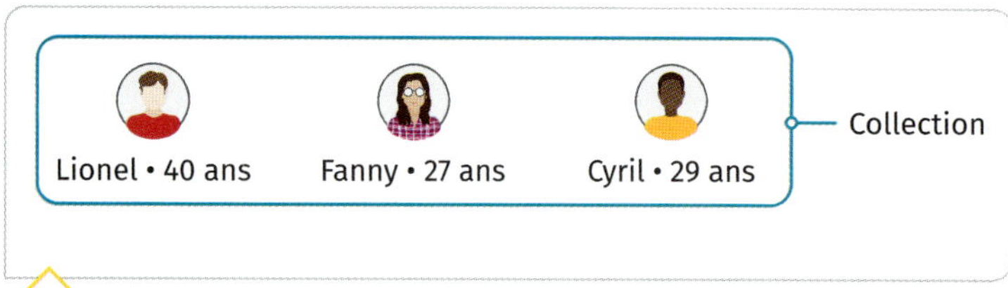

2 Carnet d'adresses avec plusieurs contacts

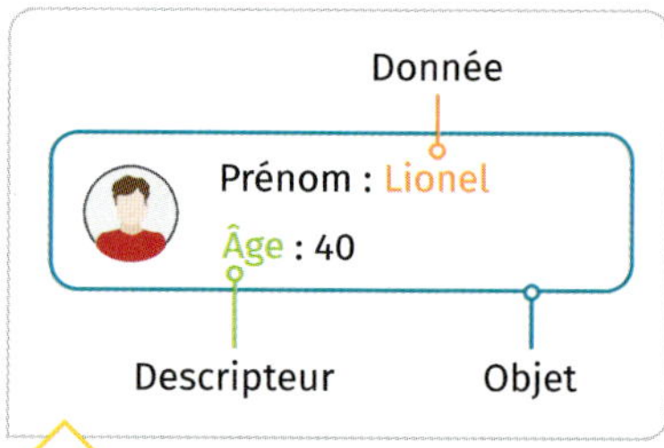

1 Données liées à un contact

La structure de table permet de présenter une collection : les objets en ligne, les descripteurs en colonne et les données à l'intersection. Les données sont alors dites structurées.

Pour assurer la persistance des données, ces dernières sont stockées dans des fichiers. Une base de données regroupe plusieurs collections de données reliées entre elles.

B Les métadonnées

Les métadonnées sont des données associées à des fichiers et qui permettent d'en décrire le contenu. Elles sont utilisées pour résumer les informations élémentaires afin d'en faciliter la gestion et les traitements.

3 Exemple de métadonnées

C Le traitement des données et des métadonnées

Les données comme les métadonnées peuvent être collectées et enregistrées automatiquement par des algorithmes ou bien renseignées par une personne.

De nombreux traitements, sur une ou plusieurs collections, sont possibles : l'indexation, les tris, la recherche, les filtres, les calculs, la visualisation, etc. Ces opérations permettent notamment de réaliser des statistiques, d'étudier des évolutions, etc.

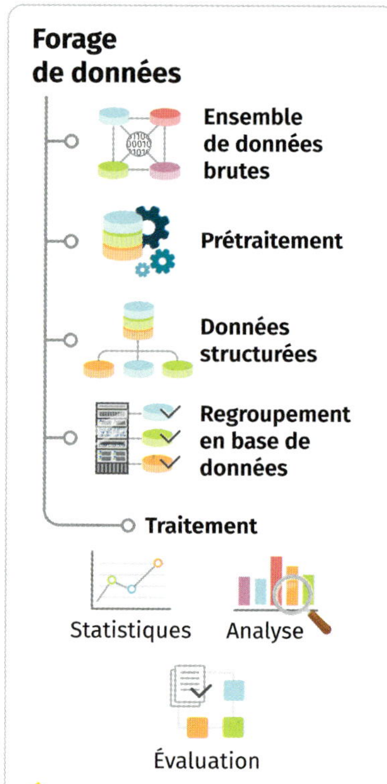

4 Forage de données ou *data mining*

Vocabulaire

CSV : *Comma-Separated Values*, ou données séparées par des virgules, désigne un format de fichier simple permettant d'enregistrer une table. Les fichiers .csv peuvent être ouverts par plusieurs logiciels différents (tableur, traitement de texte, etc.).

2 Le stockage des données

A Le stockage à l'aide du matériel personnel

Les fichiers de données sont stockés sur des supports de stockage, papier ou informatiques : ces stockages informatiques peuvent être internes (disque dur ou disque SSD) ou externes (disque dur externe, clé USB, CD-ROM, DVD-ROM, carte SD, etc.). Il est nécessaire de réaliser des sauvegardes régulières et sur différents supports car les données peuvent facilement être corrompues ou détruites.

B Le stockage dans le *cloud*

Le stockage en ligne, ou dans le *cloud*, consiste à placer des documents et des fichiers dans un espace accessible via Internet. Toutes ces données sont sauvegardées sur des serveurs distants et il est possible d'y avoir accès depuis n'importe quel appareil connecté à Internet.

3 Les évolutions sociétales liées aux métadonnées

A Le *Big data*

L'évolution des besoins du numérique, de traitement et de diffusion des données contribue à une surabondance d'informations qui nécessite le développement de nouveaux algorithmes capables de les exploiter et de machines de plus en plus performantes pour les stocker.

L'exploitation massive de données est en plein essor dans des domaines aussi variés que les sciences, la santé ou encore l'économie. Les conséquences sociétales sont nombreuses tant en termes de confidentialité, de propriété que de libertés individuelles.

B L'*open data*

Certaines de ces données sont dites ouvertes *(open data)*, mais de nombreuses données à caractère personnel suscitent la convoitise d'entreprises qui les collectent et les revendent. D'où l'importance d'un cadre juridique permettant de protéger les usagers, préoccupation à laquelle répond le Règlement Général sur la Protection des Données (RGPD).

C L'impact environnemental

Les centres de données *(data centers)* nécessitent des ressources en eau pour le refroidissement des machines, en électricité pour leur fonctionnement et en métaux rares pour leur fabrication. Ils sont une source de plus en plus importante de pollution et contribuent au rejet de dioxyde de carbone (CO_2) dans l'atmosphère.

Avec l'évolution des usages du numérique, ce phénomène est en progression : la consommation électrique augmente de 3 % chaque année dans le monde.

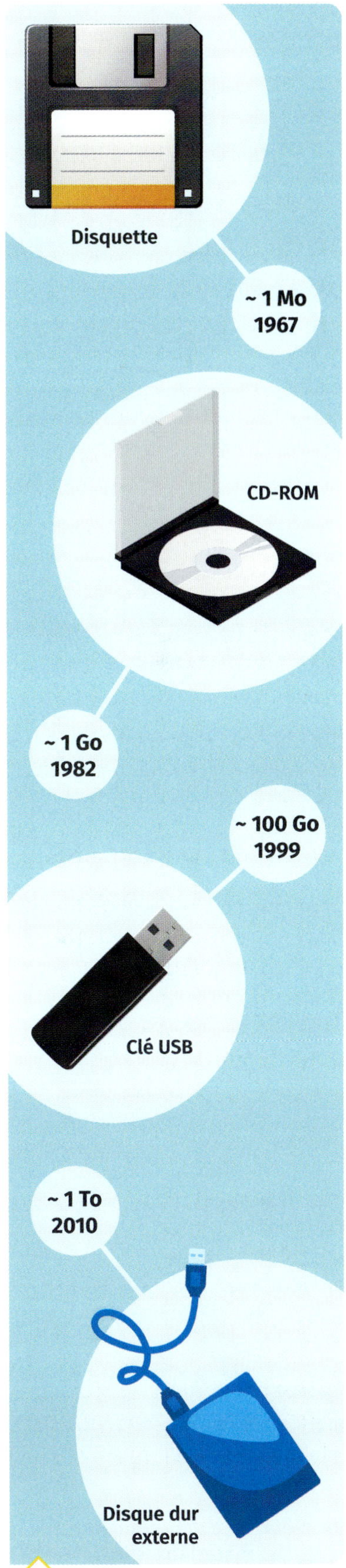

5 Évolution des moyens de stockages physiques

L'essentiel •

Les données structurées et leur traitement

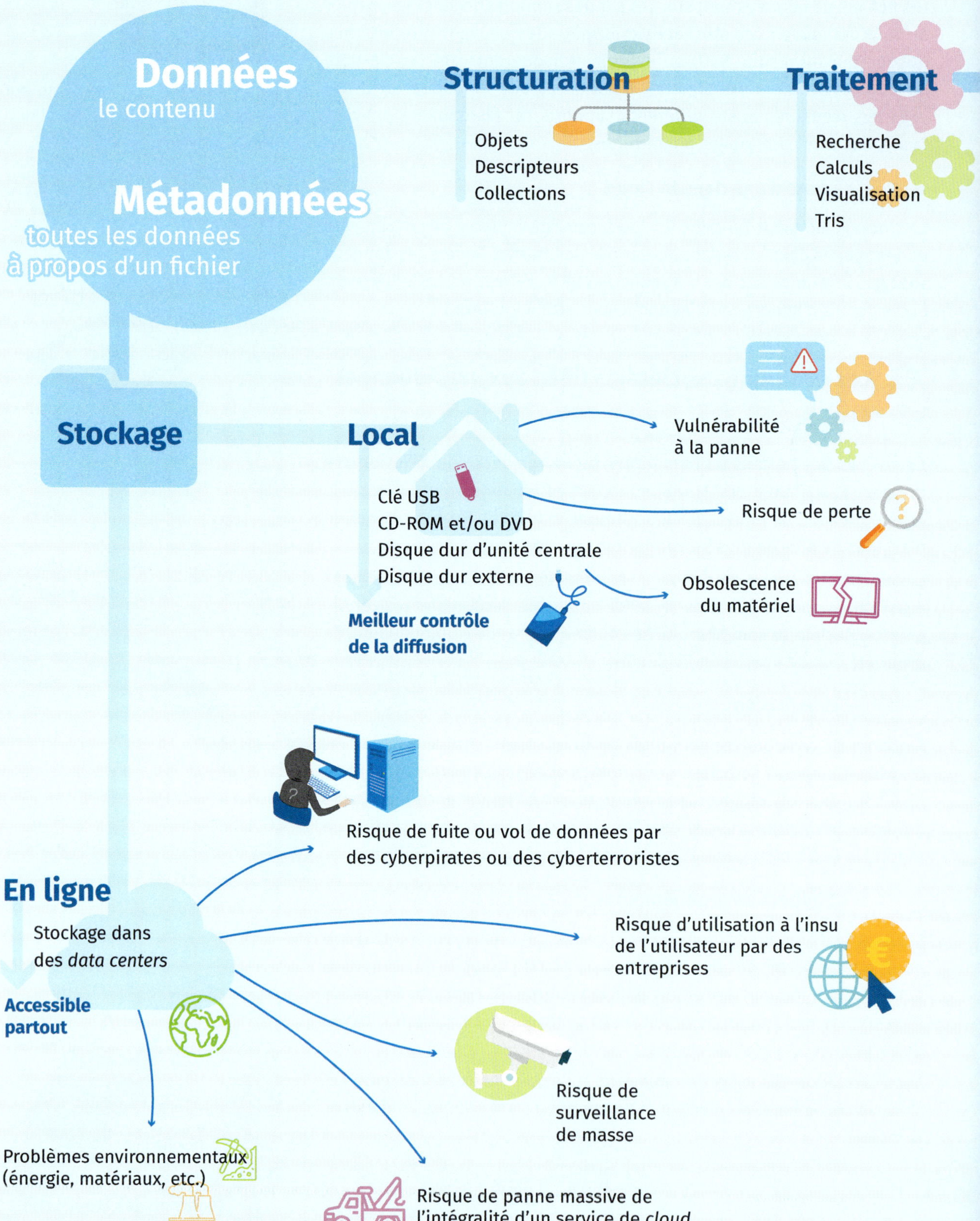

Dans le monde

Répartition des *data centers* dans le monde en 2020
D'après datacentermap.com

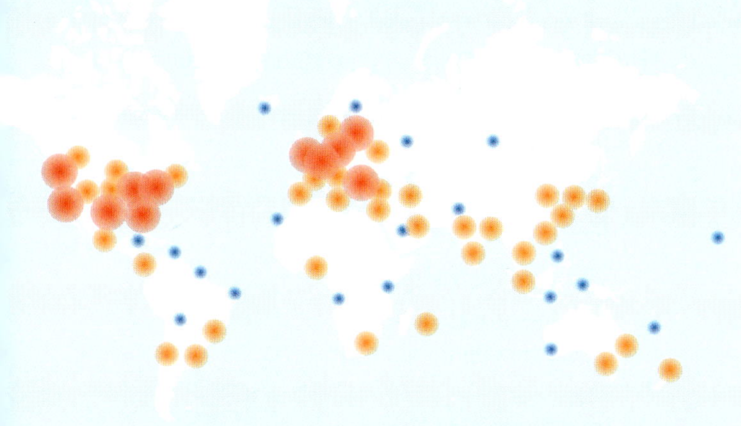

• de 1 à 10 *data centers* • entre 11 et 99 *data centers* • plus de 100 *data centers*

En chiffres

1 milliard
Nombre d'utilisateurs de Google Drive en 2020

15 milliards de Go
Espace de stockage alloué par Google pour le stockage sur le *cloud* en 2020

2006
Lancement d'Amazon Web Services (AWS), aujourd'hui leader du marché du *cloud*

58 %
Part des revenus d'Amazon provenant de son service de *cloud* en 2020

100 millions
Nombre de serveurs dans le monde en 2016

90 %
Partd'entreprises qui utilisent une forme de *cloud* en 2020

Retrouvez les réponses aux questions-clés sur LLS.fr/SNT2P109

Questions-clés

1. Est-ce que je sais ce qu'est une donnée ? Qu'est-ce qui la caractérise quand elle est qualifiée de personnelle ?
2. Quels sont les termes que je dois connaître pour parler de données structurées ?
3. Suis-je capable de lister quelques opérations que l'on peut effectuer sur des données structurées ?
4. Est-ce que je peux définir une métadonnée ?
5. Comment puis-je stocker mes fichiers numériques ?
6. Suis-je capable d'expliquer le principe du *cloud* et de citer quelques exemples de fournisseurs connus ?
7. Ai-je retenu les conséquences ou les dérives possibles du stockage massif de données ?

Pour aller plus loin

À écouter

L'émission *Soft Power* de France Culture sur le thème **« Des données à raconter »**.
À écouter sur LLS.fr/SNT2SoftPower.

À regarder

The Great Hack, un documentaire de Netflix sur le scandale Cambridge Analytica et sur l'exploitation des données personnelles.
À voir sur LLS.fr/SNT2GreatHack.

Numérique
Retrouvez l'essentiel du cours en vidéo sur LLS.fr/SNT2P109.

Exercices • Autoévaluation

Entraînez-vous avec les exercices autocorrigés sur LLS.fr/SNT2P110

Retrouvez les réponses de ces exercices p. 189.

1 Données personnelles

Parmi les données suivantes, lesquelles sont des données personnelles ?

a. L'historique de navigation d'un internaute.

b. L'état civil d'une personne.

c. La déclaration d'impôts d'un contribuable.

d. L'historique du nombre de visiteurs d'un musée.

2 Métadonnées

Télécharger le fichier exercice.pdf sur LLS.fr/SNT2P110. Sa date de création est :

a. le 20/11/2020.

b. le 18/05/1991.

c. le 20/02/2016.

d. le 21/12/2012.

3 Stockage dans le *cloud*

Stocker ses données dans le *cloud* permet :

a. de partager facilement les données.

b. de contribuer à la lutte contre le réchauffement climatique.

c. d'accéder à ses données depuis n'importe quel ordinateur connecté à Internet.

d. de traiter automatiquement les données.

4 Format de données

Citer quatre types de formats de fichiers permettant de stocker des données.

5 Site de données ouvertes

Le site Internet qui permet d'accéder aux données rendues publiques par le gouvernement français est :

a. data.gouv.fr

b. donnees_publiques.fr

c. gouvernement.data.fr

d. le_canard_enchaine.fr

6 Repère historique

Le concept de base de données relationnelle a été introduit :

a. en 1936 par Alan Turing.

b. en 1970 par E. F. Codd.

c. en 1980 par Bill Gates.

d. en 2008 par Barack Obama.

7 Panne de *cloud*

Un problème technique est survenu le 14 décembre 2020 sur l'ensemble des services Google. L'article accessible sur LLS.fr/SNT2Panne relate cet événement. Pour prévenir les conséquences de ce type de panne, qu'est-il judicieux de mettre en place sur son ordinateur personnel ?

a. Mettre en place une synchronisation des fichiers.

b. Installer un antivirus.

c. Créer une copie des métadonnées.

d. De placer tous ses documents dans sa boîte mail.

Numérique

Connectez-vous sur lelivrescolaire.fr pour retrouver plus d'exercices LLS.fr/SNT2P110.

Savoir-faire - Parcours d'apprentissage	Activités	Exercices
❑ Savoir employer le bon vocabulaire pour décrire des données structurées.	2	16 18
❑ Savoir réaliser des opérations sur des données structurées.	3	11 17
❑ Savoir ce que représentent les métadonnées.	4	2 15
❑ Connaître les différents enjeux sociétaux liés au stockage des données.	5 6	19 20

Retrouvez un questionnement différencié sur le cahier d'activités
p. 54

8 Parties sauvegardées

Jules stocke ses sauvegardes de jeux vidéo dans un espace de stockage en ligne.

1. Si son ordinateur est abîmé, ses sauvegardes sont-elles perdues ?
2. Si l'entreprise qui lui loue l'espace de stockage fait faillite, ses sauvegardes sont-elles perdues ?

9 Données publiques

On considère les données suivantes : une prescription médicale et les pourcentages de personnes vaccinées contre la rougeole chaque année depuis 1950.

1. Parmi ces données, préciser lesquelles sont personnelles.
2. Parmi ces données, identifier celles qui sont susceptibles d'être rendues publiques par la charte du G8 sur l'ouverture des données.

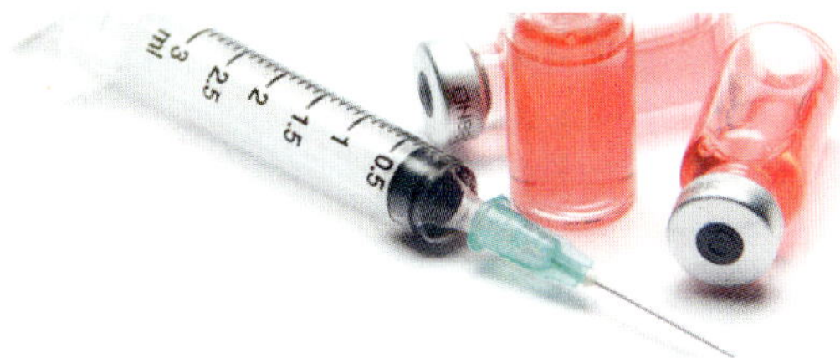

10 Édition de fichiers .csv

Les fichiers .csv sont des fichiers de données courantes, sans mise en page.

- Citer un logiciel permettant d'ouvrir et éditer un fichier .csv.

11 Liste d'appel

On considère la feuille d'appel utilisée par un enseignant.

1. Citer deux traitements possibles que l'on peut faire sur des données.
2. Préciser selon quel descripteur les élèves d'une classe sont triés sur la liste d'appel du professeur. En cas de conflit, quel autre descripteur est utilisé ?

12 Durée écoulée

Pour les deux propositions suivantes, réaliser quelques recherches pour préciser quelle durée s'est écoulée entre les événements donnés.

1. L'invention du disque dur et la charte du G8 sur l'ouverture des données publiques.
2. L'invention des bases de données relationnelles et le premier tableur.

13 Avantages et inconvénients

1. Citer deux avantages du stockage de données dans le *cloud*.
2. Citer deux problèmes sociétaux liés à l'augmentation du nombre de centres de données.

14 Vrai ou faux

Préciser si les affirmations sont vraies ou fausses en le justifiant.

1. Un fichier .csv ne peut être ouvert que par un tableur.
2. Sur un serveur *cloud*, on peut stocker gratuitement autant de données que l'on veut.
3. Le RGPD protège les données personnelles.

15 Données et métadonnées

Un fichier .csv contient la date de naissance de tous les élèves d'un lycée ainsi que leur nom et leur adresse.

1. Citer deux métadonnées pouvant être associées à ce fichier.
2. Ce fichier contient-il des données personnelles ?

16 Données sur les accidents

1. Comment s'appelle le site de mise à disposition des données publiques françaises ?
2. Sur ce site, chercher et télécharger le fichier contenant les informations sur les accidents de la route en 2019.
3. Lister quelques-unes des métadonnées associées.
4. Lister tous les descripteurs permettant de structurer ces données.

Numérique
Retrouvez plus d'exercices sur LLS.fr/SNT2P111.

Exercices • Pratique

Retrouvez un questionnement différencié sur le cahier d'activités p. 55

17 Traitement et représentation d'une série de données

Savoir réaliser des opérations sur les données structurées.

On souhaite étudier l'évolution des prix du pétrole depuis 1990.

Retrouver les données sur LLS.fr/SNT2P112.

1. Télécharger les données sous forme d'un fichier .csv.
2. Repérer les descripteurs de ce fichier.
3. Relever le prix moyen du baril de pétrole en 1999.
4. Représenter graphiquement l'évolution des prix du baril de pétrole depuis 1990.
5. À quelle date le prix du pétrole a-t-il été le plus élevé ?
6. Calculer le prix moyen du baril de pétrole sur toute la période considérée.

Plateforme pétrolière offshore

18 Traitement des données

Savoir employer le bon vocabulaire pour décrire des données structurées.

La liste des adhérents d'une association sportive est à télécharger sur LLS.fr/SNT2P112.

1. Identifier le format de ce fichier.
2. Combien d'objets compte ce fichier ? Quels sont ses descripteurs ?
3. Préciser selon quel descripteur les adhérents sont triés dans le fichier.
4. À l'aide d'un tableur, déterminer la moyenne d'âge des adhérents de cette association.
5. À l'aide d'une opération de tri, déterminer le nom du membre apparaissant en 3e position dans l'ordre alphabétique des prénoms.

Pratique sportive en France

En 2015, on estimait qu'un tiers de la population française pratiquait une activité sportive régulière.

Jeu sérieux

Rendez-vous sur LLS.fr/SNT2P112 pour obtenir un indice sur le criminel en rentrant le nom du membre demandé à la **question 5**.

19 Utilisation d'un service *cloud*

Connaître les différents enjeux sociétaux liés au stockage des données.

Matthias a créé un compte sur un service *cloud*. Il y a stocké une sauvegarde de ses cours de SNT et de son prochain projet qu'il devra remettre à son professeur. Il en a profité pour régler la synchronisation de son compte avec son ordinateur personnel sur l'option « Synchroniser à chaque modification ».

1. Si l'ordinateur de Matthias tombe en panne, expliquer comment il peut récupérer ses fichiers.
2. Comment Matthias peut-il remettre son projet à son professeur sans avoir à l'imprimer ou le transférer sur une clé USB ?
3. Matthias pense qu'il fait des économies d'énergie en stockant ses données en ligne. Comparativement à un stockage local, développer un argumentaire pour le mettre en défaut en discutant du stockage dans les *data centers*.

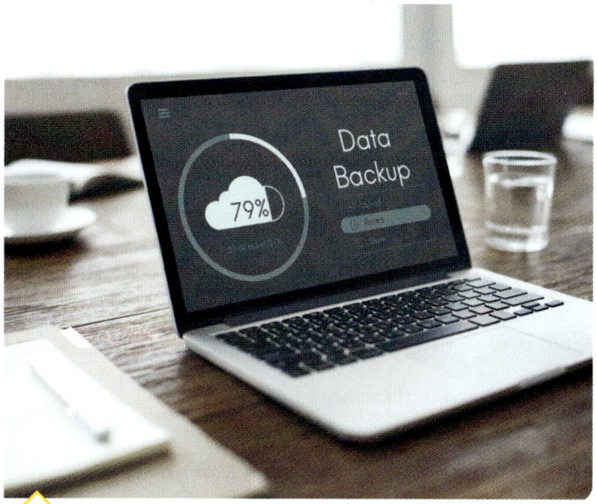

Synchronisation avec le *cloud*

20 Consommation électrique d'un *data center*

Connaître les différents enjeux sociétaux liés au stockage de données.

L'utilisation d'un service de *cloud* permet à l'utilisateur de disposer de sauvegardes et d'un accès permanent à ses données. Le coût énergétique n'est cependant pas négligeable.

Rendez-vous sur LLS.fr/SNT2ConsoData pour découvrir les estimations du coût énergétique au regard de leur impact environnemental.

1. Rechercher sur la ressource proposée un ordre de grandeur de la puissance électrique (ou de l'énergie électrique) consommée dans le monde pour le fonctionnement des *data centers*.
2. Quelle proportion de la consommation d'électricité totale cela représente-t-il ?

Un réacteur de centrale nucléaire produit une puissance de 1000 MW d'électricité. Cela représente sur une année près de 9 TW·h d'énergie produite.

3. Déterminer le nombre de réacteurs nucléaires nécessaires pour faire fonctionner tous les *data centers* de la planète.
4. En effectuant quelques recherches sur le Web, lister quelques méthodes pour limiter cette dépense d'énergie.

Intérieur d'un centre de données Google

On estime à 1 000 000 le nombre de serveurs que Google utilise dans ses *data centers*.

Projets

Projet 1 Recouper les données selon les mentions et les prénoms

Afin de permettre une meilleure gestion des dossiers, et l'anonymisation des examens, chaque candidat est muni d'un numéro unique.

Les fichiers de travail sont disponibles sur LLS.fr/SNT2P114.

Chacun des cinq onglets contient une table de données. Ces données sont fictives et ont pour objectif d'illustrer le rôle et l'intérêt d'une base de données.

Questions préliminaires

1. *A priori*, selon vous, qui entre Alice et Jessica a statistiquement le plus de chances d'obtenir une mention Très bien au bac en 2019 ? Pourquoi ?
2. Déterminer le résultat au baccalauréat de Léonie Gratin.

Consigne
Déterminer, selon le genre, le taux de réussite moyen au baccalauréat.

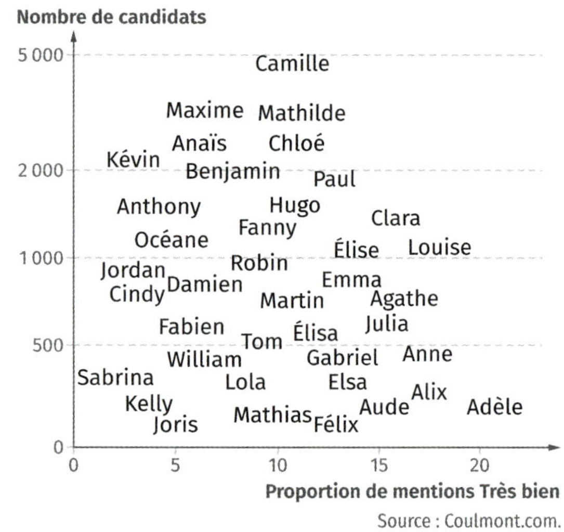

Depuis plusieurs années, le sociologue Baptiste Coulmont travaille sur les liens entre prénoms et résultats au baccalauréat.

Prénoms et mentions

Projet 2 Représenter les données

Retrouvez sur LLS.fr/SNT2P114 des données de 2014 sur les communes de France. Il est possible d'utiliser un tableur pour lire et éditer les données.

Questions préliminaires

1. Déterminer le nombre d'habitants à Saint-Brieuc.
2. Déterminer le nombre de communes classées en Bassin Résidentiel.
3. Déterminer le nombre maximal de pharmacies et de parfumeries dans une commune et le nombre de communes correspondantes.

Consigne
Réaliser un diagramme circulaire présentant les différentes proportions de communes, selon leur classification Urbanité/Ruralité.

Remarque
Le tableau fourni peut sembler grand. Mais sa taille est faible en comparaison avec de nombreuses autres bases de données. À titre d'exemple, Amazon recense plus de 3 000 000 de vendeurs actifs dans la base de données de son site Web.

Village de Saint-Lager en Beaujolais, France.

Métier

Data scientist

Présentation du métier

Ce métier consiste à étudier des données pour permettre à un employeur de prendre les décisions les plus pertinentes possibles.

En quoi consiste votre métier ?

Je suis employée par un laboratoire pharmaceutique pour étudier en détail les données et les statistiques issues des expérimentations de médicaments. L'utilisation de l'intelligence artificielle peut permettre d'aboutir à des conclusions de plus en plus précises sur un nombre toujours plus important de données.

Qu'est-ce qui vous a amenée à faire ce métier ?

J'avais un grand intérêt pour les statistiques. Mettre cet intérêt au service du progrès médical est ce qui m'a motivée. Avec la crise du Covid-19, cet attrait n'a fait que se renforcer !

Et si vous voulez changer de métier un jour ?

Je ferais probablement un métier similaire par exemple en travaillant pour une ONG dans des pays en voie de développement.

Études :

- Bac + 5 : master Informatique, MIASHS, Mathématiques ou MIAGE

Salaire débutant : 2300 € net/mois ; 38000 € brut/an

Retrouver plus de métiers sur LLS.fr/SNT2P115.

PARCOURS pix

Les données ouvertes, ou *open data,* sont des données numériques dont l'accès et l'usage sont laissés libres aux citoyens. Elles peuvent être d'origine publique ou privée, produites notamment par une collectivité, un service public, un collectif citoyen ou une entreprise. En France, plusieurs métropoles ouvrent leurs données en ligne en accès public et libre.

Rendez-vous sur la compétence « Traiter des données » du domaine « Informations et données » pour préparer la certification pix !

Consigne :
Rechercher quels légumes ont été servis dans les cantines des écoles de Rennes le 18 décembre 2019.

Retrouver les données de la métropole de Rennes sur LLS.fr/SNT2DataRennes.

Thème 5

Localisation, cartographie et mobilité

Comment fonctionne un système de géolocalisation ?
Comment sont calculés les itinéraires à partir des cartes numériques ?

Couplée avec une base de données mise à jour en temps réel, la géolocalisation permet de se déplacer sans craindre de se perdre, tout en ayant une estimation de son heure d'arrivée en fonction de la circulation.

Société et numérique

La géolocalisation est un procédé technologique qui permet de localiser précisément un objet ou une personne à l'aide de ses coordonnées géographiques. Son utilisation est devenue si banale qu'elle s'est étendue à de très nombreux domaines : les transports, la cartographie, etc. Avec l'essor des *smartphones* capables de se géolocaliser, cette technologie s'est également introduite dans notre vie privée en traçant nos déplacements quotidiens. Avec l'accord de l'utilisateur, ces enregistrements peuvent même être utilisés par des applications pour améliorer l'expérience proposée.

En 1587, le cartographe Urbano Monte réalise un atlas très détaillé de soixante feuillets. Cette carte du monde a été assemblée pour la première fois de manière virtuelle par les chercheurs de l'université de Stanford en 2017 et mesure près de trois mètres de large.

Numérique

Explorez la carte d'Urbano Monte sur LLS.fr/SNT2UrbanoMonte.

Contenus et capacités attendues

- **GPS, Galileo** → Activité 2 p. 122
  Décrire le principe de fonctionnement de la géolocalisation.
- **Calculs d'itinéraires** → Activité 3 p. 124
  Utiliser un logiciel pour calculer un itinéraire. Représenter un calcul d'itinéraire comme un problème sur un graphe.
- **Confidentialité** → Activité 4 p. 125
  Régler les paramètres de confidentialité d'un téléphone pour partager ou non sa position.
- **Cartes numériques** → Activité 5 LLS.fr/SNT2T5ActNum
  Identifier les différentes couches d'information de GeoPortail pour extraire différents types de données. Contribuer à OpenStreetMap de façon collaborative.
- **Protocole NMEA0183** → Activité 6 p. 126
  Décoder une trame NMEA pour trouver des coordonnées géographiques.

ChronoQuiz
Entraînez-vous en classe sur ChronoQuiz
LLS.fr/SNT2P118

1 La repérage sur la Terre

1. La ligne imaginaire bleue correspond :
a. à l'équateur.
b. au méridien de Greenwich.
c. à un tropique.

2. La ligne imaginaire rouge correspond :
a. à l'équateur.
b. à un parallèle.
c. au méridien de Greenwich.

3. Lisbonne se situe :
a. dans l'hémisphère Nord.
b. dans la Terre du Milieu.
c. dans l'hémisphère Sud.

4. Les méridiens sont des lignes :
a. passant par les pôles.
b. parallèles à l'équateur.
c. perpendiculaires à l'équateur.

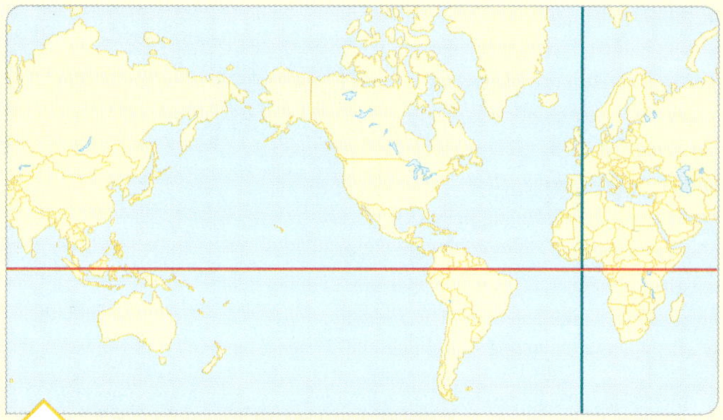

1 Planisphère et lignes imaginaires

Les planisphères sont très utilisés pour se repérer sur la Terre. Les coordonnées d'un lieu sont définies par rapport aux lignes imaginaires tracées sur la carte.

2 La géolocalisation

1. La géolocalisation la plus précise s'effectue aujourd'hui à l'aide :
a. de satellites.
b. d'avions.
c. de sous-marins.

2. Le sigle GPS signifie :
a. *General Protection Surveillance.*
b. Générateur de Positions par Satellites.
c. *Global Positioning System.*

3. Le GPS a été initialement conçu par et pour l'armée :
a. russe.
b. américaine.
c. française.
d. chinoise.

2 Satellites GPS

Le GPS est un système de positionnement conçu à partir de 1973 à des fins militaires.

Retrouvez les exercices autocorrigés sur LLS.fr/SNT2P119

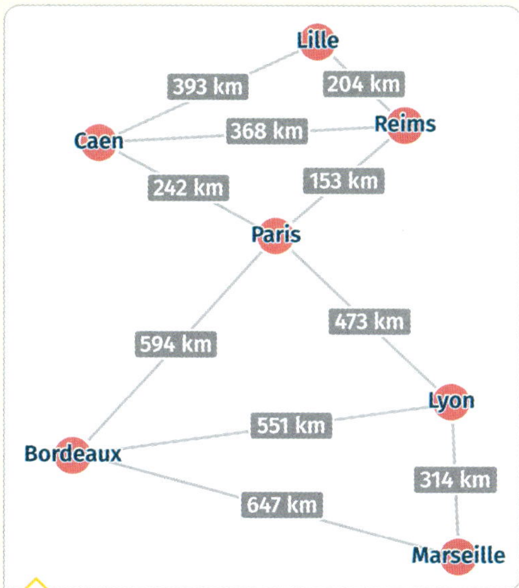

3 **Schématisation d'un réseau de villes**

Pour mieux visualiser un itinéraire entre plusieurs villes, on peut réaliser un graphe faisant apparaître les villes et les distances (ou d'autres données) entre celles-ci.

3 Les itinéraires

1. Quelle est la distance la plus courte entre Lille et Paris sur le schéma ?

a. 368 km.
b. 357 km.
c. 204 km.
d. 242 km.

2. Sur le graphe ci-contre, le chemin le plus court est :

a. le chemin pour lequel la distance parcourue est la plus faible.
b. le chemin permettant une moindre consommation de carburant.
c. le chemin le plus rapide.

3. Le chemin le plus court entre Lille et Marseille est :

a. Lille → Reims → Paris → Bordeaux → Marseille.
b. Lille → Reims → Paris → Lyon → Marseille.
c. Lille → Caen → Paris → Bordeaux → Marseille.
d. Lille → Caen → Paris → Lyon → Marseille.

4 Le partage de position

1. Lorsque la localisation est activée, laquelle de ces propositions est fausse ?

a. On peut obtenir des publicités en fonction de sa position.
b. On peut partager sa position avec d'autres personnes.
c. Il n'est plus possible de la désactiver.
d. On peut retrouver son téléphone en cas de perte ou de vol.

2. La localisation repose sur :

a. la réception de signaux satellites.
b. une bonne connexion Wi-Fi.
c. l'utilisation de caméras de surveillance publiques.

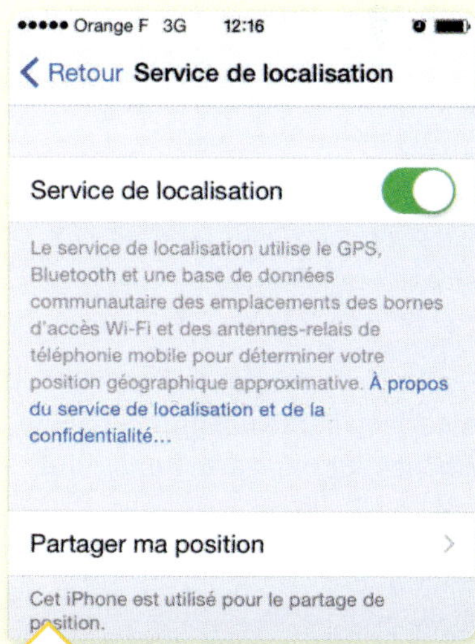

4 **Services de localisation**

Dans les paramètres d'un *smartphone*, ou d'un ordinateur, il est possible de paramétrer la confidentialité de son emplacement.

La géolocalisation

Définition • Procédé permettant de positionner un objet ou une personne sur une carte numérique à l'aide de ses coordonnées géographiques.

En d'autres termes • La géolocalisation est une technique qui permet d'afficher la position de quelqu'un ou quelque chose à partir de ses coordonnées. C'est ce type d'action qu'on effectue lorsque l'on cherche sa position sur la carte d'une ville en tenant compte des informations environnantes comme le nom des rues, les voies, les monuments, etc.

Une trame NMEA

Définition • Chaîne de caractères retranscrite par un équipement pourvu d'un récepteur GPS et comprennant notamment les coordonnées géographiques.

En d'autres termes • Il s'agit d'un message court permettant de transmettre de très nombreuses informations et notamment la position. C'est en quelque sorte la carte d'identité d'un récepteur GPS au moment où il se géolocalise.

$GPGGA,064036.289,4885.833,N,00|

Un Système d'Information Géographique (SIG)

Définition • Outil informatique permettant de stocker des données associées à une position ou à une zone géographique et de les afficher sur une carte numérique.

En d'autres termes • Les SIG sont des bases de données contenant des informations que l'on peut superposer sur une carte. La plus connue d'entre elles est Google Maps mais de très nombreux équivalents existent, comme Géoportail ou OpenStreetMap. Ce type d'outil est très utilisé en urbanisme, en prévention des risques, etc., mais aussi dans les jeux de simulation de gestion et de stratégie.

Le système GPS (Global Positioning System) et Galileo

Définition • Systèmes reposant sur la réception de signaux synchronisés émis par des satellites et leur traitement par trilatération pour déterminer un positionnement.

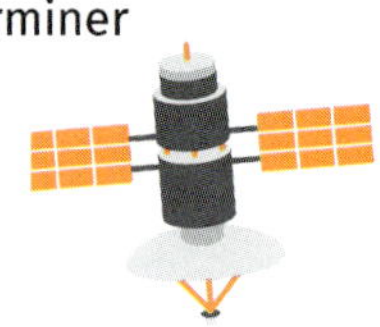

En d'autres termes • Ces systèmes permettent de déterminer une position à partir de sa distance à trois satellites au moins. On se sert d'une technique basée sur un principe similaire pour repérer les épicentres des séismes.

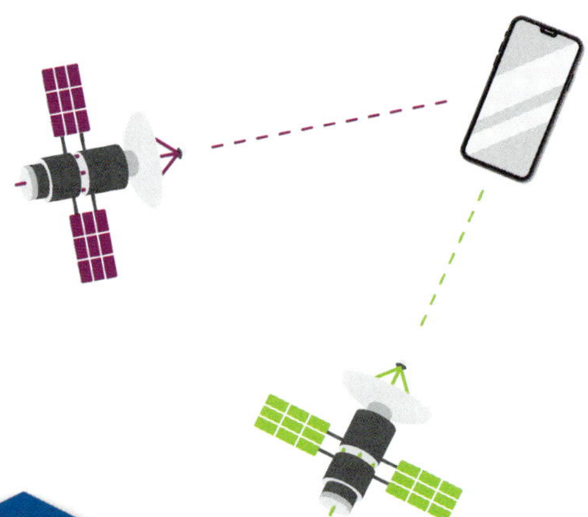

Les repères historiques

Depuis le Néolithique, se repérer sur Terre, se déplacer, connaître et contrôler l'espace sont des objectifs stratégiques majeurs. Avec la géolocalisation et le déploiement des satellites, plus aucun endroit sur Terre ne nous est inconnu.

Comment les premières cartes numériques ont-elles été établies ?
Quand sont apparues les technologies permettant de se géolocaliser sur Terre ?

Premiers pas

Les satellites artificiels sont des outils permettant de recueillir des informations depuis l'espace, transmettre des télécommunications mais également de se localiser sur la surface de la Terre.

1. Nommer la technologie reposant sur les satellites qui a révolutionné la façon de se positionner sur une carte.
2. Durant quelle décennie cette technologie, initiée pour le président américain Richard Nixon à la fin des années 1960, est-elle finalement devenue pleinement opérationnelle pour le grand public ?

Développement et démocratisation

En Europe, un système concurrent à la technologie américaine est initié en 1999.

3. Rechercher le nom de ce système.

Avec l'augmentation des capacités de stockage de données et le développement d'Internet, les premières ressources du Web proposant des cartes numériques ont vu le jour dans les années 1990. La plus importante d'entre elles est Google Maps, elle a totalement révolutionné l'accès des cartes au grand public.

4. En quelle année Google Maps a-t-il été créé par la société Google ?

Aujourd'hui

Dans certains pays, des données publiques sont librement accessibles *(open data)*. Celles-ci peuvent être recoupées avec des cartes numériques pour offrir à la population l'accès à des représentations spatiales de multiples informations (densités de population, lignes de transport en commun, etc.).

5. Rechercher le nom du site publié en 2006 qui permet d'accéder à des cartes numériques recoupant des données géographiques recueillies par l'IGN (Institut national de l'information géographique et forestière).

D'autres sites mettent à contribution les internautes en leur proposant de participer collectivement à l'enrichissement des données accessibles. L'un d'entre eux, créé par Steve Coast à l'University College de Londres, s'appelle OpenStreetMap.

6. Retrouver la date de mise en ligne de ce site Web.

Synthèse

7. En classe, rendez-vous sur LLS.fr/SNT2P121 pour participer au quiz sur la géolocalisation.
8. Retrouver une frise chronologique sur LLS.fr/SNT2P121 à compléter avec les dates relevées.

Activité 2 • Le principe de la géolocalisation

ACTIVITÉ CONNECTÉE

« Vous êtes ici. » Disponible dans la plupart des objets connectés, *smartphones*, tablettes ou ordinateurs, la géolocalisation, technologie développée depuis les années 1970, s'est démocratisée dans les années 2000 pour répondre aux différents besoins du grand public.

Capacité
Décrire le principe de fonctionnement de la géolocalisation.

Comment les systèmes GPS et Galileo identifient-ils une position ?

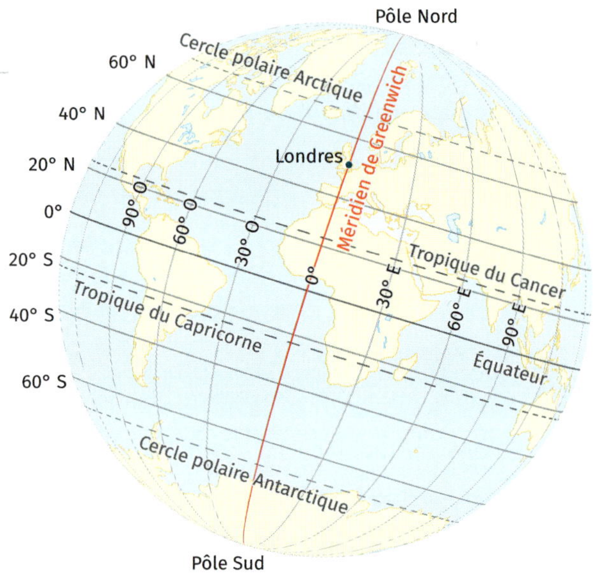

Tout comme chaque maison a son adresse, chaque point sur la surface de la Terre peut être repéré par ses coordonnées de latitude et de longitude. La latitude notée φ est l'angle formé entre la verticale du lieu considéré, et le plan équatorial. La latitude est donnée en degré, de 0° à 90° des deux côtés de l'équateur, en spécifiant la latitude Nord et Sud. Par exemple, la latitude de la tour Eiffel est de 48,858° au nord.

La longitude notée λ est une autre coordonnée angulaire définissant la position d'un point sur la surface de la Terre. La longitude est définie comme l'angle pointant vers l'ouest ou l'est par rapport au méridien de Greenwich. La longitude peut être définie au maximum à 180° à l'est et à 180° à l'ouest. En reprenant l'exemple de la tour Eiffel, celle-ci a une longitude de 2,294° vers l'est.

La latitude et la longitude peuvent être subdivisées en deux sous-unités : la minute d'arc (1° = 60′) et la seconde d'arc (1′ = 60″). Par exemple, la position du viaduc permettant au *Poudlard Express* de rejoindre Poudlard dans *Harry Potter*, a pour coordonnées géographiques 56,876° N et 5,432° O, ce qui peut également s'écrire 56° 52′ 35″ N et 5° 25′ 54″ O.

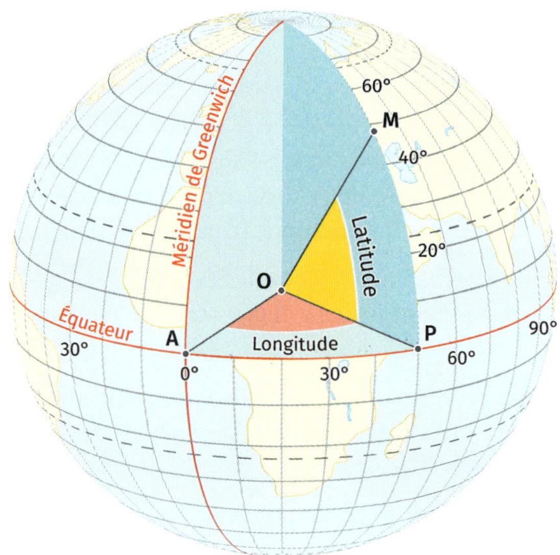

1 Coordonnées géographiques

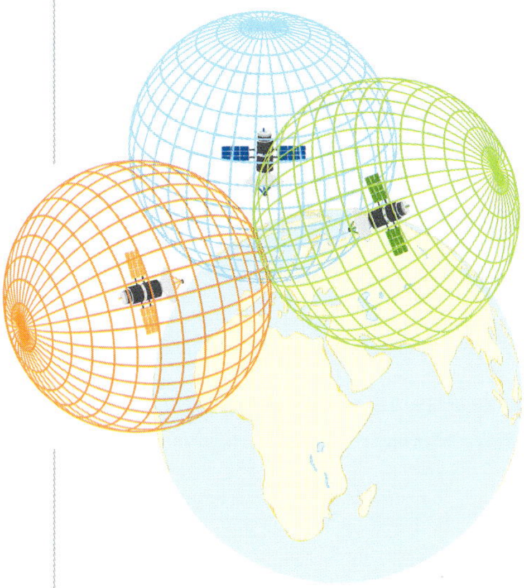

Le système GPS permet de déterminer une position par trilatération. Pour mieux comprendre, on peut imaginer un voyageur totalement perdu quelque part en France demandant son chemin à un passant :

« Vous êtes à 66 km de Roanne. »

Cette information signifie que le voyageur se situe sur un cercle de rayon égal à 66 km autour de Roanne. En questionnant un autre passant, celui-ci pourrait indiquer :

« Vous êtes à 236 km de Rodez. »

Couplée avec la première information, il ne reste plus que deux positions possibles. Mais si une autre personne précise :

« Vous êtes à 95 km de Grenoble. »

Alors là, plus aucun doute, le voyageur sait exactement où il se situe !

Dans le monde tridimensionnel, les satellites GPS diffusent des signaux qui se propagent sous forme de sphère. Chaque satellite est au centre d'une sphère et l'endroit où toutes les sphères se croisent correspond à la position du récepteur GPS.

2 Trilatération

Galileo est devenu opérationnel en décembre 2016, mais la mise en place de tous les satellites n'est pas encore achevée : la constellation doit compter en tout 30 satellites, dont 24 en service et les 6 autres en réserve. Il permet à un particulier de connaître sa position géographique ou d'établir un itinéraire avec une précision de pointe : Galileo est exact au mètre près, là où le GPS l'est dix fois moins.

Pour l'Union européenne, Galileo est un outil stratégique. Il lui permet d'être indépendant par rapport au GPS américain, indépendance que Bruxelles entend faire durer : pour la période 2021 à 2027, un financement de 9,7 milliards d'euros est prévu [...]. De quoi aussi préparer la future génération de Galileo.

J. Lausson, « Galileo : le "GPS européen" », *Numerama*, 09 septembre 2019.

3 Galileo et l'indépendance des Européens

Questions

Retrouvez un questionnement différencié sur le cahier d'activités p. 59

1. **Doc. 1** Repérer les noms des angles permettant de déterminer la position d'un lieu sur la Terre.
2. **Doc. 1** En utilisant le site LLS.fr/SNT2Viaduc, trouver le nom du viaduc emprunté par le *Poudlard Express*.
3. **Doc. 2** En utilisant le site CalcMaps sur LLS.fr/SNT2CalcMaps, retrouver le lieu où se situe le voyageur.
4. Réaliser un schéma en 2D expliquant le principe de la trilatération.
5. **Doc. 3** Expliquer pourquoi Galileo est un outil stratégique pour l'Union européenne.
6. **Bilan** Expliquer le fonctionnement de la géolocalisation par satellite.

Activité 3 • Les calculs d'itinéraires

ACTIVITÉ CONNECTÉE

Plusieurs logiciels de cartographie et des applications populaires, comme Uber, BlaBlaCar ou Waze, permettent de calculer des itinéraires. Leur fonctionnement repose sur des algorithmes qui tiennent compte de très nombreux paramètres.

Capacités

Utiliser un logiciel pour calculer un itinéraire.

Représenter un calcul d'itinéraire comme un problème sur un graphe.

Comment sont calculés les itinéraires sur les cartes numériques ?

L'informaticien néerlandais Edsger Dijkstra a publié en 1959 un algorithme permettant de déterminer le chemin le plus court d'un sommet de départ à un sommet cible dans un graphe.

Retrouver le détail de l'algorithme de Dijkstra sur LLS.fr/SNT2P124.

1 Algorithme de Dijkstra

Un itinéraire correspond à une indication du chemin à suivre entre deux points.

2 Itinéraire d'une manifestation à Lyon

Les organisateurs ont réalisé plusieurs itinéraires possibles de la manifestation qu'ils ont représentés sous la forme d'un graphe. Chaque sommet correspond à un lieu tandis que les arêtes symbolisent un passage possible entre deux lieux. Des informations supplémentaires y sont précisées : la durée de trajet de la manifestation en heure (h) et la distance en kilomètre (km).

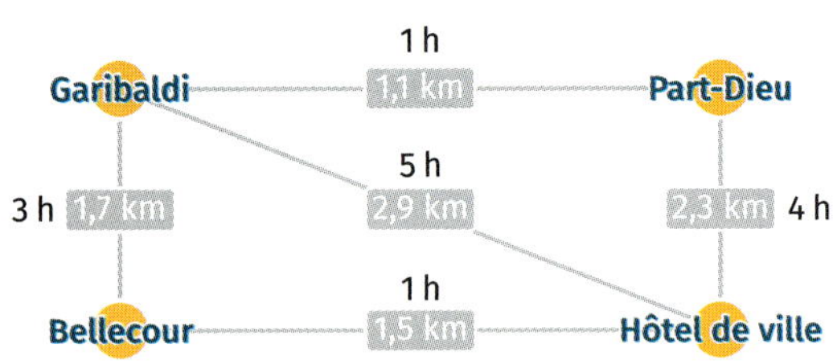

3 Représentation sous forme de graphe

Questions

Retrouvez un questionnement différencié sur le cahier d'activités p. 60

1. **Doc. 2** Lister les informations qui peuvent être extraites de l'itinéraire de la manifestation.
2. **Doc. 1** Après avoir visionné la ressource numérique, expliquer le principe de l'algorithme de Dijkstra.
3. Dans le graphe du **doc. 3**, donner le trajet le plus court pour effectuer la manifestation. Est-ce le trajet le plus rapide ? Proposer une explication.
4. Sur OpenStreetMap, calculer différents itinéraires de *Garibaldi* à *Hôtel de ville* en utilisant les différents modes de transport proposés.
5. **Bilan** Expliquer en quoi les algorithmes et les différentes options des cartes numériques améliorent le calcul des itinéraires.

TP

CALCUL D'ITINÉRAIRE SUR OpenStreetMap

- **Étape 1** • Aller sur le site d'OpenStreetMap
- **Étape 2** • Cliquer sur l'icône
- **Étape 3** • Entrer les adresses de départ et d'arrivée en choisissant le mode de transport.
- **Étape 4** • Cliquer sur l'icône Aller

Les enjeux de la géolocalisation

De plus en plus d'applications demandent l'accès aux données de géolocalisation. Il est donc important d'être conscient des enjeux de sécurité, de confidentialité et de vie privée pour utiliser les outils de géolocalisation de manière responsable.

ACTIVITÉ CONNECTÉE

Capacité

Régler les paramètres de confidentialité d'un téléphone pour partager ou non sa position.

Comment les données de localisation sont-elles utilisées ?

La publicité basée sur la localisation s'appuie sur le partage de données de localisation des usagers avec les différentes applications qu'ils utilisent. Cela permet aux annonceurs de personnaliser leurs publicités en fonction de l'emplacement de l'utilisateur.

1 Publicité géolocalisée

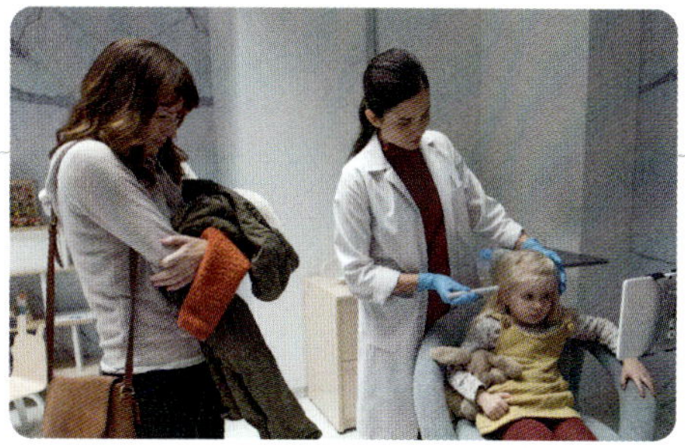

« Arkangel » est un épisode de la série *Black Mirror* qui s'inscrit dans un avenir fictif pas si lointain où les parents peuvent implanter une micro-puce dans le cerveau de leurs enfants. Celle-ci leur permet non seulement de suivre leurs enfants via GPS, mais également de surveiller leurs constantes vitales comme la fréquence cardiaque, de brouiller leur vision ou encore de voir à travers leurs yeux.

Découvrir la bande-annonce de cet épisode sur LLS.fr/SNT2Arkangel.

2 « Arkangel »

Questions

Retrouvez un questionnement différencié sur le cahier d'activités p. 61

1. Sur votre *smartphone*, accéder aux services de localisation et lister toutes les applications qui utilisent votre position.
2. Retrouver sur LLS.fr/SNT2P125 un TP expliquant comment accéder à l'historique des positions. Combien de positions ont été enregistrées ?
3. **Doc. 1** Expliquer le fonctionnement de la publicité géolocalisée en vous appuyant sur l'historique d'Antoine proposé sur le site LLS.fr/SNT2Antoine.
4. **Doc. 2** Expliquer pourquoi l'épisode « Arkangel » met en avant un problème éthique concernant la géolocalisation.
5. Préciser quels sont les intérêts de la géolocalisation en vous appuyant sur l'article LLS.fr/SNT220Min.
6. **Débat** Suite à la polémique suscitée par l'épisode « Arkangel », vous, scénaristes de la série, devez proposer un scénario d'épisode de *Black Mirror* montrant les avantages et les inconvénients de l'utilisation de la géolocalisation dans notre société.

Retrouvez l'activité 5 sur les cartes numériques et les SIG en version numérique sur LLS.fr/SNT2T5ActNum.

Activité 6 • En groupe Des données GPS aux coordonnées géographiques

ACTIVITÉ CONNECTÉE

Les récepteurs (GPS ou Galileo) créent des données brutes sous forme de chaîne de caractères, appelée trame, à partir desquelles il est possible de repérer et d'extraire les données de géolocalisation.

Capacité

Décoder une trame NMEA pour trouver des coordonnées géographiques.

Comment décrypter une trame NMEA fournie par un récepteur GPS et la convertir en coordonnées géographiques ?

GROUPE 1 Analyseurs

La NMEA *(National Marine Electronics Association)* est une association à but non lucratif fondée en 1957 qui a pour objectif principal de standardiser la communication entre composants électroniques sur les bateaux. L'une de ses normes la plus connue est la trame NMEA-0183. Toutes les données de cette trame sont transmises sous la forme d'une chaîne de caractères.

Type de trame
$GPGGA signifie le type de trame

Latitude
4885.833 :
48° 85,833', N : nord

Positionnement
1 pour GPS

Précision
De 1 (précise) à 9 (imprécise)

Autres informations

$GPGGA,064036.289,4885.833,N,00229.450,E,1,04,3.2,200.2,M,,,,0000*0E

Heure d'envoi
064036.289 =
06 h 40 min 36,289 s

Longitude
00229.450 :
2° 29,450', E : est

Nombre de satellites

Altitude
200,2 m, M = mètre

1 **Trame NMEA-0183**

TP

ENREGISTREMENT D'UNE TRAME NMEA

- **Étape 1 •** Télécharger l'application NMEA Tools sur son *smartphone* et autoriser l'accès à la géolocalisation.
- **Étape 2 •** Lancer l'application, sélectionner « NMEA Enregistreur », puis lancer l'enregistrement.
- **Étape 3 •** Stopper l'enregistrement et nommer le fichier.
- **Étape 4 •** En revenant au menu principal, sélectionner « NMEA Viewer ».
- **Étape 5 •** Sélectionner le fichier et chercher la dernière trame GGA obtenue.

Questions

Retrouvez un questionnement différencié sur le cahier d'activités p. 63

1. Préciser le rôle d'une trame NMEA.

2. Suivre le TP Enregistrement d'une trame NMEA et relever une trame. Extraire la latitude et la longitude de la position actuelle.

3. Un récepteur reçoit la trame NMEA suivante : $GPGGA,162511.139,3853.859,N,07702.189,W,1,12,1.0,0.0,M,0.0,M,,*7F.
Extraire les coordonnées de ce lieu. Préciser quelle est sa particularité en se rendant sur le site LLS.fr/SNT2NMEA.

4. Bilan Expliquer comment extraire les coordonnées géographiques d'une trame NMEA.

```
1  from geopy.geocoders import Nominatim
2  import webbrowser
3
4  zoom = '18'
5
6  geolocator = Nominatim()
7  localisation = geolocator.geocode('Tour Eiffel')
8  print(localisation.address)
9  print(localisation.latitude, localisation.longitude)
10 lat = str(localisation.latitude)
11 lon = str(localisation.longitude)
12
13 webbrowser.open('https://www.openstreetmap.org/note/new?lat=' + lat + '&lon=' + lon +
   '#map=' + zoom + '/' + lat + '/' + lon)
```

LLS.fr/SNT2P127

2 Algorithme avec le module Geopy

Le module **Geopy** en Python permet de localiser facilement les coordonnées des adresses, des villes, des pays et des points de repère à travers le monde à l'aide de géocodeurs tiers et d'autres sources de données.

Questions

Retrouvez un questionnement différencié sur le cahier d'activités p. 63

1. Expliquer l'intérêt de la commande `str()` dans les lignes 10 et 11 de l'algorithme.

2. Entrer le nom de votre lycée dans le champ adéquat et exécuter l'algorithme. Préciser ce qui se produit.

3. Expliquer l'action de la ligne 13 de l'algorithme.

4. Bilan Expliquer en quoi un langage de programmation peut être un atout pour la géolocalisation.

GROUPES 1 ET 2 Synthèse

LLS.fr/SNT2P127

```
matrame = '$GPGGA,064036.289,4885.833,N,00229.450,
E,1,04,3.2,200.2,M,,,,0000*0E'
manouvelletrame = matrame.split(',')

donnee1 = manouvelletrame[0]
print(donnee1)
```

3 Algorithme Python pour décoder une trame

La commande **split** en Python permet de fractionner une chaîne de caractères en une liste. Une liste permet d'appeler ses éléments par leur position. Ce numéro est appelé indice (ou index) de la liste. Les indices d'une liste de n éléments commencent à 0 et se terminent à $n - 1$.

1. Pour le groupe 1 Présenter à l'autre groupe la forme sous laquelle sont transmises les coordonnées géographiques dans une trame NMEA.

2. Pour le groupe 2 Expliquer le rôle du programme Python utilisé.

3. Bilan Améliorer le script du **doc. 3** afin qu'il puisse, à partir d'une trame NMEA, ouvrir le site OpenStreetMap sur la position correspondante.

Cours • Localisation, cartographie et mobilité

1 Le repérage sur la Terre

A Les coordonnées géographiques

Les coordonnées géographiques sont deux valeurs d'angles appelés latitude et longitude permettant de localiser un lieu sur la Terre.

Allant de −90° au pôle Sud à 90° au pôle Nord, la latitude permet d'indiquer la position Nord-Sud d'un point sur Terre. La longitude permet quant à elle d'indiquer la position Est-Ouest d'un point sur Terre, de −180° à l'ouest à 180° à l'est.

B Le principe de la géolocalisation

La géolocalisation utilise généralement le système GPS *(Global Positioning System)* ou Galileo pour évaluer les emplacements géographiques de récepteurs à l'aide de la trilatération.

En utilisant l'écart entre l'heure d'émission et de réception d'un signal par le récepteur (un *smartphone* par exemple), on détermine la distance à chacun des trois satellites. Par trilatération, les coordonnées géographiques (latitude, longitude et éventuellement altitude) sont calculées et peuvent être partagées à des applications ou des sites Web si les paramètres de confidentialité de l'appareil le permettent.

2 Les cartes numériques

A Les Systèmes d'Information Géographique

Les cartes numériques sont des fichiers contenant de multiples informations nécessaires à l'affichage automatique d'une zone géographique. On désigne par SIG (Système d'Information Géographique) tout système capable de traiter et d'analyser des données spatiales, permettant notamment d'étudier des données à différentes échelles.

B OpenStreetMap

OpenStreetMap est un projet collaboratif ayant pour but de créer une base de données géographiques mondiale en accès libre. Ce projet a été initié par Steve Coast en 2004. Il repose sur la contribution des internautes pour créer, modifier et mettre à jour des données.

C Géoportail

Inauguré le 23 juin 2006, Géoportail permet d'obtenir une vue globale et précise d'une zone géographique en France grâce aux multiples couches de données. Il s'agit aussi du portail donnant accès aux documents cartographiques de l'ensemble du territoire français. L'accès au portail est libre, tant pour les professionnels que pour les particuliers.

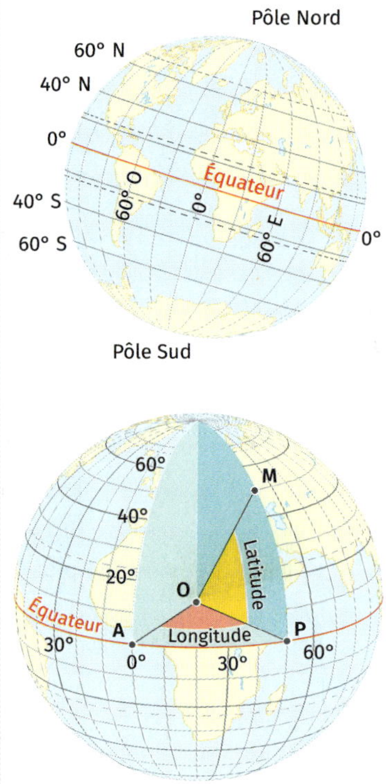

La latitude est notée φ (phi).
La longitude est notée λ (lambda).

1 Latitude et longitude

Chiffre-clé

113 satellites actifs sont en orbite pour assurer le fonctionnement du système de positionnement.

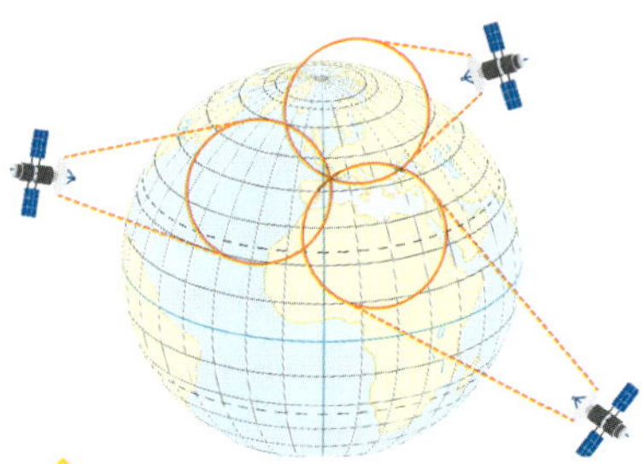

2 Principe de la trilatération

3 La trame NMEA

A La définition d'une trame NMEA

La NMEA *(National Marine Electronics Association)* est une association à but non lucratif qui a pour objectif principal de standardiser la communication entre composants électroniques sur les bateaux. La norme NMEA 0183 est le protocole de transmission des données GPS sous la forme de trames.

B La structure d'une trame NMEA

Une trame NMEA est constituée d'une série de caractères de différents champs séparés par des virgules.

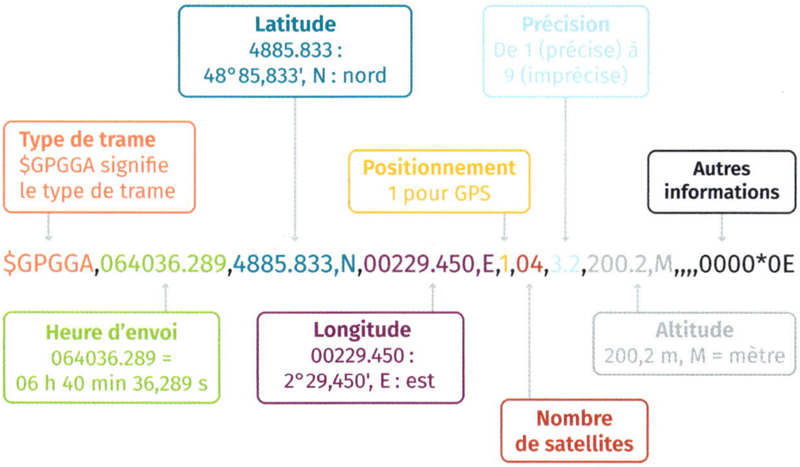

4 Les calculs d'itinéraires

A Les graphes

Afin de faciliter les calculs d'itinéraires, les données importantes et utiles sont représentées sous forme d'un graphe. Dans le graphe du **doc. 3**, les sommets sont des villes et les arêtes représentent les routes les séparant. On peut affecter aux arêtes des valeurs comme la durée du trajet ou la distance entre les différentes villes.

B Les algorithmes

En modélisant un réseau par un graphe, plusieurs algorithmes utilisés dans les cartes numériques permettent de trouver le plus court chemin pour aller d'un point A à un point B. L'un des plus connus est l'algorithme de Dijkstra qui permet de calculer le chemin le plus court d'un sommet de départ à un sommet d'arrivée dans un graphe.

5 Les enjeux de la géolocalisation

Avec l'utilisation des *smartphones* et de leur puce GPS intégrée, n'importe qui peut désormais utiliser ce système pour se géolocaliser. Une grande partie des applications que nous utilisons se servent de ces données de géolocalisation. Ce partage d'informations peut être paramétré pour choisir ce que l'on souhaite ou non diffuser à des tiers.

Numérique

Le site NMEA Generator permet de générer ses propres trames NMEA. LLS.fr/SNT2NMEA

Notation

La latitude est au format DDMM.MMMM et la longitude au format DDDMM.MMMM (D = degré ; M = minutes).
Dans l'exemple, « 4885.833,N » correspond à 48° 85,833', soit 48° 85' 50". La latitude est donc de 48° 85' 50" Nord.

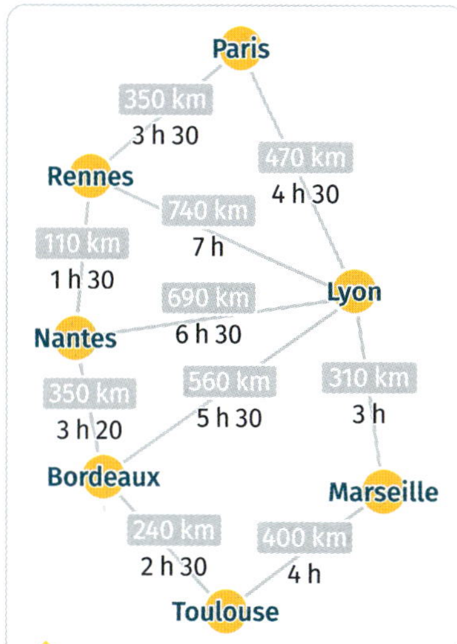

3 Exemple de graphe

Numérique

Le site Graph Online permet de créer son propre graphe et de trouver le plus court chemin à l'aide de l'algorithme de Dijkstra. Retrouver aussi sur LLS.fr/SNT2P129 une explication animée de l'algorithme.

L'essentiel •

Localisation, cartographie et mobilité

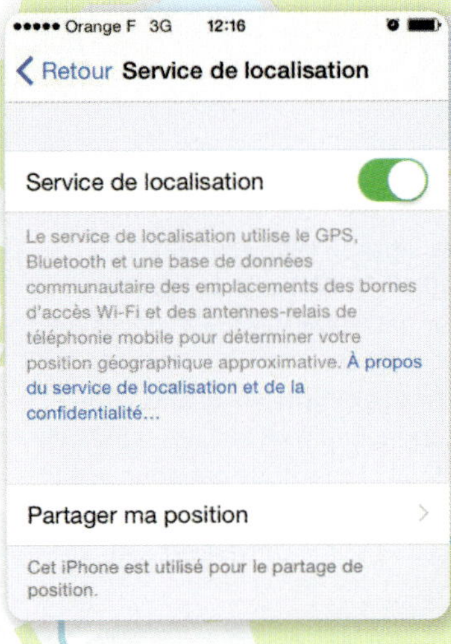

Paramétrage de confidentialité

SIG (Système d'Information Géographique)

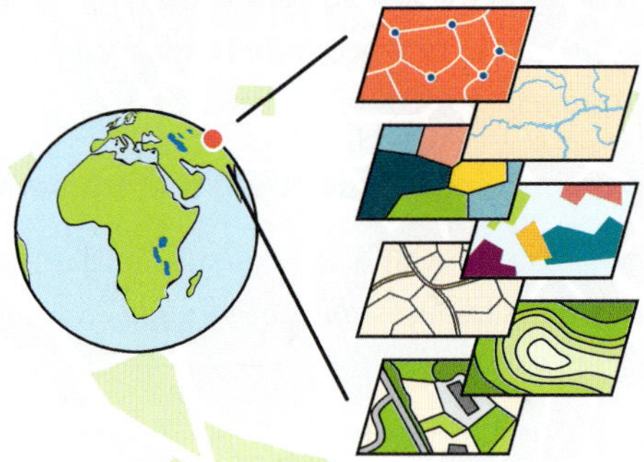

Géoportail et OpenStreetMap

Liberté • Égalité • Fraternité
RÉPUBLIQUE FRANÇAISE
géoportail
(libre et gratuit)

OpenStreetMap
(libre, gratuit et collaboratif)

Cartes numériques

Géolocalisation

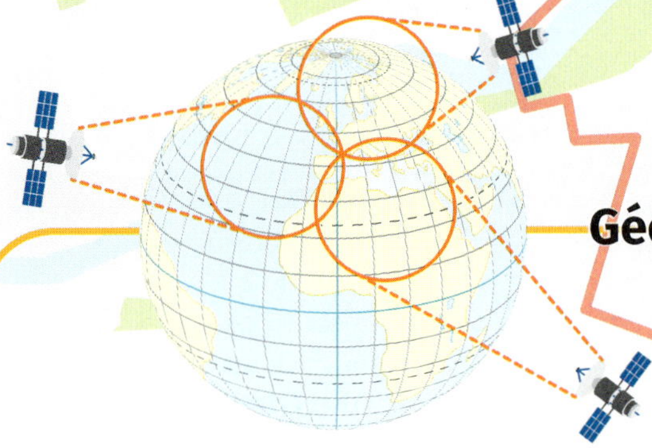

Trilatération : méthode de détermination d'une position à l'aide de trois distances

GPS *(Global Positioning System)* et **Galileo :** positionnement par réception de signaux satellites

Coordonnées géographiques : latitude et longitude

Protocole NMEA : type de trame, heure d'envoi, latitude, longitude, positionnement, nombre de satellites, précision, altitude, autres informations

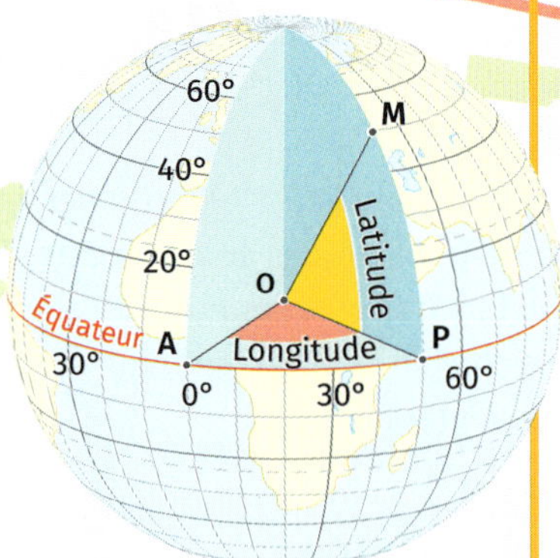

Itinéraires

Algorithme de Dijkstra : algorithme déterminant le plus court chemin entre deux points

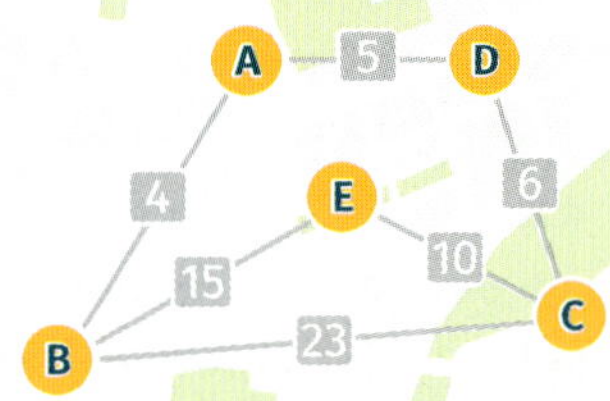

Retrouvez les réponses aux questions-clés sur LLS.fr/SNT2P131

Dans le monde

24 satellites en orbite autour de la Terre assurent un positionnement permanent pour les utilisateurs de Galileo. 6 à 7 satellites de réserve permettent de pallier toute panne et d'améliorer la précision de la couverture.

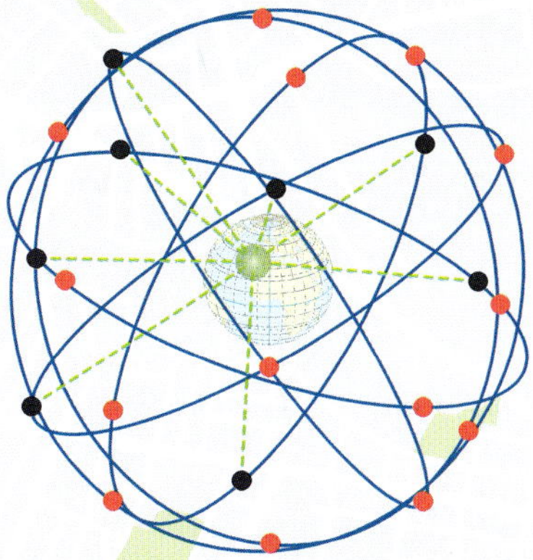

En chiffres

98 %
Part du globe cartographié par Google en 2020

8 février 2005
Lancement du service Google Maps par Google

1 milliard
Nombre d'utilisateurs actifs de Google Maps par mois en 2020

2016
Service Galileo opérationnel pour les utilisateurs avec une quinzaine de satellites en orbite

100 millions d'euros
Coût de la construction et du lancement d'un satellite Galileo

Questions-clés

1. Est-ce que je peux expliquer comment fonctionne la géolocalisation par satellites ?
2. Est-ce que je sais ce qu'est une carte numérique ? Un Système d'Information Géographique (SIG) ?
3. Est-ce que je sais retrouver les coordonnées géographiques dans une trame NMEA ?
4. Est-ce que je sais à quoi sert un logiciel de calcul d'itinéraire ?
5. Est-ce que je sais comment paramétrer le partage de position sur mon *smartphone* ?

Pour aller plus loin

À écouter

Le podcast « Géopolitique » de France Inter **« La Chine achève son "GPS", instrument d'autonomie et de puissance »** (3 minutes).
À écouter sur LLS.fr/SNT2Geopolitique.

À regarder

La Planète en ligne de mire.
Un documentaire à découvrir sur l'utilisation du GPS.
À voir sur LLS.fr/SNT2Planete.

Numérique

Retrouvez l'essentiel du cours en vidéo sur LLS.fr/SNT2P131.

Exercices • Autoévaluation

Entraînez-vous avec les exercices autocorrigés sur LLS.fr/SNT2P132

Retrouvez les réponses de ces exercices p. 189.

1 Nombre de satellites

Combien de satellites faut-il au minimum pour déterminer les coordonnées d'un objet ou d'une personne sur Terre ?

a. 1. **b.** 3. **c.** 5. **d.** 30.

2 Coordonnées géographiques

La latitude et la longitude sont :

a. des valeurs de distances.
b. des lignes imaginaires.
c. des valeurs d'angles.
d. des trajectoires de satellites.

3 Trilatération

La trilatération est la détermination d'une position :

a. à l'aide des angles. **b.** à l'aide des distances.
c. à l'aide des vitesses.

4 Structure d'une trame NMEA

Une trame NMEA 0183 commence toujours par le symbole :

a. % **b.** * **c.** $ **d.** &

5 Bonne trame

Laquelle de ces trames NMEA est correcte ?

a. $GPGGA,172117.274,5231.017,E,01323.334,S...
b. $GPGGA.172117,274.5231,017.N.01323,334.E...
c. GPGGA,172117.274,5231.017,N,01323.334,E...
d. $GPGGA,172117.274,5231.017,N,01323.334,E...

6 Plus court chemin

Quel est le chemin le plus court entre le point A et le point G ?

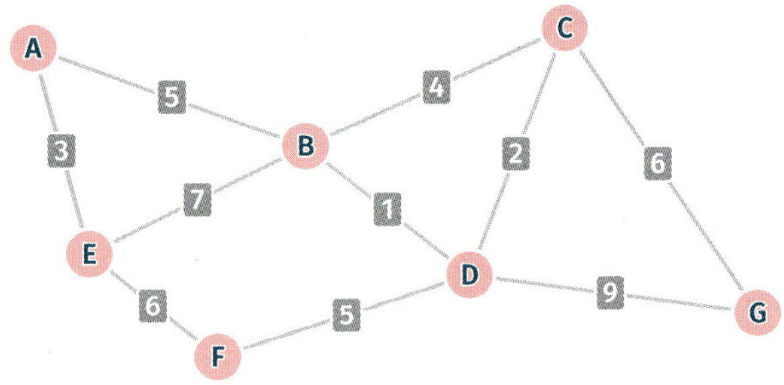

a. A → B → D → C → G.
b. A → B → C → G.
c. A → B → D → G.
d. A → B → C → D → G.

7 Vrai/Faux

Les propositions suivantes sont-elles vraies ou fausses ? Justifier votre réponse.

a. Le système GPS est d'origine française.
b. L'algorithme de Dijkstra sert à déterminer le plus court chemin entre deux points.
c. Géoportail est une plateforme de cartographie française.
d. Galileo est aujourd'hui plus précis que le système GPS.
e. OpenStreetMap est un portail de cartographie collaboratif.

Numérique
Retrouvez plus d'exercices sur LLS.fr/SNT2P132.

Savoir-faire - Parcours d'apprentissage	Activités	Exercices
❑ Savoir comment fonctionne la géolocalisation par satellites.	2	1 10
❑ Savoir paramétrer le partage de localisation.	4	12
❑ Savoir utiliser un graphe pour trouver un itinéraire.	3	16 18
❑ Savoir récupérer et utiliser des données géographiques.	5 6	15 17

Retrouvez un questionnement différencié sur le cahier d'activités p. 66

8 New York et Madrid

1. Se rendre sur LLS.fr/SNT2OpenStreetMaps et chercher les coordonnées géographiques de New York et de Madrid.
2. Préciser ce que l'on peut remarquer sur leur latitude.

9 NMEA Tools

La trame NMEA suivante a été obtenue sur l'application NMEA Tools :
$GPGGA,143010.706,4041.355,N,07402.673,W,1,12,1.0,0.0,M,0.0,M,,*7B.

1. Donner les coordonnées géographiques de cette trame au format : Degré, Minute, Seconde.
2. À l'aide d'OpenStreetMap, retrouver l'emplacement de ce relevé.

10 Trilatération

1. Reproduire et compléter le schéma suivant afin d'expliquer le principe de la trilatération.

2. Rechercher la différence entre la trilatération et la triangulation.

11 Géoportail

Sur Géoportail, il est possible d'afficher la densité de population. Il s'agit d'un indicateur précisant le nombre plus ou moins important d'habitants au km².

1. Aller sur LLS.fr/SNT2Geoportail et sélectionner la ville où se situe votre lycée. Cliquer sur l'icône des couches de données et sélectionner « + de données ». Ensuite, sur le bandeau de gauche, suivre le chemin « Économie et statistique » → « Démographie » → « Densité de population ».
2. À l'aide de la légende, commenter les données affichées autour de votre lycée.

Numérique
Retrouvez plus d'exercices sur LLS.fr/SNT2P133.

12 Big Brother

1. En utilisant l'application ou le site Google Maps, réaliser une recherche quelconque de lieu(x) ou d'itinéraire(s), puis regarder l'historique. Que peut-on remarquer ?
2. Aller sur le site LLS.fr/SNT2GoogleMyAc, sur « Maps », puis « Trajet ». Que peut-on constater ?

13 Chemins court et rapide

On a représenté sous forme d'un graphe cinq villes en précisant la distance en gris et la durée de trajet en vert entre chacune.

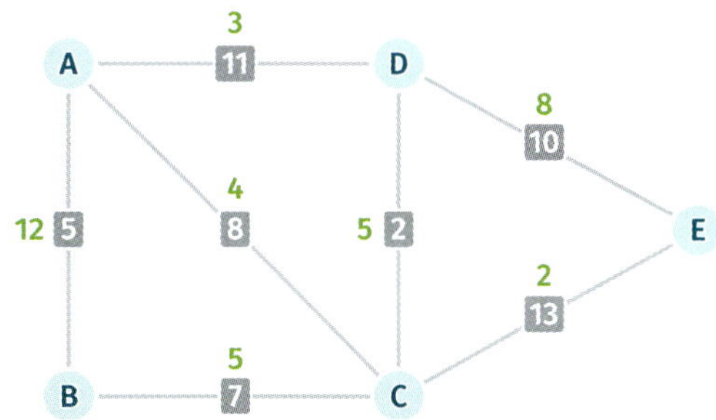

1. À l'aide du site Graph Online accessible sur LLS.fr/SNT2GraphOnline, déterminer l'itinéraire correspondant au chemin le plus court pour aller de A à E.
2. Faire de même concernant le chemin le plus rapide pour aller de A à E.

14 Flightradar24

Le site Flightradar24 permet d'observer les avions et leur trajectoire en temps réel.

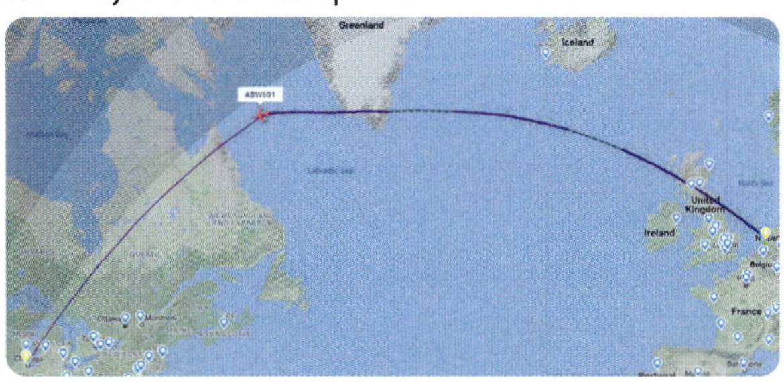

1. Aller sur le site LLS.fr/SNT2FlightRadar, sélectionner un avion proche du Groenland à destination des États-Unis et afficher sa trajectoire en cliquant sur « Route ».
2. Proposer une explication au fait que cette trajectoire ne soit pas une ligne droite.

Exercices • Pratique

Retrouvez un questionnement différencié sur le cahier d'activités p. 67

15 ●●● Repérage sur la Terre

Savoir récupérer et utiliser des coordonnées géographiques.

Lors des grandes courses, comme la Route du Rhum ou le Vendée Globe, les trajectoires des skippers sont courbées. Cela est dû à la projection du globe terrestre qui conduit à des déformations. Pour tracer des routes sur une carte marine, il faut tenir compte de la rotondité de la Terre : on parle de routes orthodromiques.

1. Donner les coordonnées géographiques des villes suivantes (indiquées en vert) : Juneau (Alaska), Reykjavik (Islande), Arkhangelsk, Pevek et Moscou (Russie) en utilisant par exemple le site LLS.fr/SNT2CoordonneesGPS.
2. À l'aide d'un schéma, représenter le chemin le plus court entre les villes de Reykjavik et Arkhangelsk.
3. Rechercher sur Internet les définitions de *loxodromie* et *orthodromie*.
4. En utilisant l'animation LLs.fr/SNT2Orthodromie, trouver le chemin le plus court entre les villes de Reykjavik et Arkhangelsk.

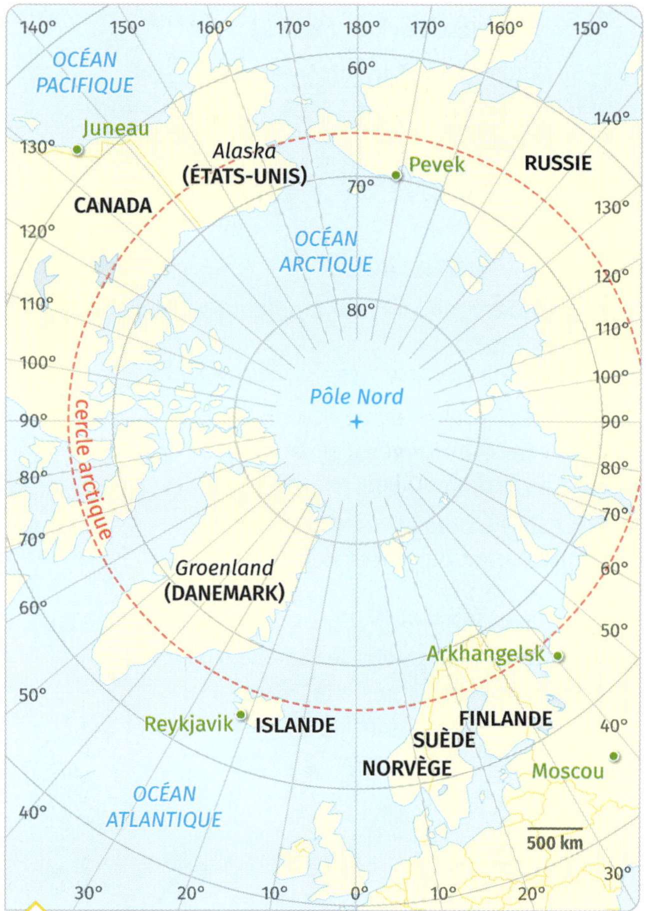

Carte de la région arctique

16 ●●● Tour d'Europe

Savoir utiliser un graphe pour trouver un itinéraire.

Un tour-opérateur doit établir pour des clients un parcours à travers l'Europe passant par certaines capitales.

Les clients, au départ de Paris, souhaitent visiter les villes de Londres, Berlin, Athènes, Madrid, Rome et Prague en 21 jours et rester au minimum 3 jours dans chaque ville. On pourra utiliser le site LLs.fr/SNT2Interrail pour établir les durées et les trajets.

- Proposer l'itinéraire le plus court possible en termes de durée de trajet pour satisfaire au mieux vos clients.

Tour-opérateur

Un voyagiste, ou tour-opérateur, est une entreprise qui organise des voyages et des séjours, les vendant souvent ensemble sous forme de vacances à forfait.

17 ●●● Voilier perdu en pleine mer

Savoir récupérer et utiliser des coordonnées géographiques.

Une autre trame très courante est la trame RMC, utilisée en navigation, qui en plus des coordonnées géographiques (exceptée l'altitude) fournit la date ainsi que la vitesse.

Un voilier perdu en pleine mer a transmis la trame RMC suivante au centre de secours le plus proche :

$GPRMC,204311.602,A,2415.677,S,07808.141,E,16,290,140320,,,A*7A.

1. Expliquer les différences entre la trame NMEA et la trame RMC.
2. Retrouver la vitesse et l'heure d'envoi de cette trame. Convertir cette vitesse en km/h en recherchant sur Internet la valeur du nœud.
3. Extraire les coordonnées de cette trame et les convertir au format : Degré, Minute, Seconde.
4. Dans quelle mer ou quel océan se trouve le voilier ?

Le tableau ci-dessous détaille les premières informations de la trame suivante :
$GPRMC,161229.487,A,3723.2475,N,12158.3416,W,0.13,309.62,120598,E,A,*10

Nom	Exemple	Unités	Description
Identification	$GPRMC		En-tête du protocole RMC
Heure d'envoi	161229.487		hhmmss.ss
Statut	A		A : valide, V : non valide
Latitude	3723.2475		ddmm.mmmm
Indication N/S	N		N : Nord, S : Sud
Longitude	12158.3416		ddmm.mmmm
Indication E/W	W		E : Est, W : Ouest
Vitesse	0.13	Nœuds	

Détail d'une trame RMC

Jeu sérieux

Rendez-vous sur LLS.fr/SNT2P135 pour obtenir un indice sur le criminel en rentrant le nom de l'océan ou de la mer où se trouve le voilier.

18 ●●● Itinéraire de vacances

Savoir utiliser un graphe pour trouver un itinéraire.

Afin de mieux préparer ses vacances à Grenoble, Kalim, habitant à Tours, décide de préparer son itinéraire. Sur la carte ci-contre, il dessine le graphe suivant.

1. À l'aide de l'outil « Mesures » de Géoportail, retrouver les distances entre les différentes villes.
2. À l'aide du site LLS.fr/SNT2GraphOnline, trouver le plus court chemin entre Tours et Grenoble avec l'algorithme de Dijkstra.
3. À l'aide de l'outil « Calculer un itinéraire », donner l'itinéraire proposé par Géoportail. Comparer cet itinéraire avec celui trouvé par l'algorithme de Dijkstra.

Itinéraire sous forme de graphe

Projets

Projet 1 Contribuer à OpenStreetMap

Utilisé par des millions de personnes et d'entreprises (comme SnapChat, SNCF, Michelin, etc.), OpenStreetMap est un projet mondial visant à créer une base de données géographiques. Elle est améliorée quotidiennement par plus d'un million de contributeurs (un peu plus de 300 en France chaque jour).

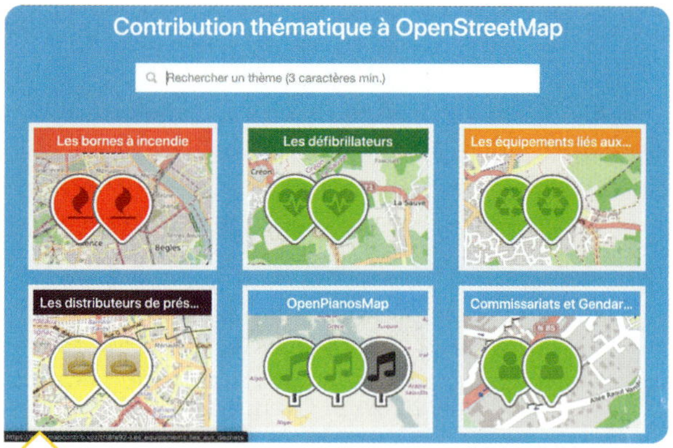

Page d'accueil du site MapContrib

Consigne

1. Aller sur LLS.fr/SNT2MapContrib, le site de contribution thématique à OpenStreetMap. Relever le nombre de thèmes existants.
2. Sélectionner un des thèmes existants et proposer un ajout de donnée manquante.

Projet 2 Proposer une ligne de tramway pour Metz

Aujourd'hui, 26 grandes villes françaises sont équipées d'un tramway. Les seules grandes villes sans tramway sont Rennes, Toulon et Metz.

Pour cette dernière, les élus locaux ont décidé de réagir et ont lancé un appel d'offres pour construire une ligne de tramway qui doit respecter les contraintes suivantes :

- un arrêt à la mairie ;
- un arrêt à la gare de Metz ;
- un arrêt aux arènes de Metz ;
- un arrêt à la cité universitaire ;
- passer par la place de la République ;
- passer par au moins deux établissements scolaires différents (un collège et un lycée) ;
- passer par trois lieux culturels différents ;
- passer par au moins deux grands espaces verts ;
- passer au-dessus de la Moselle au moins une fois.

Mis en service en 1880, le tramway de Metz est un réseau de transports en commun. Concurrencé par le trolleybus à partir de 1947, le dernier tramway a circulé le 15 août 1948.

Tramway de Metz

Consigne

Proposer une ligne de tramway pour la ville de Metz en justifiant les tracés choisis.

Métier

Géomaticien(ne)

Présentation du métier

Le métier de géomaticien(ne) exploite la géographie et l'informatique afin de modéliser des territoires. Il peut être exercé de beaucoup de manières différentes, comme gestionnaire de données géographiques, administrateur de Système d'Information Géographique, développeur d'applications, analyses fonctionnelles, ingénieur ICT (Identités Cultures Territoires), etc.

En quoi consiste votre métier ?

Mon métier consiste en plusieurs tâches principales :

- administrer un Système d'Information Géographique ;
- analyser les besoins des collaborateurs pour mettre en place les outils adéquats ;
- mettre en place des processus de gestion de données.

Qu'est-ce qui vous a amené à faire ce métier ?

Depuis l'enfance, j'ai toujours été passionné par la géographie ainsi que les mathématiques. Ensuite, j'ai commencé un cursus de cinq ans en sciences géographiques. Dès la deuxième année, j'ai choisi l'option géomatique-géométrologie. Lors de ces études, j'ai pu constater que la géomatique menait à beaucoup de métiers d'orientation différente et qu'il s'agit d'un domaine où on s'améliore tous les jours.

Études :

- Bac + 2 : BTS Métiers du géomètre-topographe et de la modélisation numérique
- Bac + 3 : licence professionnelle Topographie et Système d'information géographique ou Aménagement du territoire

Salaire débutant : 1500 € net/mois ;
25 000 € brut/an

Retrouver plus de métiers sur LLS.fr/SNT2P137.

PARCOURS pix

La géolocalisation est de plus en plus utilisée pour communiquer à des tiers notre position. La géolocalisation trouve toute son utilité dans de nombreuses applications du quotidien mais d'autres applications peuvent également récupérer ces données. Ce partage d'informations pose question quant à notre vie privée.

Rendez-vous sur la compétence « Protéger les données personnelles et la vie privée » du domaine « Protection et sécurité » pour préparer la certification pix !

Consigne :
Comment se nomme le bois qui se trouve aux coordonnées 48,550548° N en latitude et 2,497866° E en longitude dont la photographie satellite est fournie ci-dessus ?

Thème 6

Informatique embarquée et objets connectés

**Qu'est-ce qu'un objet connecté ?
Comment l'informatique embarquée bouleverse-t-elle nos pratiques ?**

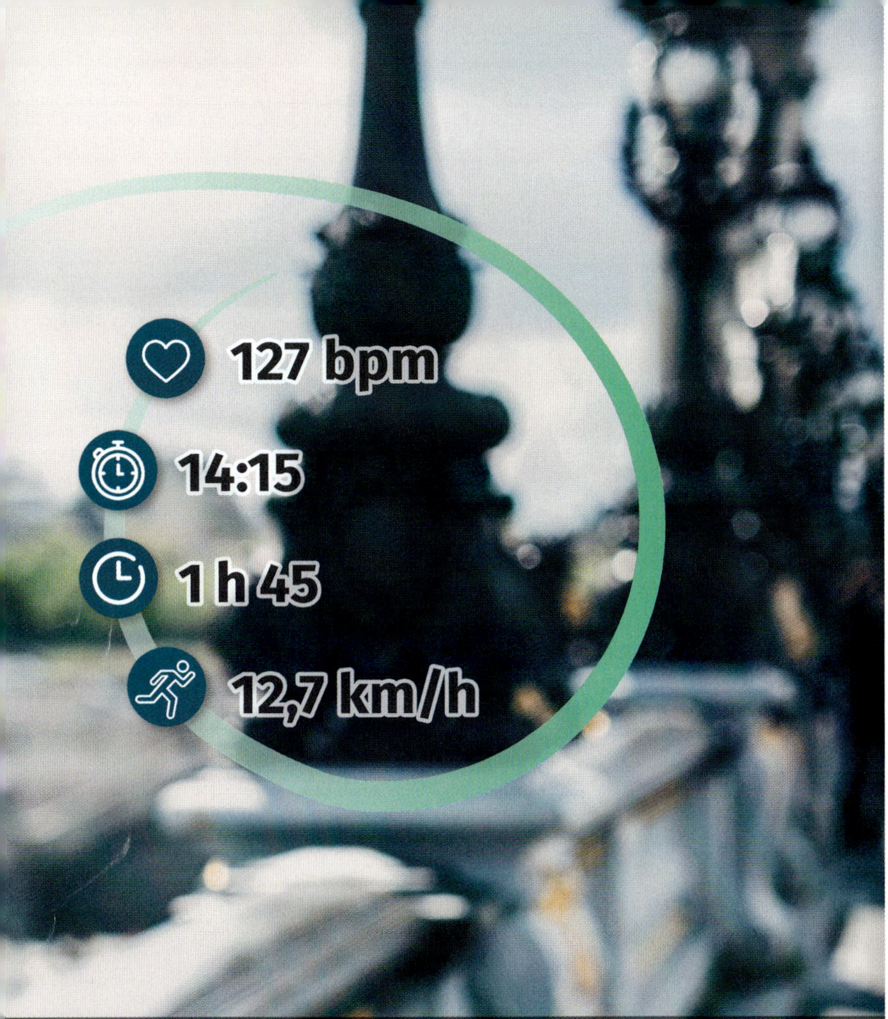

La montre est un exemple d'objet de la vie quotidienne qui est devenu un objet connecté, notamment avec l'essor des mesures de performances sportives qui nécessitent d'être téléchargées.

Contenus et capacités attendues

- **Interface Homme-Machine (IHM)** → Activité 2 p. 144
  Réaliser une IHM simple d'un objet connecté. Écrire des programmes simples d'acquisition de données.
- **Acquisition des données d'un capteur** → Activité 3 p. 146
  Identifier des algorithmes de contrôle des comportements physiques à travers les données des capteurs et l'IHM.
- **Systèmes informatiques embarqués** → Activité 4 p. 148
  Identifier les actions des actionneurs dans des systèmes courants.
- **Commande d'un actionneur** → Activité 5 LLS.fr/SNT2T6ActNum
  Écrire des programmes simples de commande d'un actionneur.

Société et numérique

L'essor d'Internet a permis aux objets de la vie courante de devenir « connectés », c'est-à-dire de pouvoir échanger toutes sortes de données sur Internet ou avec d'autres appareils.
La miniaturisation de l'électronique et les progrès de l'informatique ont facilité l'intégration de ces éléments dans notre vie quotidienne.
Le rapport entre les êtres humains et les machines n'a cessé d'évoluer avec des machines devenues programmables, autonomes et communicantes, que ce soit dans les transports, la domotique, les assistants vocaux, etc.

Microcontrôleur Arduino Uno
Cette carte avec microcontrôleur programmable peut embarquer du code informatique et être connectée.

Numérique
Comment fonctionne un objet connecté ? Retrouvez une explication en vidéo sur LLS.fr/SNT2CEA.

Se tester

ChronoQuiz
Entraînez-vous en classe sur ChronoQuiz
LLS.fr/SNT2P140

1 L'informatique embarquée

1. On parle d'informatique embarquée quand :
- **a.** un objet donne des informations sur ce qu'il se passe dans le monde.
- **b.** un appareil est programmé avec des lignes de code.
- **c.** les appareils peuvent fonctionner « sans fil » (Wi-Fi, Bluetooth, 4G ou 5G).
- **d.** on veut utiliser un synonyme du mot « électronique ».

2. On trouve des programmes informatiques :
- **a.** dans tous les objets avec de l'électronique. Les domaines d'application sont en revanche très limités.
- **b.** dans certains objets avec de l'électronique. De très nombreux domaines d'application sont concernés.

3. Parmi les objets suivants, un seul comporte de l'informatique embarquée. Lequel ?
- **a.** Une lampe à économie d'énergie.
- **b.** Une trottinette électrique.
- **c.** Un chargeur de téléphone.
- **d.** Un four à micro-ondes.

1 Raspberry Pi Zero
Le Raspberry Pi Zero est un nanoordinateur dont la taille avoisine quelques centimètres carrés.

2 Les objets connectés

1. Parmi les objets suivants, un seul n'est pas connecté. Lequel ?
- **a.** Un assistant vocal (enceinte intelligente).
- **b.** Un ordinateur naviguant sur le Web.
- **c.** Une télécommande infrarouge de portail automatique.
- **d.** Une montre GPS téléchargeant des données sur l'application de sport d'un joggeur.

2. Parmi les objets connectés précédents, ceux-ci sont :
- **a.** des objets électroniques qui utilisent Internet.
- **b.** des objets utilisables uniquement avec le Bluetooth.
- **c.** des objets avec une puce GPS.
- **d.** des objets branchés à une prise électrique.

3. Un objet connecté :
- **a.** est forcément « sans fil ».
- **b.** est forcément « filaire ».
- **c.** peut communiquer avec ou sans fil.
- **d.** fonctionne de manière autonome avec une batterie.

2 Domotique
De plus en plus d'appareils sont connectés dans les maisons, et peuvent être contrôlés à distance depuis une application sécurisée.

Retrouvez les exercices autocorrigés sur
LLS.fr/SNT2P141

3 **Caméra d'un *smartphone***

La caméra du *smartphone* est un capteur très utilisé de nos jours, pour prendre des photographies et enregistrer des vidéos.

3 Les capteurs et les actionneurs

1. Quel est le point commun entre un microphone, une caméra et les boutons d'un *smartphone* ?

a. Ils permettent d'acquérir des données.
b. Ils permettent de diffuser des données sur Internet.
c. Ils convertissent une grandeur physique mesurée en signal numérique.
d. Ils convertissent un signal numérique en phénomène physique.

2. Quel est le point commun entre le vibreur, le haut-parleur et l'écran d'un *smartphone* ?

a. Ils produisent eux-mêmes l'énergie dont ils ont besoin.
b. Ils permettent d'acquérir des données.
c. Ils agissent sur leur environnement et donnent des informations.
d. Ils mesurent simultanément plusieurs grandeurs physiques.

3. Un appareil avec un haut-parleur et un écran :

a. est forcément connecté à Internet.
b. contient de l'électronique.
c. contient forcément un programme informatique.
d. n'a pas besoin d'être alimenté en énergie.

4 Les Interfaces Homme-Machine

1. Une IHM (Interface Homme-Machine) a pour rôle de :

a. remplacer l'intervention de l'être humain.
b. remplacer la machine grâce à un logiciel.
c. permettre à l'être humain d'interagir avec un objet.
d. fabriquer le langage informatique pour les microprocesseurs.

2. Une IHM peut être :

a. un écran de visualisation.
b. un *joystick* de contrôle.
c. un bouton-poussoir.
d. une caméra.

4 **IHM et musique**

Une IHM peut gérer des effets sur un synthétiseur numérique en prenant la forme d'une petite roulette, d'un bouton-poussoir ou d'un potentiomètre.

Glossaire illustré

L' informatique embarquée

Définition • Ensemble de logiciels intégré à un système électronique autonome destiné à la réalisation d'une ou plusieurs tâches.

En d'autres termes • C'est un programme intégré dans un appareil électronique qui lui permet d'effectuer ses missions. L'IA (Intelligence Artificielle) du T-800 de *Terminator*, incarné par Arnold Schwarzenegger, est une informatique embarquée destinée à éradiquer les humains après la fin du monde.

L'Internet des objets

Définition • Expression désignant l'ensemble des données échangées sur Internet destinées uniquement aux communications des objets connectés.

En d'autres termes • C'est l'ensemble de tous les appareils susceptibles d'envoyer ou de recevoir des informations par Internet comme les systèmes de vidéosurveillance à distance, la programmation du chauffage d'une maison, etc.

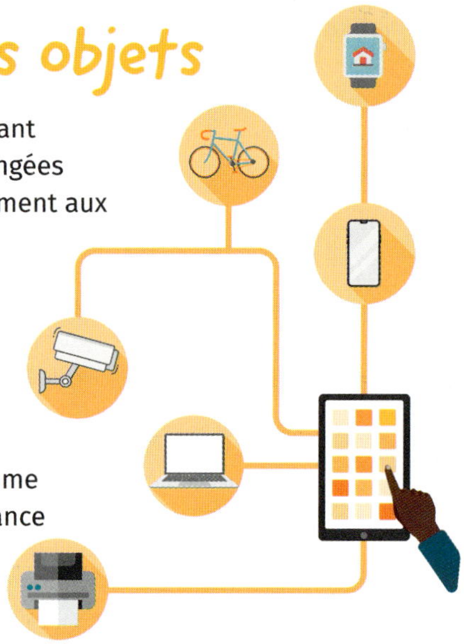

Un capteur numérique

Définition • Dispositif permettant de mesurer une grandeur physique et de la traduire en un signal électrique puis en données numériques.

En d'autres termes • Un capteur numérique est un outil, comme la caméra ou le microphone, qui mesure des phénomènes et les convertit en données numériques. Par exemple, une caméra reçoit un signal lumineux et le transforme en signal électrique permettant, après coup, de restituer une image numérique.

Une Interface Homme-Machine (IHM)

Définition • Dispositif d'échanges et de contrôle entre un opérateur et une machine.

En d'autres termes • Ce sont les outils (boutons, écrans, claviers, etc.) prévus pour qu'un utilisateur (par exemple un joggeur) puisse donner des ordres ou recevoir des informations d'un appareil (par exemple une montre connectée). C'est en quelque sorte le traducteur qui permettrait à deux personnes ne parlant pas la même langue de pouvoir communiquer.

Un actionneur

Définition • Partie d'une machine qui agit sur son environnement en réponse à une commande.

En d'autres termes • Un actionneur est un dispositif destiné à effectuer des mouvements, émettre de la lumière ou chauffer, par exemple, une fois qu'il en a reçu l'instruction.
Dans l'armée, un actionneur serait en quelque sorte un soldat effectuant des tâches ordonnées par un supérieur.

Les repères historiques

◆ **Activité 1**

La voiture autonome, les *smartphones*, les montres connectées, les robots du quotidien, etc. : autant d'objets électroniques à informatique embarquée qui nous sont familiers aujourd'hui mais qui, il y a un siècle encore, relevaient de la science-fiction !

Comment ces objets sont-ils arrivés dans notre quotidien ?

Premiers pas

Le tournant majeur pour l'électronique est l'invention du transistor en 1947. C'est le composant électronique fondamental pour les appareils nécessitant de réaliser des opérations logiques.

1. Retrouver le nom des trois inventeurs américains du laboratoire Bell à l'origine du transistor.

L'AGC *(Apollo Guidance Computer)* est considéré comme le premier véritable système à informatique embarquée. Ce système de guidage a permis à la mission habitée Apollo 8 d'effectuer pour la première fois une mise en orbite autour de la Lune et de revenir.

2. En quelle année cette mission a-t-elle vu le jour ?

Développement et démocratisation

Un processeur, ou microprocesseur pour sa version miniaturisée, est un circuit électronique mettant à profit de nombreux transistors pour effectuer des opérations.

3. Quelle grande entreprise américaine a mis au point le premier processeur en 1971 ?
4. L'Airbus A320 a été le premier avion à commandes informatisées. En recherchant sur l'historique LLS.fr/SNT2HistoAirbus, préciser en quelle année il a fait son apparition.

Aujourd'hui

Le *smartphone* a profondément révolutionné notre rapport à l'informatique embarquée. C'est en 2007 qu'il se démocratise avec une célèbre marque.

5. Quelle grande marque américaine est à l'origine de cette révolution ?

Et pour l'avenir ?

Avec l'essor d'Internet, de plus en plus d'appareils sont désormais connectés, permettant ainsi d'échanger des données à distance. L'informaticien Kevin Ashton invente en 1999 l'expression « Internet of Things » pour désigner l'ensemble de ces appareils et l'évolution de leur usage. Selon les sources et les bureaux d'analyse, entre 50 et 100 milliards d'objets connectés pourraient être en service d'ici 2030.

6. À combien s'élèverait le nombre d'objets connectés par habitant sur Terre en 2030 d'après les projections de l'ONU accessibles sur LLS.fr/SNT2ProjectionONU ?

Synthèse

7. En classe, rendez-vous sur LLS.fr/SNT2P143 pour participer au quiz sur l'informatique embarquée et les objets connectés.
8. Retrouver une frise chronologique sur LLS.fr/SNT2P143 à compléter avec les dates relevées.

Activité 2 • À la découverte des capteurs et d'une IHM

ACTIVITÉ CONNECTÉE

L'Interface Homme-Machine (IHM) met en relation directe l'être humain et la machine, leur permettant de communiquer par boutons, voyants, sons, écrans ou autres manettes interposées. Les deux parties peuvent ainsi échanger des informations. Ici, l'application Podomètre d'un *smartphone* permet d'afficher le nombre de pas effectués et la distance parcourue par l'utilisateur.

Capacités

Réaliser une IHM simple d'un objet connecté.

Écrire des programmes simples d'acquisition de données.

Comment créer une IHM qui utilise les capteurs d'un *smartphone* ?

TP

TEST DES CAPTEURS DE *SMARTPHONE* SUR PHYPHOX

- **Étape 1** • Télécharger l'application Phyphox sur votre *smartphone*.
- **Étape 2** • Ouvrir l'application et se rendre dans la dernière option « Envoyez à la base de données sur les capteurs ».
- **Étape 3** • Lancer l'expérience et se rendre dans « Résultats ».
- **Étape 4** • Identifier les capteurs effectivement présents dans le téléphone en repérant ceux pour lesquels des valeurs sont apparues.

MIT App Inventor 2 est une application gérée par le MIT (Massachusetts Institute of Technology). Elle permet de créer des applications sur *smartphone* Android en utilisant un langage de programmation simplifié, sous la forme d'une interface ressemblant à Scratch.

Cette application permet notamment de construire tous les éléments qui constituent l'interface de l'application et de programmer le comportement de celle-ci en mettant à profit les très nombreux capteurs qui se trouvent dans les *smartphones*.

1 Création d'une application avec MIT App Inventor 2

Test de l'application Podomètre.

Un podomètre est un dispositif permettant de mesurer le nombre de pas effectués. Ce dispositif doit être portable et léger, et nécessite l'emploi d'un accéléromètre. À chaque pas, le capteur détecte le mouvement et le retranscrit en un signal qui vient incrémenter la valeur d'un compteur, c'est-à-dire qu'il l'augmente de un en un.

Associé à une puce GPS, le dispositif peut également évaluer beaucoup plus précisément la distance parcourue, les vitesses moyennes et instantanées ainsi que le dénivelé cumulé.

2 Application Podomètre

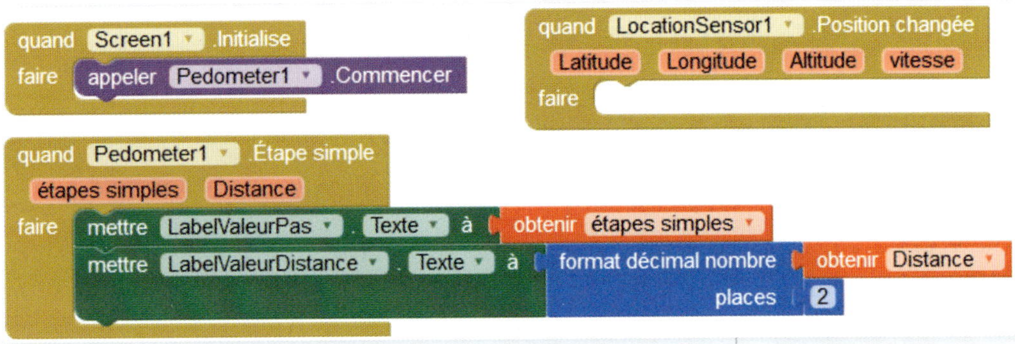

L'application Podomètre réalisée nécessite d'être programmée pour pouvoir afficher correctement tous les éléments apparaissant sur l'application et de traiter les données recueillies par les capteurs du téléphone. Cette programmation, sous la forme de blocs, facilite sa prise en main.

3 Programmation de l'application sur MIT App Inventor

Les *smartphones* possèdent de très nombreux capteurs qui, parfois, sont totalement méconnus de leurs utilisateurs. Si l'écran tactile, la caméra, le microphone sont des capteurs que l'on utilise fréquemment, d'autres le sont beaucoup moins (le capteur de luminosité, le magnétomètre, l'accéléromètre, le thermomètre, etc.).

La présence ou non de ces capteurs dépend du modèle de *smartphone*. Une application gratuite, Phyphox, permet notamment de les découvrir et de les utiliser pour effectuer des mesures.

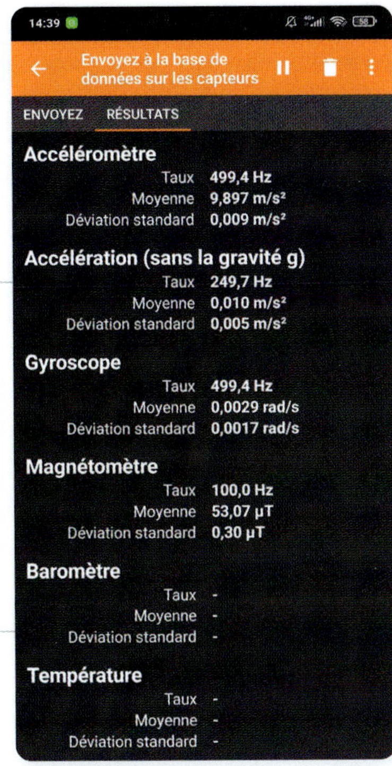

4 Capteurs disponibles sur un *smartphone*

Questions

Retrouvez un questionnement différencié sur le cahier d'activités p. 71

1. À l'aide des documents, expliquer à quoi sert un capteur.

2. Lister les capteurs qui se trouvent à l'intérieur de votre *smartphone* en suivant le TP sur Phyphox.

3. Pour l'application Podomètre, relever le nom des capteurs nécessaires à son bon fonctionnement.

4. L'IHM désigne tous les éléments permettant à l'homme et à la machine de communiquer. Dans le cas de l'application Podomètre, quels sont ces éléments ?

5. Le programme de l'application Podomètre est incomplet. Après l'avoir téléchargé sur LLS.fr/SNT2P145, compléter le code pour finaliser l'IHM.

6. Bilan Résumer en quelques phrases le rôle de l'IHM dans le cadre de l'application Podomètre présentée.

Pour aller plus loin

Télécharger l'application sur LLS.fr/SNT2Podometre pour améliorer son fonctionnement sur MIT App Inventor 2.

Activité 3 • Un compteur vélo

ACTIVITÉ CONNECTÉE

Les cyclistes amateurs et professionnels peuvent obtenir individuellement les données de leurs courses ou entraînements, grâce aux compteurs connectés : vitesse, distance, parcours, puissance, etc. Ils peuvent ainsi estimer leur performance, planifier et structurer leur progression.

L'installation et la configuration des appareils connectés nécessitent un *smartphone* et une application. Quel est le rôle de chacun d'entre eux ?

Capacité

Identifier des algorithmes de contrôle des comportements physiques à travers les données des capteurs et l'IHM.

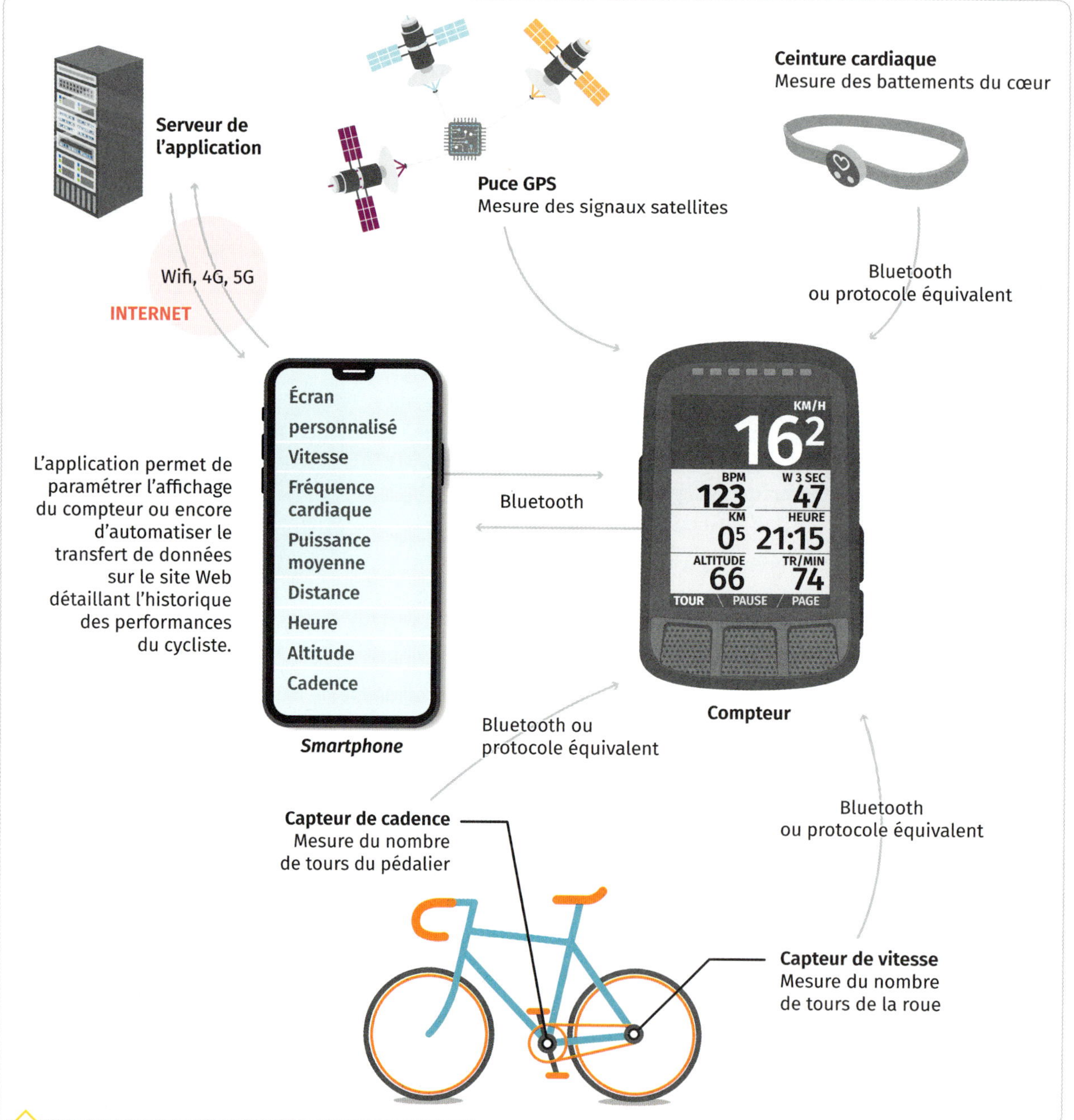

1 Fonctionnement d'un compteur vélo

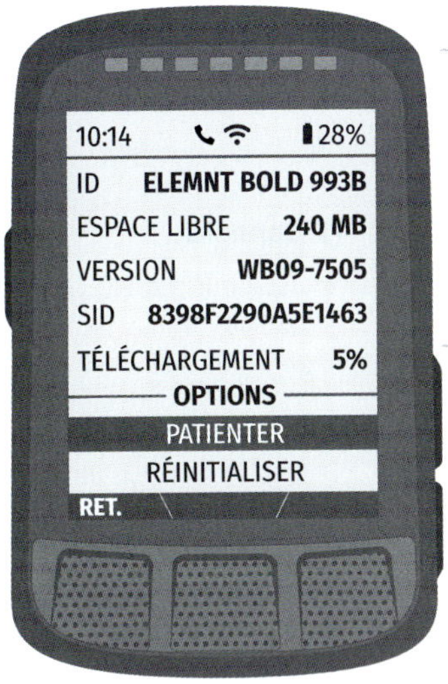

Le compteur est connecté au *smartphone* par Bluetooth. Cette connexion permet aux appareils de communiquer entre eux et notamment d'être régulièrement mis à jour lorsque le constructeur fait évoluer son produit.

2 Mise à jour de l'appareil

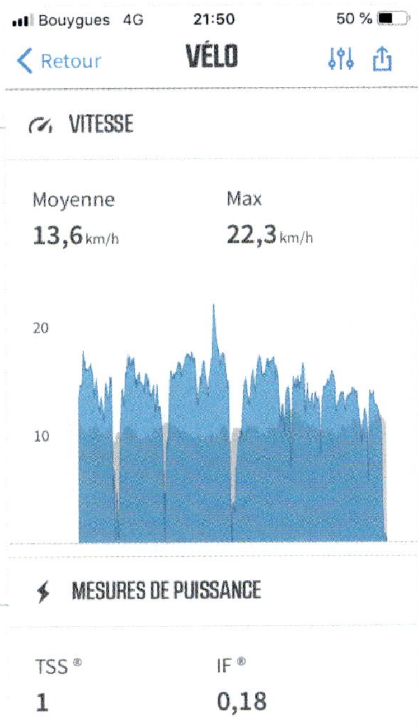

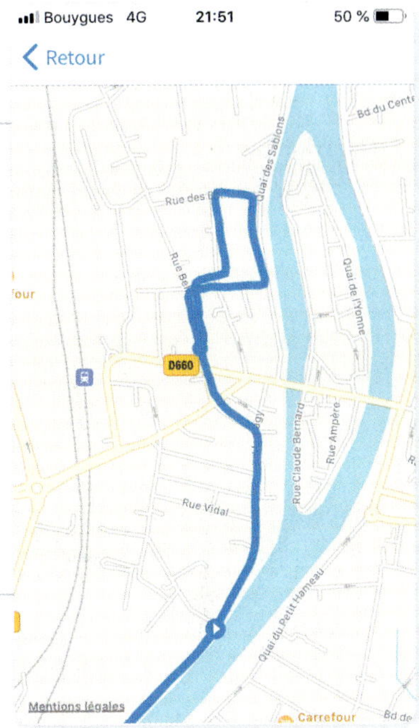

L'application permet au cycliste d'analyser les données (comme la vitesse et le parcours) après l'entraînement en utilisant les données enregistrées. Ici, on représente l'évolution de la vitesse au cours du temps. Il est également possible, à partir des données GPS enregistrées, de retracer le trajet emprunté en le superposant sur une carte numérique.

3 Exploitation des données

Questions

Retrouvez un questionnement différencié sur le cahier d'activités p. 72

1. **Doc. 1 et 2** Comment communiquent le compteur et le *smartphone* ?
2. Lister cinq données que le compteur est capable d'afficher dans la configuration proposée. À partir de quoi obtient-il chacune d'entre elles ?
3. On peut utiliser le compteur sans *smartphone* lors d'une sortie. Préciser où sont stockées les données.
4. **Doc. 1 à 3** Citer quelques éléments qui permettent d'affirmer que le compteur comporte de l'informatique embarquée.
5. **Doc. 1** Préciser quel peut être l'intérêt de la fonctionnalité « Suivi en direct » pour laquelle le *smartphone* communique directement toutes les données au serveur de l'application. Expliquer le principe de fonctionnement de cette option.
6. Le système comporte-t-il des Interfaces Homme-Machine ? Justifier.
7. Justifier le fait que le compteur est un objet connecté.
8. **Bilan** Lister, avec un vocabulaire précis et adapté, le rôle de chaque appareil du binôme compteur/*smartphone*.

Activité 4 • Un accordeur de guitare

ACTIVITÉ CONNECTÉE

Les instruments de musique nécessitent d'être accordés pour produire des sons justes et harmonieux. Cet accordage est à répéter régulièrement : la température, l'humidité et l'usage dérèglent facilement les instruments. Les accordeurs électroniques facilitent ces opérations.

Capacité

Identifier les actions des actionneurs dans des systèmes courants.

L'informatique embarquée et les microcontrôleurs peuvent-ils jouer le rôle d'un accordeur ?

L'accordeur, dépourvu de microphone, est accroché à la tête de l'instrument. Il peut mesurer la fréquence des notes jouées par l'instrument.

En revanche, si l'accordeur n'est pas accroché à la tête, il ne peut pas fonctionner.

1 Accordeur de guitare commercial

TP

Liste du matériel

- Carte micro:bit
- Extension type Bitmaker ou matériel pour brancher un petit haut-parleur (pinces crocodiles, haut-parleur)
- À défaut, l'outil de simulation micro:bit sur le site Vittascience : LLS.fr/SNT2LaboMicrobit.

Il existe deux types principaux d'accordeurs pour instruments :

- les systèmes passifs qui génèrent un son à la fréquence souhaitée, il faut alors accorder l'instrument à l'oreille en le réglant de manière à avoir la même fréquence : c'est ce principe qui nous intéresse ici ;
- les systèmes actifs où le son de l'instrument est capté et analysé, et pour lesquels un voyant ou écran indique si la fréquence mesurée est trop haute ou trop basse.

On trouve des accordeurs sous forme d'applications : par exemple Boss Tuner sur iOS et Android ou Tuner - gStrings Free pour Android.

2 Principe des accordeurs

- Pour la carte micro:bit :

```
from microbit import *
```

- Pour générer les sons : bibliothèque *music* :

```
import music
```

La fonction `music.pitch(f,deltat)` joue un son de fréquence f en hertz (Hz) pendant la durée Δt en milliseconde (ms).

- Pour gérer les boutons :

```
button_a.is_pressed() #True si A est pressé
button_b.is_pressed() #True si B est pressé
```

3 Bibliothèques et fonctions conseillées

4 Accordeur réalisé

Chaque corde d'une guitare bien accordée correspond à une note de musique et est associée à une fréquence d'un signal sonore.

Corde	Note	Notation anglaise	Fréquence (Hz)
6 (la plus grosse)	Mi_1	E	82,4
5	La_1	A	110,0
4	$Ré_2$	D	146,8
3	Sol_2	G	196,0
2	Si_2	B	246,9
1	Mi_3	E	329,6

De la même façon, chaque note et sa fréquence, détaillées dans le tableau ci-dessous, correspondent à l'une des cordes d'une guitare basse (de la plus grosse corde à la plus fine).

Corde	Note	Notation anglaise	Fréquence (Hz)
4 (la plus grosse)	Mi_0	E	41,2
3	La_0	A	55,0
2	$Ré_1$	D	73,4
1	Sol_1	G	98,0

On accorde la guitare et la basse en tournant les mécaniques, pour tendre ou détendre les cordes.

5 Accordages de guitare et de guitare basse

Questions

Retrouvez un questionnement différencié sur le cahier d'activités p. 73

1. Télécharger le programme micro:bit accessible sur LLS.fr/SNT2P149 et tester le début sur LLS.fr/SNT2LaboMicrobit. Expliquer son fonctionnement.
2. Modifier le programme pour générer les 6 sons des cordes de guitare, joués chacun pendant 2 s et séparés par 1 s, tout en affichant le symbole de la note anglaise correspondante.
3. Si le matériel est disponible, téléverser le programme dans la carte pour tester son fonctionnement.
4. Préciser ce qui joue le rôle de l'IHM.
5. En milieu bruyant, il est difficile d'utiliser cette méthode d'accordage puisqu'on entend difficilement les sons produits par l'accordeur. Rechercher sur Internet le type de capteur utilisé dans l'accordeur du **doc. 1** que l'on place sur la tête de la guitare.
6. **Bilan** Citer deux avantages que représente le programme de l'accordeur (en tant qu'informatique embarquée) par rapport à un traitement sur ordinateur pour l'accordage des instruments.

Pour aller plus loin

Proposer une amélioration du programme : par exemple, pouvoir choisir l'instrument en appuyant sur le bouton A de la carte pour la guitare et le bouton B pour la guitare basse, ou bien passer d'une note à l'autre par appui sur le bouton A (pour laisser à l'utilisateur de l'accordeur tout le temps nécessaire).

Retrouvez l'activité 5 sur l'informatique embarquée pour la domotique sur LLS.fr/SNT2T6ActNum.

Cours • Informatique embarquée et objets connectés

1 L'informatique embarquée

A La définition de l'informatique embarquée

L'informatique embarquée désigne l'ensemble des logiciels intégrés à une machine, un objet ou un groupe d'objets, qui leur permet d'accomplir des tâches particulières. Les programmes sont insérés dans la mémoire des microprocesseurs et garantissent ainsi un fonctionnement de manière autonome.

Par exemple, une imprimante 3D comporte un code informatique afin d'exploiter les données qu'elle reçoit pour façonner l'objet imprimé.

B Le rôle de l'informatique embarquée

L'informatique embarquée permet au système d'interagir avec l'extérieur grâce à :

- des capteurs qui, à l'aide de mesures, fournissent les informations nécessaires au fonctionnement du programme et de ses algorithmes ;
- des actionneurs (vérins, lasers, antennes, etc.) qui effectuent des tâches (déplacer, émettre, communiquer, etc.).

Ces programmes intégrés directement dans les appareils simplifient leur fonctionnement et peuvent parfois être mis à jour pour rajouter des fonctionnalités, s'adapter à l'évolution technologique ou corriger des bugs.

Par exemple, les voitures équipées d'une assistance GPS doivent mettre à jour au bout d'un certain temps leurs cartes pour tenir compte des modifications éventuelles des axes routiers.

C Les Interfaces Homme-Machine (IHM)

Dans de nombreux cas, des capteurs ou actionneurs sont en interaction avec l'utilisateur. Cela peut prendre des formes très diverses comme des *joysticks*, boutons, curseurs, écrans, microphones, etc.

L'ensemble des fonctionnalités qui permettent de tenir compte de l'utilisateur s'appelle une Interface Homme-Machine : elle fait le lien entre l'appareil et la personne qui l'utilise. Tous les appareils possédant de l'informatique embarquée ne sont pourtant pas tous équipés d'une IHM. C'est le cas des appareils qui n'ont pas besoin d'instructions particulières de leurs utilisateurs, comme les escalators.

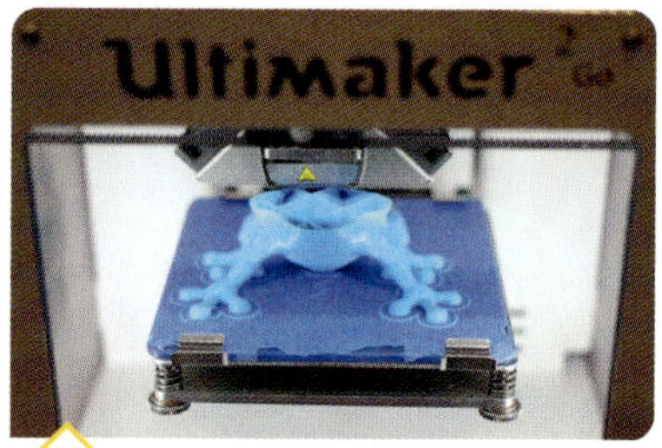

1 Imprimante 3D

Ce type d'appareil possède une informatique embarquée pour calculer précisément toutes les positions où l'imprimante doit déposer de la matière à partir des plans fournis.

Vocabulaire

Capteur : dispositif mécanique ou électronique qui permet de transformer une grandeur physique mesurée (température, luminosité, résistance, etc.) en un signal électrique destiné à être traduit en données numériques.
Actionneur : partie d'une machine qui agit sur son environnement en bougeant, en émettant de la lumière, en chauffant, etc., en réponse à une commande.

2 Clavier d'ordinateur

Le clavier d'un ordinateur est une IHM qui permet à l'opérateur de réaliser des acquisitions de texte.

2 Les objets connectés et l'Internet des objets

A La définition des objets connectés

Un objet connecté est un appareil qui comporte de l'informatique embarquée pour interagir avec son environnement mais qui est en plus capable de communiquer, c'est-à-dire d'envoyer et de recevoir des informations via Internet.

Il peut s'agir d'objets du quotidien auxquels la possibilité de communiquer a été ajoutée. L'ensemble des objets connectés forme l'Internet des objets (*Internet of Things* en anglais), un sous-ensemble de l'Internet en pleine expansion. Cela désigne nos *smartphones* mais également, et de plus en plus, nos montres, nos systèmes de chauffage domestiques, nos sondes médicales, nos voitures, etc.

B Les enjeux de l'Internet des objets

La rapide expansion de l'Internet des objets nécessite le développement des solutions de communication pour prévenir la saturation du réseau, de nouveaux protocoles d'échange de données, de composants peu énergivores, de batteries et des capacités de miniaturisation de plus en plus grandes.

C La sécurité

Interconnecter des objets très divers sur un même réseau de communication les rend potentiellement accessibles à distance, de manière difficilement visible et traçable. La multiplication des objets connectés, la variété des domaines qu'ils occupent, la rapidité de leur développement et l'essor des nouvelles technologies peuvent également les rendre rapidement obsolètes.

Se posent alors des problèmes de cybersécurité qui nécessitent de coûteux et permanents efforts de sécurisation. Domotique, voitures connectées à pilotage automatique, industries, hôpitaux, administrations, etc., tous peuvent être potentiellement victimes d'intrusions susceptibles de provoquer une mise en danger ou la fuite de données personnelles ou sensibles.

Par ailleurs, la grande dépendance à Internet rend les objets connectés particulièrement vulnérables à des pannes de serveurs. Si en plus ces objets ne comportent que des IHM passant par Internet, leur fonctionnement peut être totalement bloqué.

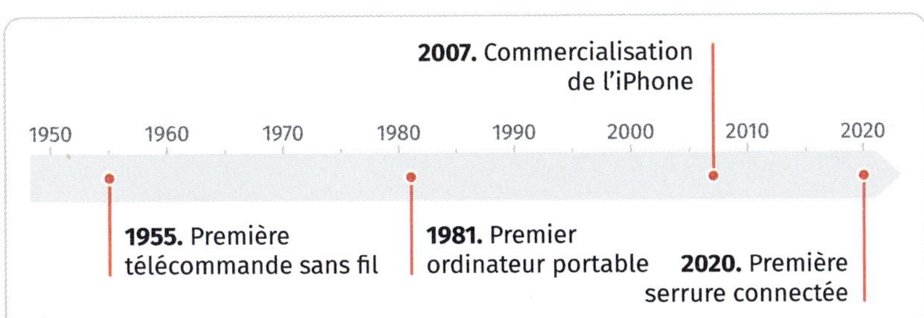

5 Quelques innovations historiques

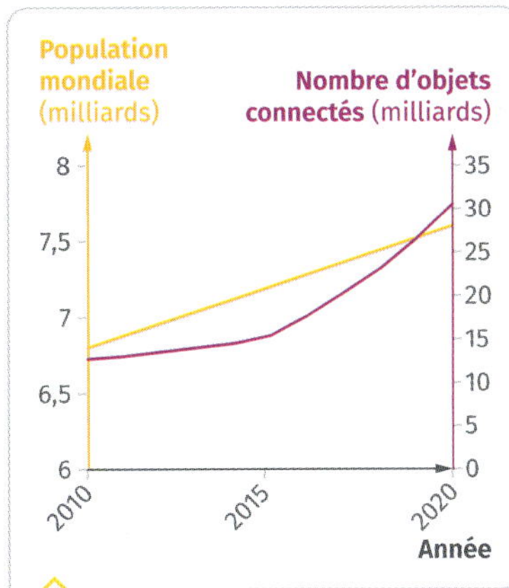

3 Nombre d'objets connectés et évolution de la population

Chiffres-clés

On estime entre 10 et 30 milliards le nombre d'objets connectés en circulation en 2020, et on en prévoit environ 50 milliards d'ici 2030. Le domaine le plus représenté est celui de la domotique.

4 *Mr Robot*

Dans la deuxième saison de la série *Mr Robot*, la sécurité informatique de la maison intelligente de Susan Jacob est mise à mal par les protagonistes de la série.

Cet exemple montre à quel point la sécurité informatique est primordiale dans le cas de la gestion de l'Internet des objets.

Numérique

Retrouvez plus d'informations sur le fonctionnement d'une maison connectée sur LLS.fr/SNT2MaisonCo.

L'essentiel

Informatique embarquée et objets connectés

Utilisateurs

Interface Homme Machine (IHM)

Par exemple, **bouton**, **clavier**, **écran**, ***joystick***, **compteur**, **souris**, **microphone**, etc.

Capteurs

Par exemple, **thermomètre**, **caméra**, **sonde**, **anémomètre**, **pressiomètre**, **microphone**, **puce GPS**, **magnétomètre**, etc.

sans Internet

SYSTÈME À INFORMATIQUE EMBARQUÉE

Sport : montre de sport

Loisir : *smartphone*

Transport : métro automatique

Domicile : régulateur de température

par Internet

Internet des objets connectés

Piratage

Fuites de données personnelles

Actionneurs

Par exemple, **moteurs**, **pompes**, **vérins**, **lampes** etc.

Retrouvez les réponses aux questions-clés sur LLS.fr/SNT2P153

Dans le monde

Nombre d'objets connectés par habitant dans le monde en 2020
Source : Thingful.

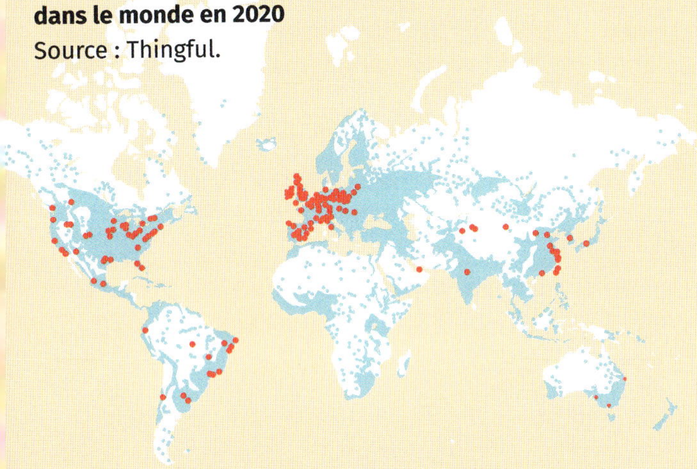

- Pas d'objet connecté
- 1 ou 2 objets connectés par habitant
- 3 objets connectés ou plus par habitant

En chiffres

30 milliards
Nombre d'objets connectés dans le monde

7 620
Nombre de nouveaux appareils connectés à Internet chaque minute dans le monde

79,8 %
Pourcentage de la population ayant un *smartphone* en France

67 %
Pourcentage de la population mondiale ayant un *smartphone* en 2020

De 17 à 23
Nombre de capteurs pour un *smartphone*

Questions-clés

1. Est-ce que je peux expliquer ce qu'est un objet ou un système à informatique embarquée ?
2. Est-ce que je sais ce qui caractérise un objet connecté ?
3. Est-ce que je connais les rôles des capteurs et des actionneurs ?
4. Est-ce que je suis capable de définir et de donner des exemples d'IHM ?
5. Est-ce que je peux préciser quelques risques liés à l'utilisation des objets connectés dans notre quotidien ?

Pour aller plus loin

À regarder

« Blanc comme neige », épisode spécial de la série ***Black Mirror***, qui interroge notamment l'intrusion des objets connectés dans la vie privée.
À voir sur LLS.fr/SNT2Neige.

À écouter

« Objets connectés, doit-on avoir peur de son électroménager ? », un podcast de la « Méthode scientifique » sur **France culture**.
À écouter sur LLS.fr/SNT2ObjetsCo.

Numérique
Retrouvez l'essentiel du cours en vidéo sur LLS.fr/SNT2P153.

Exercices • Autoévaluation

Entraînez-vous avec les exercices autocorrigés sur LLS.fr/SNT2P154

Retrouvez les réponses de ces exercices p. 189.

1 Informatique embarquée

L'informatique embarquée consiste à :

a. miniaturiser un ordinateur de bureau pour qu'il tienne à l'intérieur d'un objet transportable.

b. intégrer des programmes informatiques à une machine.

c. mettre de l'informatique dans une machine destinée à se déplacer (avion, fusée, bateau, etc.).

d. mettre des actionneurs et des capteurs en nombre suffisant dans une machine.

2 Électronique ou informatique

Un objet qui comporte des composants électroniques :

a. ne peut pas recevoir de l'informatique embarquée.

b. a forcément de l'informatique embarquée pour le gérer.

c. n'a pas nécessairement de l'informatique embarquée.

d. peut forcément communiquer avec l'extérieur.

Numérique

Connectez-vous sur lelivrescolaire.fr pour retrouver plus d'exercices LLS.fr/SNT2P154.

3 IHM et informatique embarquée

Parmi les affirmations suivantes, une seule est vraie. Laquelle ?

a. Un objet avec de l'informatique embarquée n'a pas forcément une IHM.

b. Un objet avec de l'informatique embarquée a forcément une IHM.

c. Un objet ou une machine avec une IHM comporte forcément de l'informatique embarquée.

4 Intrus

Un élément de la liste suivante ne constitue pas une partie d'IHM. Identifier lequel.

a. Un interrupteur de mise en pause.

b. Un voyant de mise en route.

c. Un robinet.

d. Une carte mémoire.

5 Internet des objets

L'Internet des objets est le nom donné :

a. à l'ensemble des objets connectés.

b. aux réseaux créés de manière autonome par les objets à intelligence artificielle en fonction de leurs besoins.

c. à la partie d'Internet qui ne concerne pas la communication.

6 Sécurité

La sécurité de l'Internet des objets est un enjeu majeur :

a. parce qu'ils sont fragiles en raison de leur taille.

b. parce qu'ils ont de la valeur à cause du coût des matériaux utilisés dans leur électronique.

c. parce que les objets connectés offrent une possibilité d'intrusion via Internet.

Savoir-faire - Parcours d'apprentissage	Activités	Exercices
❑ Savoir repérer les éléments d'un système à informatique embarquée.	2, 3	8, 11, 13
❑ Savoir écrire et compléter un programme de fonctionnement d'un système à informatique embarquée.	5	14, 15, 16
❑ Savoir identifier un objet connecté ou non.	4	9, 10, 17

Retrouvez un questionnement différencié sur le cahier d'activités p. 78

7 Enceintes intelligentes

Les enceintes intelligentes Amazon, Google, Nest, Apple, Xiaomi, etc., sont des appareils acceptant la commande vocale.

1. Préciser si elles comportent ou non de l'informatique embarquée.
2. Ces enceintes sont-elles connectées ?
3. Identifier ce qui leur permet d'être considérées comme des IHM.

8 Carte microcontrôleur

La carte microcontrôleur micro:bit permet de nombreux montages simples et performants.

1. Comporte-t-elle une IHM ? Justifier.
2. Rechercher et citer deux capteurs et deux actionneurs de la carte.

9 Caméra d'entrée

Une entrée de maison est équipée d'une caméra et d'un nano-ordinateur. Ce système permet d'enregistrer et de visualiser les visiteurs depuis son *smartphone*, n'importe où dans le monde.

1. Préciser si la caméra est un capteur ou un actionneur.
2. Le système est-il connecté ? Justifier.

Exemple de caméra de surveillance artisanale

10 Serrures électroniques

Certaines serrures sont dites électroniques et s'ouvrent en approchant un badge RFID. On peut retrouver l'heure de déclenchement et l'identifiant du badge sur un serveur.

1. Cette serrure est-elle connectée ? Pourquoi ?
2. Le RFID est utilisé dans les péages d'autoroutes. Préciser dans quelle situation.

11 Domotique

La domotique regroupe les appareils qui permettent d'améliorer le confort et la sécurité à la maison.

1. Citer deux capteurs et deux actionneurs utilisés en domotique.
2. Préciser quel est l'intérêt de rendre ces appareils connectés.

12 Réseaux LoRa et Sigfox

Les réseaux d'origine française LoRa et Sigfox permettent aux objets connectés qui les utilisent d'envoyer seulement de petites quantités de données, bien loin du très haut débit. Ils sont de plus en plus utilisés, par exemple en agriculture (relevés météorologiques), en hydrologie (capteurs pour le débit des rivières) et dans l'aéronautique (balisage des avions sur les tarmacs des aéroports).

1. Expliquer pourquoi ces réseaux sont suffisants pour les trois domaines donnés.
2. Préciser quel est leur avantage d'un point de vue énergétique.

13 Robot ménager

Un robot ménager autonome est muni de capteurs à ultrasons. Jules, le dernier de la fratrie de la maison, souhaite s'en servir pour effectuer les tâches ménagères à sa place.

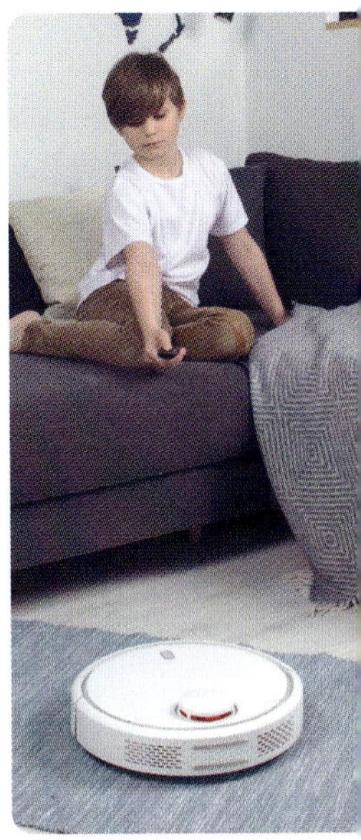

1. Préciser la ou les grandeurs physiques mesurées par les capteurs du robot.
2. Expliquer pourquoi le programme informatique de ce robot a besoin de cette/ces grandeur(s).
3. Identifier, si nécessaire, le type d'IHM que nécessite ce robot ménager pour aspirer le sol de la chambre de Jules.

Numérique

Retrouvez plus d'exercices sur LLS.fr/SNT2P155.

Exercices • Pratique

Retrouvez un questionnement différencié sur le cahier d'activités p. 79

14 Trame de capteur de domotique

Savoir écrire et compléter un programme de fonctionnement d'un système à informatique embarquée.

En domotique, les capteurs sont très souvent associés à un microcontrôleur. Celui-ci peut transmettre plusieurs données simultanément à un serveur sous forme de trames. Cela peut être une succession de caractères correspondant aux données, séparées par des caractères spéciaux, appelés séparateurs. Ces séparateurs étant connus, la trame peut être décortiquée pour extraire les différentes valeurs.
Ici, un microcontrôleur envoie toutes les minutes une trame de 23 caractères précisant la température, l'humidité, l'heure et l'identifiant du capteur.

1. **Doc. 1** En observant la trame, identifier le séparateur utilisé.
2. Tester et comprendre les instructions du programme 1.
3. Compléter le programme 2 pour afficher les données extraites de la trame sous la forme du **doc. 2**.

Jeu sérieux

Rendez-vous sur LLS.fr/SNT2P156 pour obtenir un indice sur le criminel en rentrant le résultat affiché par la 6e ligne du script Python du **doc. 1**.

```
1   # Programme 1
2
3   chaine = "Bonjour"
4   print(chaine[0])
5   print(chaine[2])
6   print(chaine[0:2])
7   print(chaine[:5])
8   print(chaine[3:])
9   print(chaine + "à tous")
10
11
12  # Programme 2
13
14  trame = "$22.4$67.8$19$08$CAPT1$"
15
16  print("Les mesures sont :")
17  print("Température : " + XX + "°C")
18  ...
```

LLS.fr/SNT2P156

1 Programmes

```
Les mesures sont :
Température : 22.4°C
Humidité : 67.8 %
Heure : 19 h 08 min
Capteur : CAPT1
>>>
```

2 Affichage

15 Tiddy le Doudou des dents

Savoir écrire et compléter un programme de fonctionnement d'un système à informatique embarquée.

L'UFSBD (Union Française pour la Santé Bucco-Dentaire) recommande une durée de brossage des dents minimale de 2 minutes. Une entreprise propose une peluche avec informatique embarquée qui chronomètre et dit « Bravo, tu as terminé ! » au bout de 2 minutes. Pour obtenir un résultat semblable, on peut programmer un microcontrôleur de type micro:bit.

1. Tester le programme Python pour micro:bit ci-contre.
2. Modifier le programme pour qu'il réponde au cahier des charges. Pour une meilleure synthèse vocale, il est préférable de préparer une version en anglais.
3. Justifier les termes « informatique embarquée » pour Tiddy le Doudou.

```
from microbit import *
import speech

speech.say("Hello, it's time to go")
while True :
   if button_a.is_pressed():
      chrono = 1
      while chrono < 5 :
         display.show(str(chrono))
         sleep(2000)
         chrono = chrono + 1
```

LLS.fr/SNT2P156

16 ●●● Éclairage automatique avec Arduino

Savoir écrire et compléter un programme de fonctionnement d'un système à informatique embarquée.

On souhaite jalonner un petit chemin de pierres dans le jardin avec des diodes électroluminescentes. Il est inutile de les éclairer pendant le jour, mais on veut qu'elles s'éclairent automatiquement lorsque la nuit tombe. Pour cela, on réalise un prototype avec un microcontrôleur Arduino, une DEL et un capteur de luminosité.

1. Le code ci-contre permet d'afficher les valeurs renvoyées dans le moniteur série par le capteur de luminosité. Tester le code et noter les valeurs obtenues suivant l'éclairement, le capteur étant branché en A0.
2. À l'aide de la documentation technique du site du fabricant pour la DEL, compléter le code pour répondre au cahier des charges. On pourra choisir 380 pour la valeur seuil de luminosité qui déclenche l'éclairage de la DEL.

```
#define portCapteur A0

int luminosite ;

void setup(){
  Serial.begin(9600);
}

void loop(){
  luminosite = analogRead(portCapteur);
  Serial.print("Valeur donnée par le
capteur = ");
  Serial.println(luminosite);
  delay(1000);
}
```

LLS.fr/SNT2P157

Code de gestion du capteur

17 ●●● Capteur connecté pour la qualité de l'air

Savoir identifier un objet connecté ou non.

Une entreprise française, Plume Labs, a été récompensée en 2017 par le prix d'innovation du CES (le premier salon mondial de l'évolution technologique) pour l'invention du *Flow*, un appareil connecté pour analyser l'air en temps réel.

1 Deuxième version de *Flow*

1. Consulter le site Web du fabricant, en particulier la FAQ sur LLS.fr/SNT2Flow. Expliquer le rôle de l'objet *Flow*.
2. Préciser pourquoi il est associé à une application. Est-elle indispensable ?
3. Expliquer comment les cartes de pollution fournies par l'application peuvent-elles être plus complètes que celles qui sont fournies par les organismes qui gèrent les stations traditionnelles d'analyse de l'air.
4. *Flow* est-il un appareil à informatique embarquée ? Est-ce un objet connecté ?

Il y aura vers la fin de l'année 2019 suffisamment de *Flows* actifs dans une première série de grandes villes pour réellement combler les « trous dans la raquette » laissés par le réseau de stations traditionnelles et décupler l'intelligence de nos modèles de *machine learning*. Plus il y aura de *Flows* actifs, plus nous pourrons collecter, anonymiser, agréger et réinjecter de données dans ces modèles pour des cartes encore plus précises et utiles.

2 Extrait de la FAQ

Projet 1 ●●● Concevoir un détecteur d'entrée connecté

Garder sa chambre pour soi quand on est adolescent n'est pas toujours simple. Une solution consisterait à créer un dispositif de surveillance pour être averti des intrusions lorsqu'on est absent !

Liste de matériel

- Carte microcontrôleur Arduino Uno
- Carte Grove (optionnelle)
- Capteur à ultrasons SR-04 ou Grove Ultrasonic Ranger

Retrouver plus d'informations sur LLS.fr/SNT2P158.

Consigne

1. Réaliser le montage du microcontrôleur et de son capteur à ultrasons, relié à un ordinateur via le port série USB et installer le capteur en face de la porte.
2. Coder le microcontrôleur pour qu'il mesure la distance entre la porte et le capteur et qu'il transmette à l'ordinateur la valeur mesurée.
3. Coder en Python, en s'appuyant sur les liens suivants, le script qui envoie un mail dès que quelqu'un entre dans la chambre.

Retrouver le script mailPython.py sur LLS.fr/SNT2P158.

Télécharger le code de lecture du port série CodePythonLecturePortSerie.py sur LLS.fr/SNT2P158.

Capteur à ultrasons

Projet 2 ●●● Élaborer un système d'arrosage automatisé

Lors d'une absence d'une durée relativement longue, l'arrosage des plantes d'intérieur ou d'extérieur peut être automatisé, et même contrôlé à distance si le système est connecté.

Liste de matériel

- Carte microcontrôleur Arduino Uno
- Carte Grove (optionnelle)
- Capteur d'humidité du sol YL-69 ou Grove Moisture Sensor
- Servomoteur pour simuler une vanne ou bien une mini-pompe
- Récipient avec de la terre

Retrouver plus d'informations sur LLS.fr/SNT2P158.

Consigne

Lorsque l'humidité du sol passe au-dessous d'un certain seuil, le microcontrôleur doit activer une vanne pour déclencher l'arrosage. Pour simplifier et simuler cette vanne, on utilisera un servomoteur qui permet de déplacer mécaniquement un objet.

1. Réaliser le montage.
2. Programmer le microcontrôleur pour répondre à l'objectif d'arrosage automatisé.

Métier

Concepteur(trice) de solution IoT (IoT Designer)

En quoi consiste votre métier ?

Le concepteur de solutions IoT *(Internet of Things)* propose et pilote des projets d'objets connectés. Il fait le lien entre tous les métiers spécialisés dans l'Internet des objets pour proposer des solutions aux entreprises qui ont besoin de collecter des données, quel que soit le domaine.

Qu'est-ce qui vous a amené à faire ce métier ?

L'attrait du numérique et la variété des interlocuteurs qui peuvent faire appel à mes services. Puis trouver des solutions techniques, se creuser la tête pour faire fonctionner un système, ça m'a toujours passionné !

Et si vous voulez changer de métier un jour ?

Chef de produit IoT, consultant, le choix est large ! Mais si jamais je devais vraiment me reconvertir, je deviendrais peut-être professeur pour transmettre mon savoir !

Études :

› Bac + 3 : licence ou licence professionnelle informatique, licence professionnelle Développement mobile

Salaire débutant : 2 000 € net/mois ; 33 000 € brut/an

Retrouver plus de métiers sur LLS.fr/SNT2P159.

PARCOURS pix

L'informatique embarquée et les objets connectés ont connu un véritable essor avec l'arrivée des *smartphones*. Ces appareils transmettent des ondes radio de faible énergie lorsqu'ils sont allumés. Le principe de précaution recommande d'adopter des gestes simples pour réduire son exposition aux radiofréquences émises par les *smartphones*.

Rendez-vous sur la compétence « Protéger la santé, le bien être et l'environnement » du domaine « Protection et sécurité » pour préparer la certification pix !

PROTECTION ET SÉCURITÉ

Protéger la santé, le bien-être et l'environnement

NIVEAU

—

Consigne : QCM (plusieurs réponses sont possibles).

Quelles pratiques diminuent l'exposition aux ondes radio émises par un *smartphone* ?

1. Éviter les conversations trop longues.
2. Mettre un fond d'écran peu lumineux.
3. Ne pas utiliser le *smartphone* si la batterie est faible.
4. Privilégier les zones de bonne réception pour téléphoner.
5. Éviter de téléphoner dans les transports.
6. Mettre le téléphone en mode muet.
7. Éteindre le téléphone.
8. Utiliser un kit oreillette pendant les appels.

Thème 7

La photographie numérique

Comment fonctionnent les appareils photographiques numériques ?
Quel rôle jouent les algorithmes de traitement d'image ?

Les applications de la photographie numérique sont nombreuses. Par exemple, en fixant un appareil photographique à un drone, il est possible de photographier des zones dangereuses ou difficilement accessibles avec une qualité remarquable, notamment grâce à des algorithmes de stabilisation d'images.

Contenus et capacités attendues

- **Photosites, pixels, résolution (du capteur, de l'image), profondeur de couleur** → Activité 2 p. 166
  Distinguer les photosites du capteur et les pixels de l'image en comparant les résolutions du capteur et de l'image selon les réglages de l'appareil.
- **Traitement d'image** → Activité 3 p. 168
  Traiter par programme une image pour la transformer en agissant sur les trois composantes de ses pixels.
- **Rôle des algorithmes dans les appareils photographiques numériques** → Activité 4 p. 170
  Expliciter des algorithmes associés à la prise de vue. Identifier les étapes de la construction de l'image finale.
- **Métadonnées EXIF** → Activité 5 LLS.fr/SNT2T7ActNum
  Retrouver les métadonnées d'une photographie.

Société et numérique

Dès son invention, la photographie a suscité un fort engouement pour sa capacité à capturer un moment.
Grâce aux nouvelles technologies et à la démocratisation des *smartphones*, photographier n'a jamais été aussi simple.
La publication d'images numériques est devenue omniprésente, et pose parfois des questions éthiques (droit à l'image, manipulation de photographies, etc.).

Dérivé de l'anglais *self*, le *selfie* désigne l'autoportrait par la photographie. Ce *selfie*, réalisé pendant la cérémonie des Oscars en 2014, a battu des records de viralité en étant retweeté plus de 2 millions de fois en moins de deux heures.

Numérique

Retrouvez plus d'informations en vidéos sur l'histoire des *selfies* et des drones sur LLS.fr/SNT2P161.

Se tester

ChronoQuiz
Entraînez-vous en classe sur ChronoQuiz
LLS.fr/SNT2P162

1 Quelques généralités sur la photographie

1. Un appareil photographique numérique est constitué :
- **a.** d'un objectif.
- **b.** d'un capteur.
- **c.** d'une pellicule.
- **d.** d'un laser.

2. À quoi sert le système optique constitué d'une lentille pour un appareil photographique ?
- **a.** À avoir plus de lumière.
- **b.** À concentrer la lumière sur le capteur.
- **c.** À avoir un effet bombé sur l'image.
- **d.** À protéger le capteur de la poussière.

3. Comment qualifie-t-on une photographie qui présente une altération à cause d'un mouvement ?
- **a.** Une photographie mal résolue.
- **b.** Une photographie mal dimensionnée.
- **c.** Une photographie animée.
- **d.** Une photographie floue.

1 Photographe professionnelle
Pour obtenir une meilleure netteté sur la photographie, l'exposition à la lumière doit être parfaitement maîtrisée.

2 Les capteurs

1. Les capteurs des appareils photographiques reposent sur le même principe que certaines cellules de l'œil. Comment s'appellent ces cellules ?
- **a.** Les bâtonnets.
- **b.** Les cônes.
- **c.** Les cylindres.
- **d.** Les pyramides.

2. Sur le capteur d'un appareil photographique, les images des objets sont :
- **a.** plus petites que l'objet et à l'endroit.
- **b.** plus grandes que l'objet et à l'envers.
- **c.** plus grandes que l'objet et à l'endroit.
- **d.** plus petites que l'objet et à l'envers.

2 Capteur CMOS *(Complementary Metal Oxide Semiconductor)* permettant la capture d'images numériques

3. Pour qu'un appareil puisse prendre une photographie d'un objet, il faut :
- **a.** que de la lumière provenant du capteur atteigne l'objet.
- **b.** que de la lumière provenant de l'objet passe devant le capteur.
- **c.** que de la lumière provenant de l'objet atteigne le capteur.
- **d.** que de la lumière provenant du capteur atteigne la source de lumière.

Retrouvez les exercices autocorrigés sur
LLS.fr/SNT2P163

3 Les images numériques

1. L'unité élémentaire de stockage des images numériques est :
- **a.** le bit.
- **b.** le joule.
- **c.** le lumen.
- **d.** le gigaoctet.

2. Les plus petits éléments colorés d'une image sont appelés les :
- **a.** doxels.
- **b.** coloxels.
- **c.** pixels.
- **d.** bluxels.

3. Un fichier d'image numérique :
- **a.** contient des données permettant d'afficher l'image.
- **b.** contient des métadonnées très diverses.
- **c.** ne peut pas être modifié.
- **d.** contient toujours le nom du photographe.

3 Image numérique avec une faible définition

Sur cette image, les plus petits éléments à droite sont faciles à distinguer les uns des autres contrairement à la partie gauche.

4 Le traitement des images

1. Quel algorithme de retouche de l'image n'est pas présent dans les appareils photographiques ?
- **a.** Ajustement de la luminosité.
- **b.** Suppression des yeux rouges.
- **c.** Retouche des rides.
- **d.** Ajustement de la netteté.

2. Quelle modification d'image ne peut pas être effectuée par un algorithme simple ?
- **a.** Passer l'image en noir et blanc.
- **b.** Supprimer un objet de l'image.
- **c.** Ajouter un effet « vieille photographie ».
- **d.** Transformer en couleurs sépia.

3. On utilise un traitement d'image pour :
- **a.** améliorer le rendu d'une photographie.
- **b.** truquer une photographie.
- **c.** modifier les métadonnées associées.
- **d.** envoyer une photographie par mail.

4 Photographie présentant trois zones retouchées, chacune par un algorithme différent

Un pixel

Définition • Composant élémentaire d'une image numérique associé à des coordonnées et à des composantes de couleur.

En d'autres termes • C'est le plus petit élément coloré d'une image. En peinture, les pixels seraient comparables aux touches de couleurs des pointillistes.

La résolution

Définition • C'est le nombre de pixels par unité de longueur pour l'impression d'une image ou son affichage sur un écran. Pour un capteur photographique, la résolution désigne le nombre de pixels obtenus par unité de longueur du capteur.

En d'autres termes • C'est la mesure qui traduit la qualité d'une image ou du capteur photographique. Une image avec une faible résolution est dite pixellisée.

Un photosite

Définition • Cellule de capteur photographique sensible à une partie spécifique du rayonnement lumineux, émettant en réponse un signal électrique.

En d'autres termes • Un photosite est un composant microscopique d'un capteur sensible à la couleur de la lumière reçue. Dans notre œil, les cônes sont des cellules qui jouent le même rôle que les photosites.

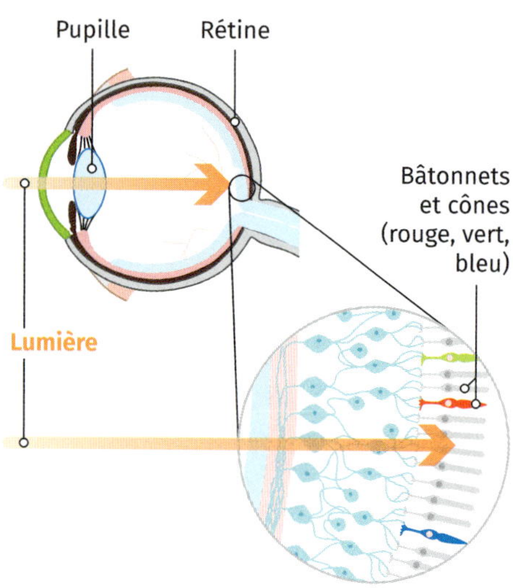

Le traitement d'image

Définition • Transformation et/ou amélioration d'une image numérique à l'aide d'un algorithme spécifique ou d'un logiciel dédié.

En d'autres termes • Il s'agit d'une retouche effectuée sur une image pour la modifier. On peut jouer sur les couleurs, la forme, etc.

Les repères historiques

Les premiers modèles grand public d'appareils photographiques numériques sont apparus dans les années 1990. Aujourd'hui, cette technologie est largement répandue et tous les *smartphones* intègrent des capteurs photographiques.

Comment la photographie s'est-elle développée ?

Premiers pas

Les premières photographies étaient faites en noir et blanc et reposaient sur un procédé chimique : l'argentique. On attribue son invention au Français Joseph Nicéphore Niépce dont le travail est décrit sur le site du musée Nicéphore Niépce LLS.fr/SNT2Musee.

1. En quelle année le procédé de photographie argentique a-t-il été mis au point ?

Pour réaliser les premières photographies en couleur, il a fallu de nombreuses tentatives et l'arrivée du physicien James Clerk Maxwell en 1855 pour suggérer aux ingénieurs de développer un appareil se basant sur la vision des couleurs.

2. En quelle année le pari a-t-il été relevé et réussi par l'Anglais Thomas Sutton ?

Développement et démocratisation

Il faut attendre les premiers développements de l'électronique embarquée pour réussir à gérer autant de données acquises par des capteurs photosensibles. Le premier capteur, le CCD, est inventé par Willard Boyle et George E. Smith en 1969.

3. Quel laboratoire est à l'origine de cette découverte ?

L'ingénieur Steven Sasson met au point en 1975 le premier appareil photographique numérique. Limité en termes d'espace de stockage, l'appareil enregistrait la photographie sur une bande magnétique de cassette.

4. Pour quelle grande entreprise spécialisée dans la vente d'appareils photographiques Steven Sasson travaillait-il à cette époque-là ?

Aujourd'hui

La photographie numérique est aujourd'hui très largement démocratisée en raison de l'omniprésence des *smartphones* qui intègrent cette technologie. En parallèle, l'augmentation de la puissance de calcul informatique offre au grand public des possibilités de traitement et de modification des images sans précédent.

5. On estime à près de 1200 milliards le nombre de photographies numériques prises en 2017. En recherchant sur le site LLS.fr/SNT2P165, estimer le nombre moyen de photographies numériques prises par une personne au cours d'une année.

Synthèse

6. En classe, rendez-vous sur LLS.fr/SNT2P165 pour participer au quiz sur la photographie numérique.
7. Retrouver une frise chronologique sur LLS.fr/SNT2P165 à compléter avec les dates relevées.

Activité 2 • Le capteur photographique

L'œil nous permet de voir le monde en convertissant le rayonnement lumineux en impulsions électriques envoyées à notre cerveau. Les appareils photographiques numériques reposent sur ce même principe, en se basant sur un capteur photosensible.

Capacité

Distinguer les photosites du capteur et les pixels de l'image en comparant les résolutions du capteur et de l'image selon les réglages de l'appareil.

Comment s'effectue la capture d'une image par un appareil photographique numérique ?

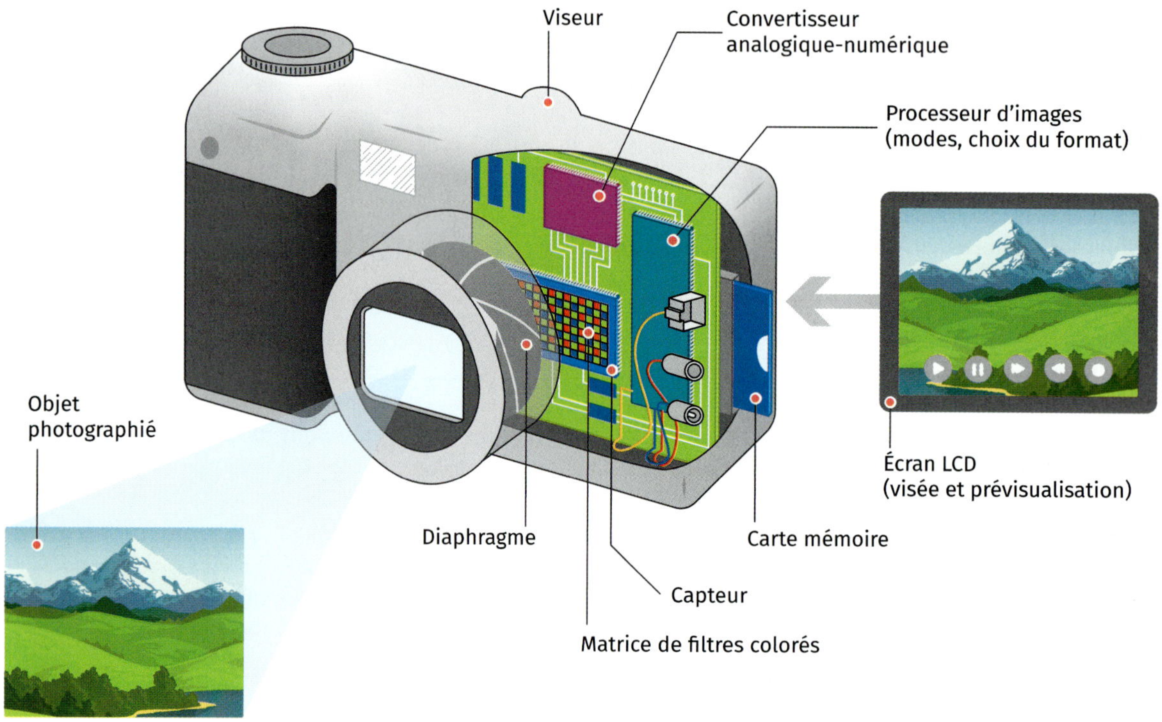

Le fonctionnement d'un appareil photographique numérique repose principalement sur un capteur de quelques millimètres de côté. Ce capteur, composé d'éléments photosensibles appelés photosites, convertit la lumière reçue en signaux électriques.

Pendant l'exposition, les photosites reçoivent la lumière et envoient des informations au convertisseur analogique-numérique qui se charge de transcrire l'ensemble sous forme de données numériques.

La couleur de l'image est assurée par une matrice de filtres colorés qui filtre une partie de la lumière de façon à obtenir des photosites uniquement sensibles aux nuances de rouge, de bleu ou de vert. Ces trois nuances suffisent à reproduire les autres couleurs en se basant sur le phénomène de superposition de lumière colorée.

1 Fonctionnement d'un appareil photographique numérique

Numérique

Retrouvez une explication en vidéo du fonctionnement d'un appareil photographique numérique. LLS.fr/SNT2PhotoNum

Toutes les données collectées grâce aux photosites sont enregistrées sous la forme d'un quadrillage. Chaque case de ce quadrillage est appelée pixel et est codée selon trois composantes de couleur : le rouge, le vert et le bleu. Une image peut être formée de millions de pixels. Il existe deux paramètres pour caractériser la qualité d'une image :

- la définition : le nombre total de pixels de l'image. Plus ils sont nombreux, plus l'image est définie ;
- la résolution : le nombre de pixels par unité de longueur, exprimée en pixel par pouce (ppp). Le pouce, souvent noté ", est une unité de longueur correspondant à 2,54 cm.

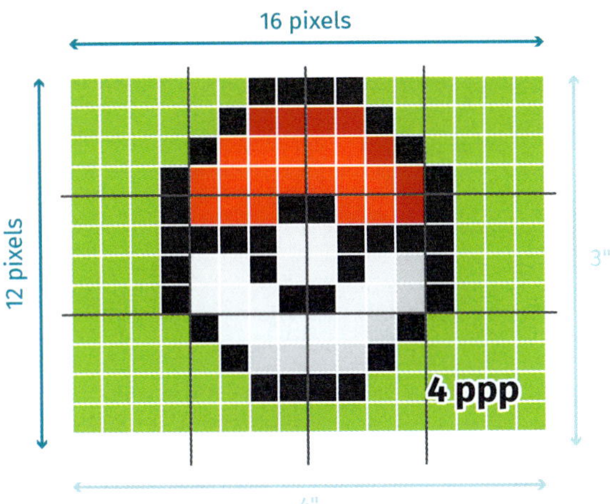

Résolution : 4 ppp
Définition : 16 × 12 pixels
Taille : 4" × 3"

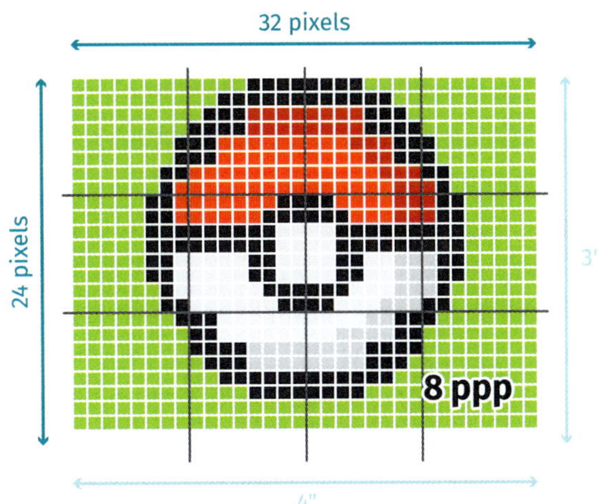

Résolution : 8 ppp
Définition : 32 × 24 pixels
Taille : 4" × 3"

2 Pixels, définition et résolution

Dans une matrice de Bayer, quatre photosites sont utilisés pour chaque pixel de l'image : un pour le bleu, un pour le rouge et deux pour le vert (en raison de la sensibilité plus forte de l'œil aux nuances de vert). Chaque photosite est utilisé pour la création de quatre pixels. Il y a donc au maximum autant de photosites que de pixels pour l'image obtenue.

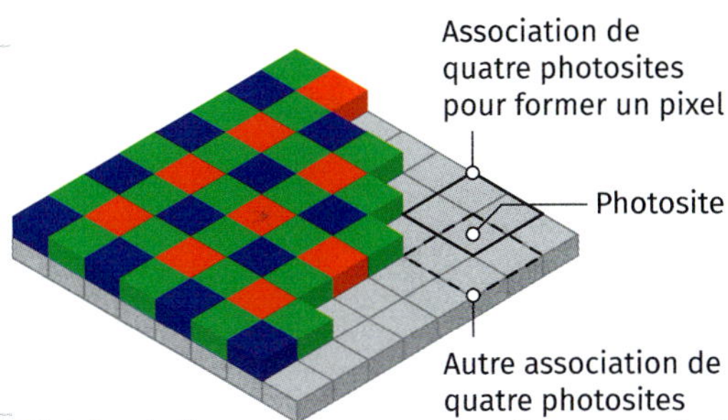

Matrice de Bayer.

3 Matrice de Bayer

Questions

Retrouvez un questionnement différencié sur le cahier d'activités p. 83

1. Doc. 1 À quoi sert un photosite ?

2. Doc. 1 Expliquer le principe du capteur photographique.

3. À partir du **doc. 2**, calculer le nombre de pixels de la photographie prise dans le **doc. 1** dont la définition correspond à la notation 6 000 × 4 000.

4. Cette photographie mesure 15 cm × 10 cm une fois imprimée. À l'aide du **doc. 2**, convertir la taille de la photographie en pouce ("), puis calculer sa résolution en pixel par pouce (ppp).

5. Doc. 2 Expliquer ce qui se produit lorsque l'on double la résolution d'une photographie. Par combien est multipliée la définition ?

6. Bilan Rédiger un court paragraphe expliquant comment les caractéristiques de l'image produite par un appareil photographique numérique dépendent des caractéristiques du capteur utilisé.

Activité 3 • Les images en noir et blanc et en nuances de gris

ACTIVITÉ CONNECTÉE

Pendant les premières décennies du développement de la photographie, toutes les photographies étaient en nuances de gris. Bien que les technologies développées depuis permettent de faire des photographies en couleurs, on peut parfois préférer un rendu en nuances de gris pour des raisons esthétiques.

Capacité

Traiter par programme une image pour la transformer en agissant sur les trois composantes de ses pixels.

Comment peut-on obtenir une image en nuances de gris ou en noir et blanc à partir d'une image en couleurs ?

Les couleurs que nous percevons proviennent de la superposition d'une infinité de lumières colorées qui constituent la lumière reçue par nos yeux. Cette superposition porte le nom de synthèse additive des couleurs et permet de distinguer les objets les uns des autres selon la lumière qu'ils font parvenir à nos yeux.

En imagerie numérique, ce phénomène est mis à profit en superposant trois composantes rouge, verte et bleue. En jouant sur les nuances de ces trois composantes, il est possible de restituer un très grand nombre de couleurs.

1 Synthèse additive des couleurs

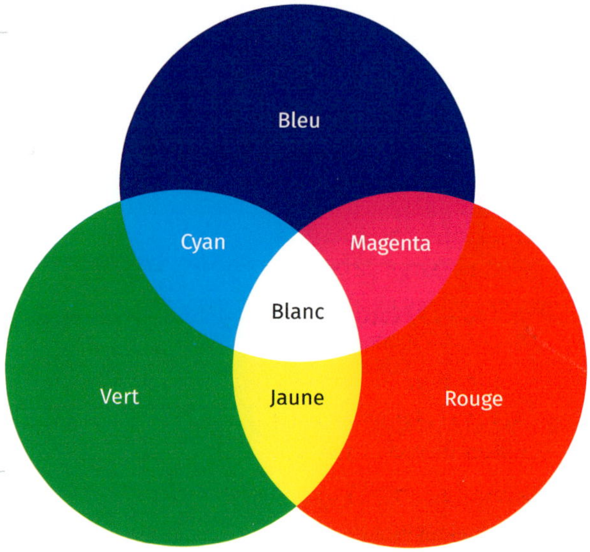

Dans une image, chaque pixel contient l'information qui décrit sa couleur. Cette information peut être codée de différentes manières. On considère le codage RVB, pour Rouge Vert Bleu (ou RGB, pour *Red Green Blue*, en anglais).

Dans le codage RVB, les pixels sont codés selon trois composantes : le rouge, le vert et le bleu. Chaque composante est décrite par 8 bits et peut prendre 2^8, soit 256 valeurs comprises entre 0 et 255.

Par exemple, le pixel codé par (0, 255, 255) ne comporte pas de composante rouge et possède des composantes bleues et vertes au maximum. Il s'agit d'un pixel cyan.

2 Codage des couleurs

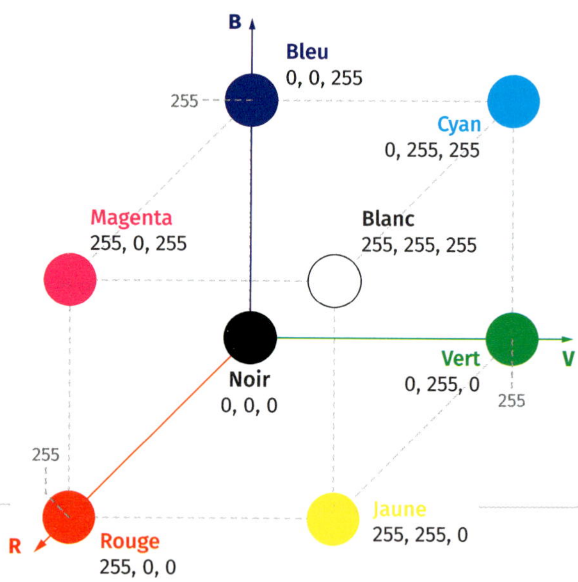

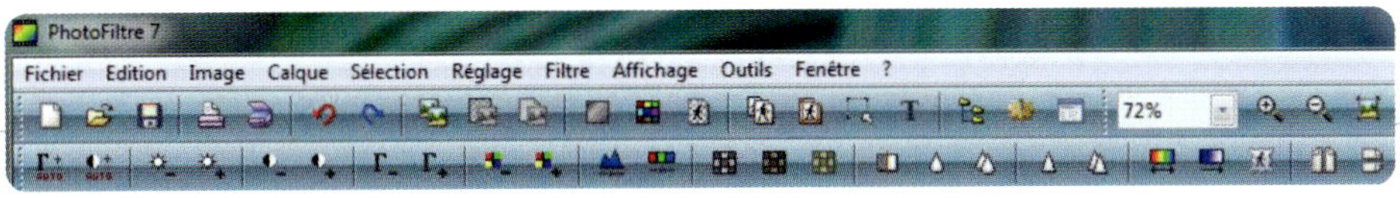

Le logiciel PhotoFiltre est un logiciel libre permettant l'édition d'images. La fonctionnalité « Niveau de gris » permet d'obtenir une image en nuances de gris à partir d'une image en couleurs. Cette option se trouve dans « Filtre » puis « Couleur ». L'outil « Pipette » permet de récupérer le codage numérique de la couleur d'un pixel donné.

3 Logiciel PhotoFiltre

LLS.fr/SNT2P169

Le script Python ci-contre utilise un certain nombre de fonctions :

- la fonction **getpixel((i,j))** renvoie les informations du pixel situé sur la colonne *i* et la ligne *j* dans le système RVB ;
- la fonction **round()** renvoie le nombre entier le plus proche du nombre spécifié, par exemple **round(5.3)** donne **5** ;
- la fonction **putpixel((i,j),(a,b,c))** donne au pixel **(i,j)** la couleur de code **(a,b,c)** ;
- la fonction **show()** permet d'afficher l'image obtenue.

```python
from PIL import Image

image = Image.open("nom_de_votre_image.jpg")

width, height = image.size

for x in range(width) :
   for y in range(height) :
   rouge, vert, bleu = image.getpixel((x, y))
   moyenne = round((rouge+vert+bleu)/3)
   image.putpixel((x,y),(moyenne, moyenne, moyenne))

image.show()
```

4 Algorithme Python et nuances de gris

Questions

Retrouvez un questionnement différencié sur le cahier d'activités p. 84

1. **Doc. 2** Se rendre sur LLS.fr/SNT2CodeCouleur pour tester les différents codes de couleurs (255, 215, 0) et (192, 192, 192). Quelles sont ces couleurs ?
2. Choisir une image à traiter et la sauvegarder dans le même dossier que le code Python à télécharger du **doc. 4**. Lancer le programme et expliquer à quoi il sert.
3. Sur cette même image, réaliser le traitement « Niveau de gris » du **doc. 5** avec PhotoFiltre et comparer les rendus.
4. À l'aide de l'outil « Pipette », préciser comment sont codés les pixels gris de l'image.
5. Pour obtenir une image exclusivement en noir et blanc, on peut utiliser l'option « Bichromie » dans les réglages de PhotoFiltre. Tester et préciser à quoi sert le seuil demandé.
6. Télécharger le nouveau code Python sur LLS.fr/SNT2P169 et le compléter pour réaliser le même traitement que PhotoFiltre.
7. **Bilan** Expliquer la méthode employée par l'algorithme permettant d'obtenir une image en nuances de gris et en noir et blanc à partir d'une image en couleurs.

Activité 4 • L'amélioration d'une prise de vue

ACTIVITÉ CONNECTÉE

Faire une belle photographie et la partager en très peu de temps sur les réseaux sociaux est devenu une chose complètement banale. À tel point qu'on en oublie la quantité et le rôle des algorithmes mis en jeu pour traiter et améliorer ces images.

Capacités

Expliciter des algorithmes associés à la prise de vue.

Identifier les étapes de la construction de l'image finale.

Quel est le rôle des algorithmes dans les appareils photographiques numériques ?

Cette photographie floue a été prise à bord d'une voiture en mouvement.

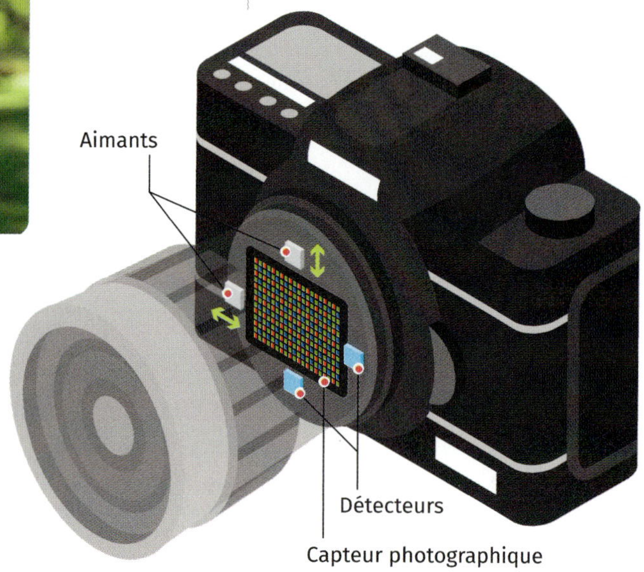

Lors d'une prise de vue, certains mouvements intempestifs de l'appareil et du photographe peuvent provoquer une déformation de la photographie et générer un flou global. Les ingénieurs ont mis au point un système de réponse mécanique à ces mouvements.

À partir de capteurs, les mouvements de l'appareil sont détectés ; la réponse du système consiste à déplacer légèrement le capteur photosensible de façon à conserver une prise de vue stable. Ce déplacement est réalisé grâce à des aimants contrôlés par un algorithme qui tient compte des mesures fournies par les détecteurs.

1 Stabilisation mécanique

Numérique

Découvrez des tests de stabilisation mécanique ou numérique en vidéo sur LLS.fr/SNT2Stabilisation.

Lorsqu'une personne ou un objet pris en photographie est en mouvement, les appareils photographiques sont susceptibles de réaliser des photographies floues. Ce problème est dû à la durée d'acquisition de la photographie qui nécessite de collecter suffisamment de lumière par le capteur avant d'enregistrer les données.

Si durant ce délai d'acquisition, le mouvement de l'objet est trop important, la lumière provenant d'un même détail de l'objet ne peut pas être collectée par un seul et même photosite. Ce phénomène provoque une collecte de données erronée qui génère un brouillage de l'objet en mouvement.

Pour remédier à ce problème, plusieurs solutions existent, mais elles sont loin d'être parfaites. La plus simple consiste à diminuer la durée d'exposition lors de la prise de la photographie, quitte à perdre en contraste si le capteur photographique collecte moins de lumière. Une autre méthode consiste à prendre une série de photographies à la suite et de ne conserver que celle présentant le moins de flou, manuellement ou à l'aide d'un algorithme.

2 Stabilisation numérique

Le montage présente deux premières photographies prises avec une forte et une faible luminosité. La troisième correspond à la combinaison des deux avec une amélioration générale du rendu des détails.

Le HDR *(High Dynamic Range)* est une technique permettant d'améliorer le niveau de détail des photographies numériques. Cette méthode consiste à mettre en évidence les faibles différences de luminosité dans les zones sombres et claires de l'image.

En activant le mode HDR, l'appareil photographique capture plusieurs images successives dont la tonalité de lumière, l'ombre et le temps d'exposition sont différents. Ensuite, le logiciel combine ces images en une seule à l'aide d'un algorithme pour construire une image finale avec plus de détails.

3 Algorithme HDR d'amélioration des détails

Questions

Retrouvez un questionnement différencié sur le cahier d'activités p. 85

1. Comparer les deux types de stabilisation évoqués dans les **doc. 1 et 2** pour préciser dans quelles situations ils sont utiles et dans quels cas ils ne le sont pas.
2. **Doc. 3** Expliquer pourquoi le HDR ne peut pas fonctionner avec des objets en mouvement.
3. À l'aide d'un *smartphone* possédant cette fonctionnalité, réaliser deux photographies de l'extérieur du lycée, l'une avec et l'autre sans l'algorithme HDR. Comparer les photographies avec celles de vos camarades.
4. **Bilan** Lister l'ensemble des méthodes permettant d'obtenir des rendus de meilleure qualité.

Retrouvez l'activité 5 sur les métadonnées et les manipulations d'images sur LLS.fr/SNT2T7ActNum.

Cours • La photographie numérique

1 La capture des images numériques

A Le principe de capture

La structure optique d'un appareil photographique est la même pour tous les appareils. L'objectif est composé d'un ensemble de lentilles focalisant la lumière afin de former une image au niveau de l'élément de capture. Dans un appareil numérique, l'élément de capture est un capteur photographique qui convertit le signal lumineux en signal électrique.

B La structure d'un capteur

Les capteurs ne permettent pas d'effectuer à eux seuls une différenciation entre les couleurs. Afin d'obtenir une information concernant les couleurs, un filtre coloré est superposé au capteur. Chaque élément unitaire du capteur, appelé photosite, recueille alors une information concernant une couleur : le rouge, le vert ou le bleu.

2 Les images numériques

A La définition d'une image

Les images numériques ne sont pas continues, elles se décomposent en pixels. La définition indique le nombre de pixels d'une image. La définition est souvent présentée sous la forme $l \times h$ où l est le nombre de pixels dans le sens de la largeur et h le nombre de pixels dans le sens de la hauteur.

B La résolution d'une image

La résolution d'une image correspond au nombre de pixels par unité de longueur d'une image, le plus souvent exprimé en pixel par pouce (ppp) (dpi pour *dots per inch* en anglais). La résolution est importante lorsque l'on regarde l'image sur un écran ou lorsque l'on effectue une impression, c'est elle qui définit la qualité de l'image.

4 Différentes résolutions pour une même photographie

1 Capteurs CCD et CMOS

Successeurs des capteurs CCD, les capteurs CMOS sont aujourd'hui les capteurs photosensibles les plus présents dans les appareils photographiques numériques.

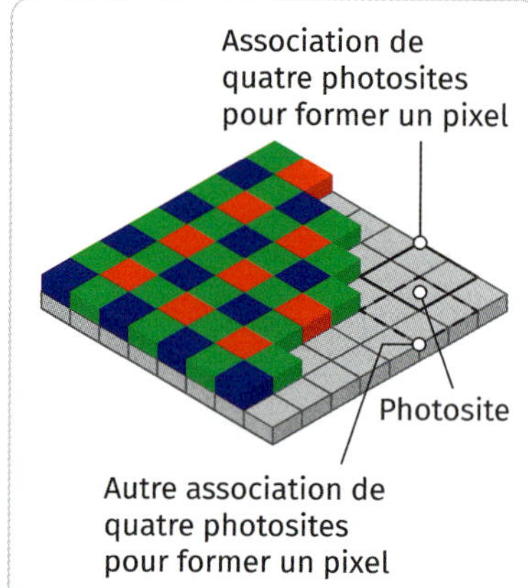

2 Matrice de Bayer

Maillage de photosites spécifiquement sensibles aux trois couleurs (rouge, vert et bleu).

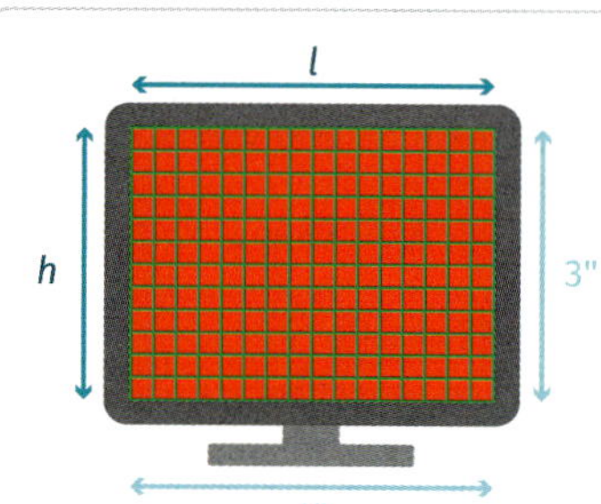

Définition : $l \times h$ = 16 × 12 pixels
Taille : 4 " × 3 "
Résolution : 4 ppp

3 Définition d'une image

C Le codage des couleurs

Chaque pixel d'une image numérique contient l'information sur sa couleur. Le codage le plus répandu est le codage RVB (ou RGB en anglais). Chaque pixel est alors codé par trois nombres représentant le rouge, le vert et le bleu. On appelle profondeur de couleur le nombre de bits utilisés pour coder les couleurs des pixels.

Couleur	Code décimal	Code binaire	Code hexadécimal
R	255	1111 1111	FF
V	215	1101 0111	D7
B	0	0000 0000	00

5 Codage RVB pour la couleur dorée (255, 215, 0)

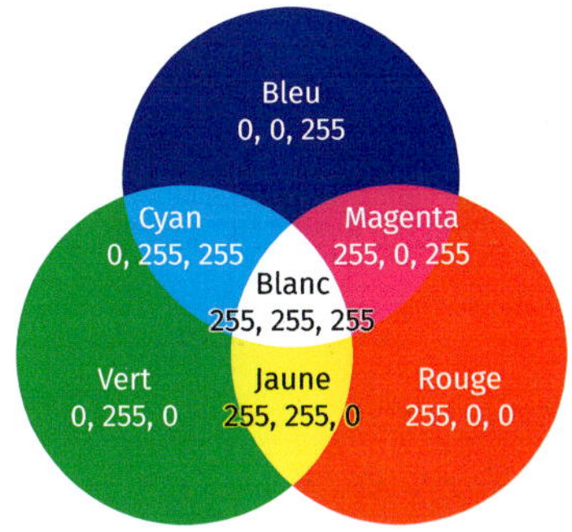

6 Synthèse additive des couleurs

D Les formats de fichiers

De très nombreux formats de fichiers existent pour les images numériques. Certains d'entre eux sont spécifiques à la photographie comme les formats .raw, .tiff ou .jpg. Ils se distinguent les uns des autres par les algorithmes de compression qu'ils utilisent pour diminuer le volume de données des images.

E Les métadonnées EXIF

Lors de la création de l'image, l'appareil photographique joint au fichier un certain nombre de données qui ne décrivent pas des pixels. Ces données sont appelées métadonnées EXIF et indiquent un ensemble de caractéristiques liées à l'image : résolution, définition, codage des couleurs, lieu et date de prise de vue, etc.

Images	
ID de l'image	
Dimensions	4096 x 3072
Largeur	4096 pixels
Hauteur	3072 pixels
Résolution horizontale	72 ppp
Résolution verticale	72 ppp
Profondeur de couleur	24
Compression	
Unité de résolution	2
Représentation des couleurs	sRGB
Bits compressés/pixel	
Appareil photo	
Marque appareil photo	motorola
Modèle d'appareil photo	moto g(7) power
Focale	F/2

7 Aperçu des métadonnées EXIF

3 Le traitement des images numériques

A Les traitements dans l'appareil

Une fois les données collectées lors de la capture de l'image, l'appareil photographique réalise différents traitements automatiques. Certains correspondent aux réglages de l'appareil, d'autres à des améliorations nécessitant l'intervention d'algorithmes de traitement d'image.

B Les retouches par logiciel

Les images peuvent aussi être modifiées après leur obtention par l'appareil photographique. Ces modifications peuvent avoir plusieurs objectifs : artistique (les filtres Instagram), esthétique (lorsqu'on réalise une retouche sur le visage ou le corps), humoristique et parfois calomnieux (les *deepfakes*). Aujourd'hui, il est facile de modifier des images pour obtenir des images « choc ». Il convient d'être prudent vis-à-vis de telles images et de s'interroger sur leur authenticité.

8 Exemple de photographie avant et après retouche

La photographie numérique

Capteur photographique

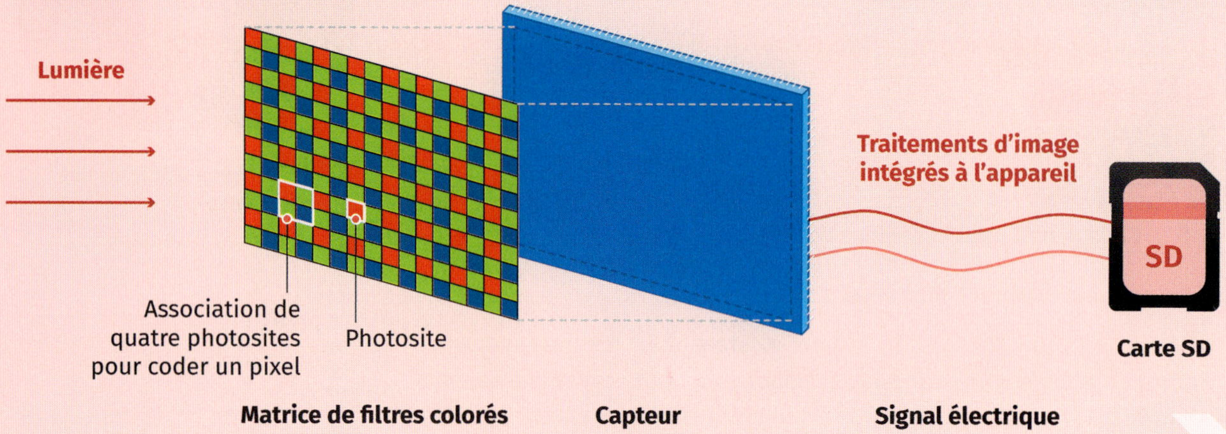

Carte mémoire

- Définition : $h \times l$
- Résolution : rapport entre la définition et la taille

Métadonnées EXIF

Global Positioning System	
GPS Altitude	31.9 m
GPS Latitude	6deg 14' 7.620"
GPS Longitude	106deg 49' 30.210"
Image Information	
Date and Time	2018:08:24 15:47:27
Manufacturer	Apple
Model	iPhone 6s
Photograph Information	
Aperture	F2.2
Exposure Bias	0 EV
Exposure Mode	Auto
Exposure Program	Auto
Exposure Time	1/874 s
Flash	No, auto
FNumber	F2.2
Focal Length	4.2 mm

Traitement des images avec logiciels

Trouvez les réponses à vos questions
LLS.fr/SNT2P175

Dans le monde

Carte des endroits les plus photographiés
Source : sightsmap.com.

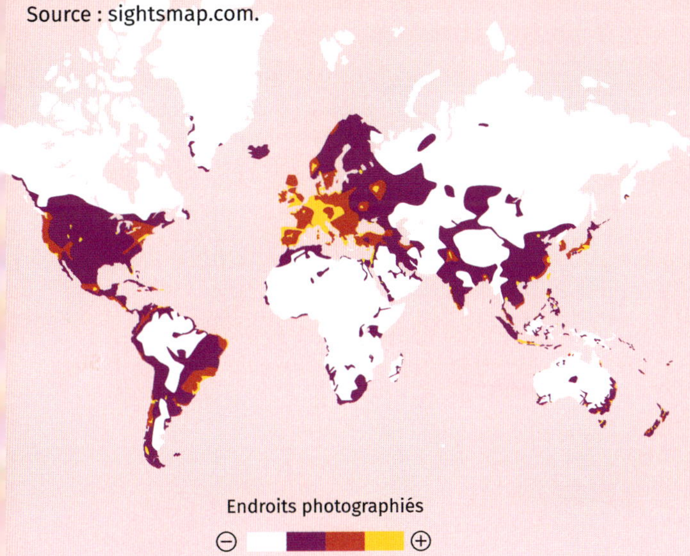

En chiffres

Plus de 16 millions
Nombre de couleurs que peut afficher un pixel en codage RVB

1 200 milliards
Nombre de photos prises en 2017 dans le monde dont **85 %** par des *smartphones*

17 milliards
Nombre de photos partagées sur Messenger chaque mois en 2020

100 millions
Nombre de photos partagées sur Instagram chaque jour en 2020

122 millions
Nombre d'appareils photographiques vendus dans le monde en 2010

20 millions
Nombre d'appareils photographiques vendus dans le monde en 2018

Questions-clés

1. Est-ce que je sais expliquer le fonctionnement d'un appareil photographique ?
2. Est-ce que je suis capable de décrire comment sont codées les images numériques ?
3. À quoi sert un algorithme de traitement d'image ? Est-ce que je peux en citer quelques-uns ?
4. Est-ce que je sais comment afficher les métadonnées EXIF d'une photographie numérique ?
5. Est-ce que je peux citer quelques dérives liées à la manipulation d'images numériques ?

Pour aller plus loin

À regarder

Découvrez en vidéo **l'explication du *deepfake* historique** de Barack Obama.
À regarder sur LLS.fr/SNT2DeepFake.

À lire

Un article du ***Harvard Business Review*** consacré aux conséquences de la retouche photographique sur la psychologie des adolescents.
À lire sur LLS.fr/SNT2Retouche.

Numérique
Retrouvez l'essentiel du cours en vidéo sur LLS.fr/SNT2P175.

Exercices • Autoévaluation

Entraînez-vous avec les exercices autocorrigés sur LLS.fr/SNT2P176

Retrouvez les réponses de ces exercices p. 189.

1 Bonne définition

Parmi les propositions suivantes, identifier celle qui ne correspond pas à une définition d'image :

a. 2560 × 1440.

b. 16 millions de pixels.

c. 300 ppi.

2 Papillons

On applique à l'image ci-dessus un algorithme dont le principe est le suivant : il modifie pour chaque pixel les valeurs des composants RVB en remplaçant celle du rouge par la moyenne des valeurs des trois couleurs, et en fixant celles du vert et du bleu à 0.

Identifier le résultat de l'algorithme parmi les propositions suivantes.

a. 

b. 

c. 

d. 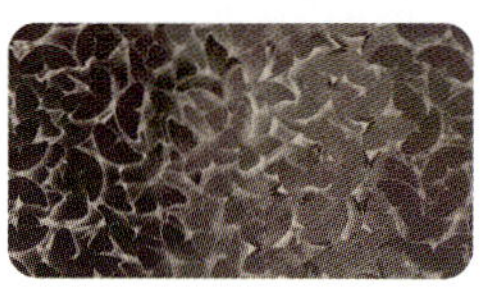

3 Conservation des proportions

Afin de mettre en page un document, Ida souhaite insérer une image en paysage, dont la taille est 22 cm × 11 cm dans un espace disponible de 5 cm de large.

a. Déterminer la hauteur de l'image finale dans l'espace disponible si les proportions sont respectées.

• 5 cm. • 2,5 cm. • 10 cm.

b. Sachant que le nombre de pixels est conservé, en déduire de combien augmente ou diminue la résolution.

4 Dégradé

On souhaite réaliser un dégradé de couleurs comme suit :

R = 93 V = 84 B = 89	R = 123 V = 114 B = 119	R = ? V = ? B = ?	R = 184 V = 175 B = 178	R = 215 V = 209 B = 209

Proposer un codage RVB pour la couleur manquante.

a. R = 252, V = 143, B = 0.

b. R = 152, V = 201, B = 248.

c. R = 152, V = 143, B = 148.

Numérique

Connectez-vous sur lelivrescolaire.fr pour retrouver plus d'exercices LLS.fr/SNT2P176.

Savoir-faire - Parcours d'apprentissage	Activités	Exercices
❑ Savoir comment fonctionne l'acquisition de photographie numérique.	2	6
❑ Savoir utiliser les métadonnées d'une photographie.	5	10, 12
❑ Savoir comment sont codées les images numériques et quelles sont leurs caractéristiques.	3	11, 13
❑ Savoir identifier le rôle d'un algorithme de traitement d'image.	4	2, 14

5 Pi

On considère l'image suivante codée en binaire (0 pour le blanc, 1 pour le noir).

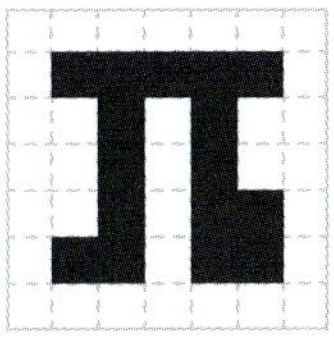

◆ Déterminer la définition de l'image.

6 Matrice

Un capteur photographique surmonté de sa matrice de Bayer est représenté ci-dessous.

1. Donner le nom des éléments du capteur représentés par un carré gris.
2. Préciser combien d'éléments sont nécessaires au minimum pour coder correctement un pixel.

7 *Pi Day*

À l'occasion du *Pi Day* (le 14 mars, en référence à sa date en format 03/14), un professeur souhaite réaliser une icône pour son site Web. Il prend en photographie une de ses spécialités culinaires, qu'il nomme photo A, la recadre pour donner la photo B, et réduit le nombre de pixels pour aboutir à la photo C.

1. Associer les photographies 1, 2 et 3 aux photographies A, B ou C.
2. Déterminer la photographie avec la définition la plus élevée.
3. Identifier deux photographies possédant la même résolution.
4. Comment expliquer la faible qualité d'une des photographies ?

8 Données

Un logiciel de traitement des images ou certains systèmes d'exploitation permettent d'accéder à l'ensemble des données contenues dans un fichier image.

1. Donner le nom des données contenues dans le fichier et ne servant pas à coder l'image.
2. Donner deux exemples d'informations pouvant être apportées par ces données.
3. Préciser les risques auxquels on s'expose en laissant ces données dans le fichier lors d'un partage sur les réseaux sociaux.

9 Codage des couleurs

On rappelle que le codage des couleurs suit le système RVB où chaque pixel est alors codé par trois nombres (allant de 0 à 255) représentant le rouge, le vert et le bleu.

1. Rappeler les codes RVB du cyan et du jaune.
2. En se rendant sur LLS.fr/SNT2RVB, trouver la couleur dont le code RVB est (255, 96, 208).

10 Métadonnées

On considère les métadonnées EXIF d'une photographie.

Global Positioning System	
GPS Altitude	31.9 m
GPS Latitude	6deg 14' 7.620"
GPS Longitude	106deg 49' 30.210"
Image Information	
Date and Time	2018:08:24 15:47:27
Manufacturer	Apple
Model	iPhone 6s
Photograph Information	
Aperture	F2.2
Exposure Bias	0 EV
Exposure Mode	Auto
Exposure Program	Auto
Exposure Time	1/874 s
Flash	No, auto
FNumber	F2.2
Focal Length	4.2 mm
ISO Speed Ratings	25
Metering Mode	Multi-segment
Shutter speed	1/874 s
White Balance	Auto

1. Relever les coordonnées du lieu où a été prise cette photographie.
2. Le jour et l'heure de la prise font-ils partie des données ? Si oui, les indiquer.
3. Identifier l'appareil avec lequel la photographie a été prise.

Exercices • Pratique

Retrouvez un questionnement différencié sur le cahier d'activités p. 91

11 Bonne résolution pour le 1er janvier

Savoir comment sont codées les images numériques et quelles sont leurs caractéristiques.

Un magazine souhaite imprimer une photographie de feu d'artifice du nouvel an disponible sous plusieurs définitions. La largeur de la photographie dans le magazine est de 5 cm (soit 2"). La résolution minimale pour une impression de qualité est de 400 ppp.

1. Donner, pour chaque photographie, le nombre de pixels en hauteur. Écrire alors la définition de chaque image en format largeur × hauteur.
2. Calculer la résolution de chaque photographie imprimée au format du magazine. En déduire la ou les photographies pouvant convenir.

	Nombre de pixels de l'image	Nombre de pixels en hauteur
Photo 1	518 400	960
Photo 2	360 000	450
Photo 3	230 400	360

Caractéristiques des images disponibles.

12 Photo volée

Savoir utiliser les métadonnées d'une photographie.

Un professeur documentaliste décide de réaliser un concours de photographie. Après délibération, la photographie ci-dessous est désignée comme la grande gagnante. Problème, deux élèves en revendiquent la paternité : le premier indique qu'il l'a prise en vacances chez sa grand-mère en Bretagne, le second qu'il l'a prise dans le jardin de son oncle dans la région lyonnaise.

1. Donner la signification des informations soulignées.
2. Identifier le véritable auteur du cliché.

Jeu sérieux

Rendez-vous sur LLS.fr/SNT2P178 pour obtenir un indice sur le criminel en rentrant le code postal de la ville où a été prise la photographie !

Images	
ID de l'image	
Dimensions	3072 x 4096
Largeur	3072 pixels
Hauteur	4096 pixels
Résolution horizontale	72 ppp
Résolution verticale	72 ppp
Profondeur de couleur	24
Compression	
Unité de résolution	2
Représentation des couleurs	sRGB
GPS	
Latitude	45; 46; 36.9 N
Longitude	4; 43; 27.5 E
Altitude	229.4

1 Métadonnées EXIF de la photographie

2 Photographie gagnante

13 ●●● Mont-Blanc vu en grand

Savoir comment sont codées les images numériques et quelles sont leurs caractéristiques.

Une des plus grandes photographies du monde a été réalisée par l'équipe In2white. Elle est composée d'un assemblage de 70 000 images et comporte environ 365 milliards de pixels.

Découvrir cette photographie sur LLS.fr/SNT2In2White.

1. Rappeler la signification de définition et de résolution.
2. Calculer, pour un codage RVB 24 bits (3 octets par pixel), la mémoire occupée par l'image. Exprimer le résultat en téraoctet (To) (1 To = 10^{12} o).
3. On souhaite imprimer cette image d'une définition de 500 000 × 730 000 pixels avec une résolution de 400 ppp. Quel sera le format de la photographie en cm (1,0" = 2,5 cm) ?

Aperçu de la photographie disponible sur le site In2white

14 ●●● Algorithme de traitement des images

Savoir identifier le rôle d'un algorithme de traitement d'image.

On applique un algorithme de traitement d'image à la photographie suivante.

1 Photographie de départ

```
im = Image.open('ballon.jpg')

hsv_im = im.content('HSV')

new2 = Image.new('HSV',im.size,0)
for i in range(1,im.size[0]) :
  for j in range(1,im.size[1]) :
    h, s, v = hsv_im.getpixel((i, j))
    new2.putpixel((i,j), (h+180,s,v))
new2 = new2.convert('RGB')
new2.save('Im1.jpg','JPEG')
```

2 Algorithme Python utilisé

3 Résultats de l'algorithme pour une valeur de 60° à gauche et 180° à droite

1. Identifier le type de codage des couleurs utilisé dans l'algorithme. Rechercher sur Internet comment il fonctionne.
2. Le format d'image .jpeg n'est compatible qu'avec un codage de type RVB. Expliquer alors les deux dernières lignes du code.
3. Identifier la valeur modifiée par cet algorithme.
4. Expliquer sa signification d'après les résultats.

Projet 1 Réaliser un *light painting*

Le *light painting* est une technique photographique dans laquelle on déplace une source de lumière portative tout en prenant une photographie à longue exposition, soit pour éclairer un sujet ou pour faire briller un point de lumière directement sur l'appareil, soit en déplaçant l'appareil lui-même pendant l'exposition.

En jouant sur la durée d'exposition, les mouvements contrôlés des sources lumineuses et/ou de la caméra lors de l'exposition permettent de créer une réalité alternative, qui n'existe que dans l'image finale enregistrée par la caméra.

Consigne
À l'aide d'un appareil photographique numérique ou d'un *smartphone*, réaliser une photographie en *light painting* pour écrire votre prénom.

Illustration du *light painting*
Il existe plusieurs domaines dans le *light painting* : le *light graff*, le *light drawing*, le *light writing*, etc.

Projet 2 Programmer un filtre Instagram

Les filtres proposés par le réseau social Instagram permettent de retoucher les images numériques en modifiant leur rendu. L'un d'entre eux, le filtre Willow, propose un passage en nuances de gris augmentant légèrement la luminosité générale de l'image.

D'après une étude de 2015 menée par *Yahoo Labs* et *Georgia Tech*, ce sont les couleurs dites chaudes, comme le jaune, l'orange et le rouge, qui susciteraient le plus d'adhésion de la part des utilisateurs d'Instagram. En associant ces couleurs à une exposition et une saturation fortes, le phénomène serait d'autant plus important.

Consigne
À l'aide de la bibliothèque *Pillow* de Python, recréer un filtre Instagram parmi ceux présentés.

Filtres Instagram
Les différents filtres proposés par l'application Instagram permettent de modifier le rendu d'une image numérique.

Métier

Photographe

En quoi consiste votre métier ?

J'ai travaillé pour une société où je devais réaliser la décoration (mise en scène, recherche des tendances, mise en place de la lumière, prises de vue, etc.). J'ai également eu l'occasion de travailler en studio pour différentes marques (décoration, culinaire, mode) où mon rôle était uniquement de faire les prises de vues.

En indépendante, je travaille pour des particuliers (grossesse, mariage, naissance, *book* pour des comédiens ou mannequins), mais je peux également travailler avec des professionnels (fleuristes, architectes, boutiques de décoration ou de mode).

Qu'est-ce qui vous a amenée à faire ce métier ?

J'ai commencé la photographie au lycée grâce à ma spécialisation et j'ai décidé de la continuer en parallèle de mes études de mode. À la fin de mes études, j'ai réalisé un stage de six mois dans un gros studio où j'ai pu accompagner les photographes sur des *shootings* pour des clients de grandes enseignes. Et depuis je n'ai jamais arrêté. Aujourd'hui, cela fait dix ans que je fais de la photographie, en salariée ou en *freelance*.

Et si vous voulez changer de métier un jour ?

C'est un métier avec une concurrence énorme, il faut toujours se remettre en question. Les places en tant que salariés sont très chères, car très peu de postes sont à pourvoir. Si un jour je devais changer de métier, je partirais sur quelque chose de totalement différent : infirmière !

Études :

- Bac + 2 : BTS Photographie
- Bac + 5 : DNSEP option Art ou Communication ou Diplôme de l'École nationale supérieure de la photographie d'Arles

Salaire débutant : 1200 € net/mois ; 20 000 € brut/an.

Retrouver plus de métiers sur LLS.fr/SNT2P181.

PARCOURS pix

Chaque pixel d'une image numérique est codé par trois composantes associées au rouge, au vert et au bleu.
Ce codage est utilisé dans de nombreux domaines, notamment dans le graphisme lorsqu'il est nécessaire d'établir une charte graphique pour harmoniser le jeu de couleurs.
Un développeur Web souhaite utiliser cette couleur pour la page d'accueil d'un site.

La couleur est celle utilisée dans l'image accessible sur LLS.fr/SNT2P181.

Rendez-vous sur la compétence « Développer des documents multimédia » du domaine « Création de contenu » pour préparer la certification pix !

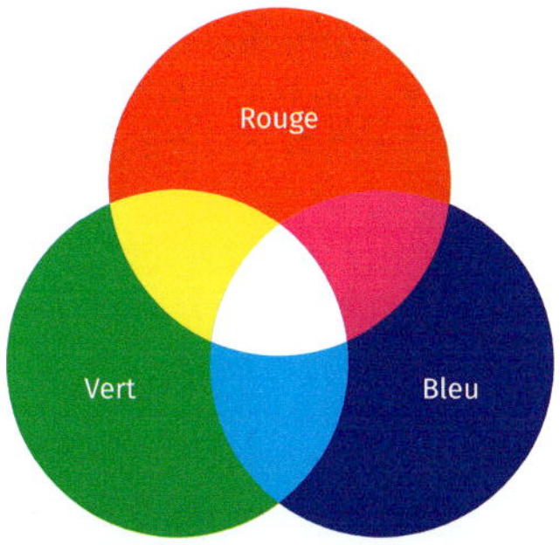

Synthèse additive des couleurs

Consigne :

Quel code couleur devra-t-il renseigner dans le fichier CSS de la page Web ?

Fiches méthode

Culture du numérique et fiches techniques

Compétences transversales

Numérique
Retrouvez les fiches méthode numériques à télécharger au format pdf sur LLS.fr/SNT2FM.

Retrouvez les fiches méthode 1 à 3 en version numérique sur LLS.fr/SNT2FM.

4 Utilisation d'un tableur

A Exemple d'une feuille de calcul

Un examen facultatif est organisé dans les disciplines scientifiques d'une classe de 2de. Chaque élève reçoit trois notes, chacune allant de 0 à 10 : une en SVT, une en Mathématiques et une en Physique-Chimie. La somme des ces trois notes est alors calculée. Pour être admis, chaque élève doit obtenir un total de plus de 15 sur 30. De plus, s'il obtient plus de 5 à chaque note, il reçoit une mention spéciale.

Dans les cellules A2 et A3, on insère les valeurs 1 et 2. On sélectionne ensuite les deux cellules et on étire leur contenu vers le bas. Le logiciel génère automatiquement les valeurs suivantes jusqu'à 10.

Dans la cellule E2, on saisit la formule : =SOMME(B2:D2) Cette formule permet de réaliser la somme de toutes les valeurs des cellules situées entre les cellules B2 et D2.

Dans la cellule F2, on impose un résultat sous condition : =SI(E2>15;"Admis";"Refusé") Si le contenu de la cellule E2 est strictement supérieur à 15, alors la cellule affiche la valeur « Admis », sinon elle affiche la valeur « Refusé ».

	A	B	C	D	E	F	G
1	Numéro du candidat	Note en Mathématiques	Note en Physique-Chimie	Note en SVT	Note totale	Résultat	Mention spéciale
2	1	8	2	2	12	Refusé	
3	2	2	8	8	18	Admis	
4	3	5	2	5	12	Refusé	
5	4	0	8	1	9	Refusé	
6	5	2	1	0	3	Refusé	
7	6	6	6	8	20	Admis	Mention
8	7	5	8	7	20	Admis	
9	8	9	9	10	28	Admis	Mention
10	9	3	2	9	14	Refusé	
11	10	7	1	5	13	Refusé	
12	Moyenne	4.7	4.7	5.5	14.9		

Dans la cellule B12, on saisit : =MOYENNE(B2:B11) Cette opération permet de calculer automatiquement la moyenne de l'ensemble des valeurs des cellules situées entre B2 et B11 incluses.

Dans la cellule G2, on attribue ou non la mention spéciale : =SI(ET(B2>5;C2>5;D2>5);"Mention";"") Si les contenus des cellules B2, C2 et D2 sont tous strictement supérieurs à 5, alors la cellule affiche la valeur « Mention », sinon elle n'affiche rien.

B Simulation du hasard avec un tableur

Dans un tableur, il est possible de générer des nombres aléatoires en utilisant :

- la formule =ALEA() qui affiche, dans la cellule où elle est écrite, un nombre décimal aléatoire compris dans l'intervalle [0;1[;
- la formule =ALEA.ENTRE.BORNES(a;b) qui affiche un nombre entier aléatoire entre les entiers *a* et *b* inclus.

	A	B	C	D
1	Dé 1	Dé 2	Dé 3	Dé 4
2	3	5	2	6
3	Défaite	Défaite	Défaite	Victoire

- **Exemple :** Amir joue à un jeu de dé. Il gagne quand le dé donne 6. À l'aide du tableur ci-dessus, il modélise quatres parties de ce jeu. Dans les cellules de la ligne 2, il utilise l'instruction =ALEA.ENTRE.BORNES(1;6) pour simuler un lancer de dé.

Retrouvez la fiche méthode 5 en version numérique sur LLS.fr/SNT2FM5.

6 Navigateurs Web

Un navigateur Web est un logiciel permettant de consulter et d'afficher des ressources du Web. Il en existe un grand nombre, dont la liste ci-dessous n'est pas exhaustive. Les quatre premiers navigateurs présentés sont les plus utilisés. Les deux derniers, plus respectueux des données personnelles, sont présentés à titre indicatif.

Nom	Carte d'identité	Particularités
Chrome	**Création :** 2008 **Développement :** Google	**Avantages :** • Rapide • Catalogue d'extensions important • Synchronisation simple des applications et appareils **Inconvénients :** • Cible privilégiée des *hackers* en raison de sa forte popularité • Utilisé à des fins de collecte de données par Google
Safari	**Création :** 2003 **Développement :** Apple	**Avantages :** • Catalogue d'extensions important • Interface graphique intuitive • Fonctionnalités dédiées à la sécurité et à la vie privée **Inconvénients :** • Optimisé pour les produits de la marque Apple • Version obsolète sur le système d'exploitation Windows
Edge	**Création :** 2015 **Développement :** Microsoft	**Avantages :** • Fonctionnalité de continuité de navigation sur de multiples appareils • Compatible avec les extensions du navigateur Chrome • Niveau de protection de la vie privée paramétrable **Inconvénient :** • Utilisé à des fins de collecte de données par Microsoft
Firefox	**Création :** 2003 **Développement :** Mozilla	**Avantages :** • Pas d'exploitation à but lucratif des données des utilisateurs • Catalogue d'extensions important • Niveau de protection de la vie privée paramétrable **Inconvénient :** • Gourmand en mémoire
Opera	**Création :** 1995 **Développement :** Opera Software	**Avantages :** • Rapide • Très personnalisable • Utilisation gratuite d'un VPN (*Virtual Private Network*) **Inconvénient :** • Complexe pour sa prise en main
Brave	**Création :** 2016 **Développement :** Brave Software	**Avantages :** • Compatible avec les extensions du navigateur Chrome • Fonctionnalités dédiées à la sécurité et à la vie privée • Navigation privée basée sur Tor permettant l'anonymisation de la navigation **Inconvénient :** • Personnalisation limitée

Retrouvez les fiches méthode 7 et 8 en version numérique sur LLS.fr/SNT2FM.

9 Langages HTML et CSS

Pour les développeurs, se conformer aux standards d'écriture des langages HTML et CSS est indispensable afin de garantir à tous les utilisateurs un affichage optimal des pages Web qu'ils consultent.

A Langage HTML

Présentation

Le langage HTML est un langage basé sur des balises et conçu pour représenter des pages Web en y intégrant des liens hypertexte, des images, des vidéos, etc. Il constitue l'ossature d'une page Web.

Éléments

Les éléments sont les briques constitutives du code HTML de la page Web. Il en existe plus d'une centaine dans la version HTML5, plus ou moins courants. Certains permettent d'intégrer des informations supplémentaires (`<head>...</head>`, `<meta>...</meta>`), des sections (`<body>...</body>`, `<header>...</header>`, `<footer>...</footer>`), des blocs (`<div>...</div>`, `<p>...</p>`, `<li>...</li>`), des éléments intégrés dans le texte (`<a>...</a>`, `<strong>...</strong>`), du contenu inclus (`<img>`, `<iframe>...</iframe>`) ou encore des éléments de formulaire (`<button>...</button>`, `<input>`).

Attributs

Les attributs permettent de préciser les propriétés des éléments. Les deux plus importants sont les attributs `id` et `class` permettant de les identifier dans la page, mais d'autres comme `src` et `href` permettent respectivement de renseigner la source d'un contenu inclus, et préciser la destination d'un lien hypertexte.

Commentaires

La syntaxe `<!-- ... -->` permet de laisser un commentaire non interprété dans le code source de la page.

Numérique

Rendez-vous sur LLS.fr/SNT2P185 pour retrouver plus de ressources sur ces langages.

B Langage CSS

Présentation

Le langage CSS est un langage spécifique à la mise en forme de la page Web. Il permet de calibrer les tailles, les polices, le fond, etc. pour un meilleur rendu visuel du site.

Quelques propriétés

`width` et `height` : largeur et hauteur d'un élément.

`font-style` : `italic`, texte en italique.
`normal`, sans italique.

`font-weight` : `bold`, texte en gras.
`normal`, graisse normale.

`text-decoration` : `underline`, texte souligné.
`line-through`, texte barré.
`overline`, texte surligné.

`background-size` : `cover`, l'image couvre l'élément (rogne une dimension si nécessaire).
`contain`, l'image est maximisée sans pouvoir dépasser l'élément.

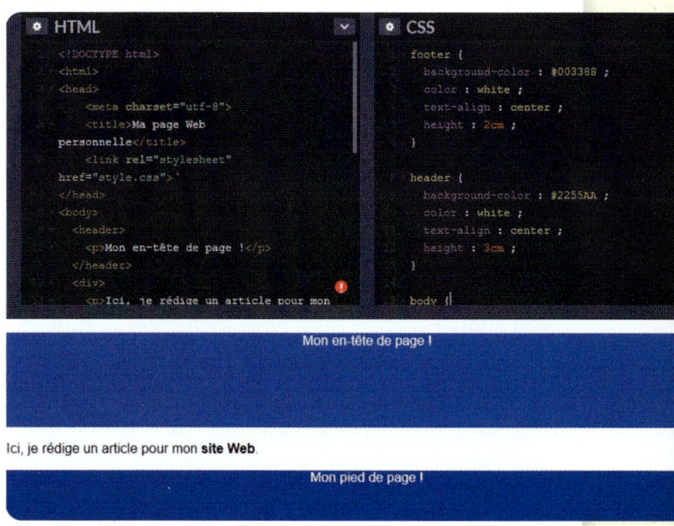

Retrouvez la fiche méthode 10 en version numérique sur LLS.fr/SNT2FM10.

11 Systèmes d'Information Géographique

A Présentation

Un Système d'Information Géographique (SIG) est un ensemble de ressources conçu pour collecter et traiter des données associées à des positions géographiques. Il permet de croiser de nombreuses informations pour **découvrir**, **comprendre** et **explorer** une zone géographique. Cet outil offre la possibilité d'agir sur les espaces et les acteurs qui l'animent et y vivent. Trois SIG gratuits sont couramment utilisés : Google Maps, OpenStreetMap et Géoportail. Ce dernier, créé par l'IGN (Institut national de l'information géographique et forestière) et le BRGM (Bureau de Recherches Géologiques et Minières) en 2006, se limite au territoire français.

B Utilisation de Géoportail

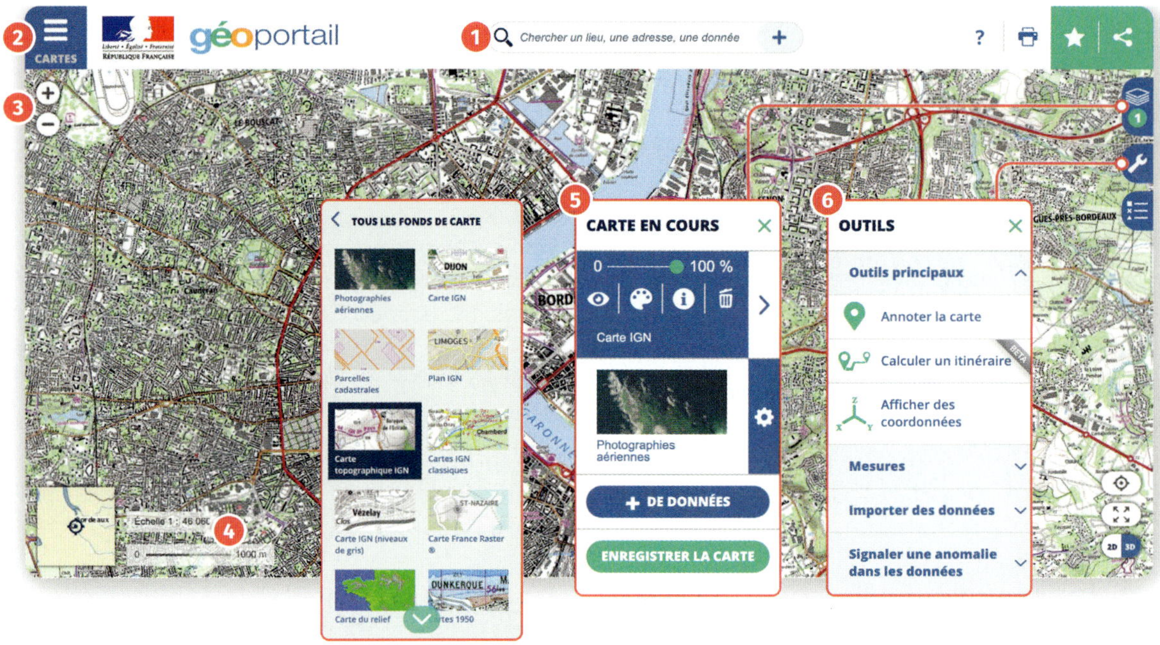

1. Barre de recherche de Géoportail
2. Choix du type de cartes
3. Zoom/dézoom
4. Échelle de la carte dans le zoom actuel
5. Informations et options relatives à la carte en cours
6. Outils de mesures et d'affichage pour l'exploitation des données

Géoportail permet :

- de **choisir** un territoire en France (avec le nom ou le code postal) ;
- de **sélectionner** une carte parmi 15 possibilités ou de faire apparaître des informations thématiques issues des données des administrations ;
- de faire apparaître plusieurs cartes en surbrillance pour **croiser** les informations ;
- de disposer d'outils pour **annoter** la carte, **calculer** une distance et/ou des itinéraires ;
- de passer de la 2D comme sur l'écran proposé à la 3D pour les cartes satellites ;
- de **s'approprier** et de **partager** la carte.

Retrouvez les fiches méthode 12 à 16 en version numérique sur LLS.fr/SNT2FM.

17 Participation à un débat

Un débat est un temps d'expression au cours duquel des personnes ayant des avis divergents peuvent confronter leurs idées. La préparation et la réalisation d'un débat sont l'occasion de travailler l'oral, mais également de développer la capacité à argumenter et à reformuler, ou encore de faire une recherche documentaire rigoureuse et pertinente. Il existe de nombreuses possibilités dans l'organisation d'un débat : par groupes, libre parole, classe divisée en deux, etc.

A Préparation du débat

Au préalable, un temps (en classe ou à la maison) doit être consacré à la préparation du débat. Ce temps permet :

- **d'acquérir des connaissances** et de trouver des données relatives au sujet du débat. Ce travail peut se faire dans le cadre d'une recherche documentaire, notamment sur Internet, ou bien avec des documents variés fournis par le professeur ;
- **de préparer des arguments et des contre-arguments**. Chaque équipe ou élève utilise les documents fournis et/ou trouvés pour construire un argumentaire. Il faut donc réfléchir aux arguments les plus pertinents, mais également aux contre-arguments que pourrait apporter le groupe adverse. Il est important de s'appuyer sur des données chiffrées, issues de sources scientifiques et citées avec rigueur. Des exemples concrets permettent également de renforcer l'argumentation.

Quelques règles pour un débat serein

- Droit au silence : on n'est pas obligé de parler.
- Droit d'exprimer son point de vue.
- Obligation de respecter la parole des autres.
- Respect des autres : aucun propos injurieux ou moqueur ne doit être formulé durant le débat.

B Mise en œuvre du débat

- **Disposition de la salle.** Il y a plusieurs possibilités selon la modalité de débat retenue : deux orateurs pour chaque équipe en face-à-face, classe en forme de « U », en cercle, etc.
- **Déroulement.** Un débat peut être découpé en plusieurs phases (de 5 ou 10 minutes chacune par exemple). Un temps de pause peut être pris entre deux phases pour que les équipes réfléchissent aux nouveaux arguments à apporter.
- **Évaluation du débat.** Un débat peut être évalué par le professeur ou par les autres élèves. Cette évaluation prend en compte la pertinence des arguments avancés, la capacité à apporter des contre-arguments, à reformuler, ainsi que la qualité de la présentation orale.
- **Rôles pendant le débat.** Différents rôles peuvent être attribués pour mieux gérer le débat : animateur/trice, secrétaire, maître du temps, vérificateur/trice, etc.

Numérique

Téléchargez une grille d'autoévaluation sur LLS.fr/SNT2P187.

18 Préparation d'un exposé

FAIRE UN EXPOSÉ

1 Sujet
- Définir tous les termes complexes du sujet
- Délimiter le sujet

2 Consignes
- Repérer les capacités visées
- Rechercher les connaissances attendues
- Identifier la durée de l'exposé
- Prévoir ou non un support

3 Recherches documentaires
- Utiliser des dictionnaires ou des encyclopédies pour définir les termes importants
- Utiliser les ressources du CDI et de la médiathèque
- Rechercher et sélectionner des sources fiables et variées sur le Web
- Identifier des outils numériques en lien avec le sujet
- Lister les sources et les ressources utilisées pour établir une bibliographie rigoureuse

4 Structure et organisation
- Regrouper les idées dans un plan cohérent
- Équilibrer les parties du plan, les subdiviser si besoin

5 Préparation
- Choisir un support adapté (diaporama, infographie, vidéo, etc.)
- Indiquer les sources et ressources utilisées pour la réalisation du support
- Soigner la présentation du support
- Aérer au maximum en intégrant des images
- Ne pas rédiger de paragraphes entiers
- Choisir les documents illustratifs, si possible sous licence libre (*Creative Commons* par exemple) ou dans le domaine public
- Préparer des notes claires et concises
- Enregistrer le support sous différents formats et prévoir des sauvegardes

6 Entraînement
- S'entraîner devant quelqu'un ou s'enregistrer en vidéo
- Se chronométrer
- Identifier et reformuler les points difficiles à faire comprendre
- Se détacher de ses notes
- Répartir la prise de parole entre les différents membres du groupe

7 Jour J
- Tester le support avant de commencer
- Vérifier que les outils numériques fonctionnent bien
- Se présenter au début et remercier à la fin
- Ne pas se contenter de lire le support, le commenter
- Regarder l'auditoire, se détacher de ses notes

Retrouvez la fiche méthode 19 en version numérique sur LLS.fr/SNT2FM19.

Corrigés

Thème 1 - Internet

Se tester

1 1. c. 2. b. 3. b. **2** 1. c. 2. a. 3. b. c.
3 1. a. 2. a. 3. a. c. **4** 1. b. 2. a.

QCM

1 c. **2** c. **3** a. b. c. d. **4** c.
5 a. **6** a. b. c. d. **7** a. **8** a.

Thème 2 - Le Web

Se tester

1 1. b. 2. a. b. 3. a. b.
2 1. b. 2. a. 3. c.
3 1. a. 2. b. 3. d. **4** 1. b. 2. c.

QCM

1 b. **2** HTTP • HTML • URL **3** b.

4 **a.** Vrai, les *cookies* sont nécessaires pour sauvegarder au moins l'identifiant et le mot de passe.

b. Faux, les *cookies* ne sont pas inutiles, ils facilitent la navigation en conservant des données (identifiant, mot de passe, etc.) et permettent l'utilisation de certaines fonctionnalités.

c. Vrai, les *cookies* sont des fichiers texte de petite taille contenant des informations.

5 CSS : style de la page,
HTTPS : protocole d'échange sécurisé,
HTML : contenu de la page.

6 **a.** Faux, tout le Web n'est pas indexé par les moteurs de recherche, ce qui rend leur accès moins aisé.

b. Faux, les protocoles HTTP et HTTPS, par exemple, ne garantissent pas le même niveau de sécurité aux utilisateurs.

c. Vrai, c'est le principe de fonctionnement du langage HTML.

d. Faux, les *crawlers* ne font que parcourir le Web à partir des liens hypertextes.

e. Vrai, les moteurs de recherche peuvent personnaliser les réponses aux requêtes en fonction de la localisation géographique, de l'historique des requêtes, etc.

Thème 3 - Les réseaux sociaux

Se tester

1 1. c. 2. c. 3. a.
2 1. c. 2. a. b. d. 3. d.
3 1. a. c. 2. c.
4 1. d. 2. a. b. d. 3. a. c.

QCM

1 b. **2** a. b. **3** a.

4 **a.** Faux, le réseau social préféré en 2020 est Instagram.

b. Vrai, 57 % pour être plus précis !

c. Faux, de très nombreuses fausses informations circulent sur les réseaux sociaux, bien plus rapidement d'ailleurs que les vraies.

d. Faux, le premier réseau social est Classmates.com.

e. Vrai, le Code pénal prévoit des peines d'emprisonnement et des amendes.

5 graphes • sommets • arêtes • centre • rayon • diamètre

6 **a.**

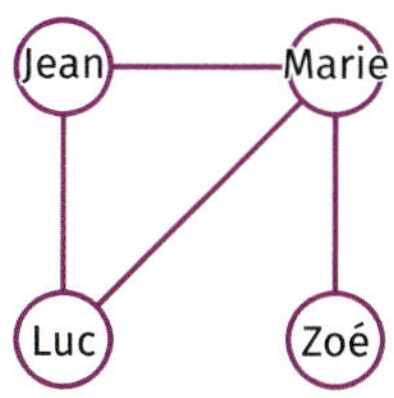

b. Le centre est Marie, le rayon est de 1 et le diamètre de 2.

7 **a.** On peut traiter deux types de cyberviolence : le harcèlement sur Internet, ou cyberharcèlement, et l'usurpation d'identité par exemple.

b. L'article 222-33 du Code pénal stipule qu'il est puni d'un an d'emprisonnement et de 15 000 € d'amende.

c. 3020 Non au harcèlement ou 0800 200 200 Net écoute. Ils conseillent les victimes et les témoins, ils peuvent aider au retrait des images ou des propos blessants.

Thème 4 - Les données structurées et leur traitement

Se tester

1 1. a. 2. a. b. 3. b. c.
2 1. a. 2. a. b. c. 3. b.
3 1. a. b. c. d. 2. b. c. d.
4 1. c. 2. b. 3. b. c.

QCM

1 a. b. c. **2** a. **3** a. c.
4 .csv, .txt, .ods, .xls, .json, .xml.
5 a. **6** b. **7** a.

Thème 5 - Localisation, cartographie et mobilité

Se tester

1 1. b. 2. a. b. 3. a. 4. a. c.
2 1. a. 2. c. 3. b. **3** 1. b. 2. a. 3. b.
4 1. c. 2. a.

QCM

1 b. **2** c. **3** b. **4** c. **5** d.
6 b. c.

7 **a.** Faux, le système GPS est américain.

b. Vrai, l'algorithme de Dijkstra est un des algorithmes parmi tant d'autres permettant de trouver un itinéraire.

c. Vrai, Géoportail est d'ailleurs un site de l'administration publique française.

d. Vrai, sans algorithme de correction, sa précision est de l'ordre du mètre contrairement au GPS qui est de l'ordre de 3 à 5 m.

e. Vrai, tous les utilisateurs peuvent y contribuer librement.

Thème 6 - Information embarquée et objets connectés

Se tester

1 1. b. 2. b. 3. b. **2** 1. c. 2. a. 3. c.
3 1. a. c. 2. c. 3. b. **4** 1. c. 2. a. b. c.

QCM

1 b. **2** c. **3** a. **4** d. **5** a.
6 c.

Thème 7 - La photographie numérique

Se tester

1 1. a. b. 2. b. 3. d.
2 1. **a.** (vision des couleurs avec forte luminosité) **b.** (nuances de gris avec faible luminosité). 2. d. 3. c.
3 1. a. 2. c. 3. a. b.
4 1. c. 2. b. 3. a. b.

QCM

1 c. **2** a.

3 **a.** 2,5 cm.

b. La résolution augmente : si on réduit les proportions de l'image par 4,4 en conservant la définition, on augmente par la même valeur la résolution.

4 c.

Programme

Numérique

Retrouvez et téléchargez l'intégralité du programme officiel sur LLS.fr/SNT2Programme.

Extraits du BO du 22 janvier 2019

Notions transversales de programmation

Contenus et capacités attendues

› Affectations, variables
› Séquences
› Instructions conditionnelles
› Boucles bornées et non bornées
› Définitions et appels de fonctions
• Écrire et développer des programmes pour répondre à des problèmes et modéliser des phénomènes physiques, économiques et sociaux.

1 - Internet

Le protocole TCP/IP

Internet est défini par le protocole IP (*Internet Protocol*), ensemble de normes qui permettent d'identifier et de nommer de façon uniforme tous les ordinateurs ou objets qui lui sont connectés. IP est accompagné de protocoles de transmission pour transférer l'information par paquets, le principal étant TCP/IP (*Transmission Control Protocol*). [...]

Les données et l'information

Internet manipule deux types d'information : les contenus envoyés et les adresses du destinataire et de l'émetteur. Ces deux types d'information sont regroupés dans des paquets de taille fixe, de façon uniforme et indépendante du type de données transportées [...].

Les algorithmes et les programmes

Le principal algorithme d'Internet est le routage des paquets de leurs émetteurs vers leurs destinataires. Il est effectué par des machines appelées routeurs [...]. Lors du routage, un paquet peut ne pas arriver [...]. C'est le protocole TCP qui fiabilise la communication [et] réordonne aussi les paquets [...].

Les machines

Réseau mondial, Internet fonctionne à l'aide de routeurs, de lignes de transmissions à très hauts débits (fibres optiques) entre routeurs, de réseaux de téléphonie mobile, et de réseaux locaux. [...] Dans les réseaux pair-à-pair [...] chaque ordinateur sert à la fois d'émetteur et de récepteur.

Impacts sur les pratiques humaines

Internet a fait progressivement disparaître beaucoup des moyens de communication précédents [...]. Internet a aussi ses problèmes : absence de garantie temporelle sur l'arrivée des paquets et possibilité d'attaques [...]

Contenus et capacités attendues

› Protocole TCP/IP : paquets, routage des paquets
• Distinguer le rôle des protocoles IP et TCP.
• Caractériser les principes du routage et ses limites.
• Distinguer la fiabilité de transmission et l'absence de garantie temporelle.
› Adresses symboliques et serveurs DNS
• Sur des exemples réels, retrouver une adresse IP à partir d'une adresse symbolique et inversement.
› Réseaux pair-à-pair
• Décrire l'intérêt des réseaux pair-à-pair ainsi que les usages illicites qu'on peut en faire.
› Indépendance d'internet par rapport au réseau physique
• Caractériser quelques types de réseaux physiques : obsolètes ou actuels, rapides ou lents, filaires ou non.
• Caractériser l'ordre de grandeur du trafic de données sur internet et son évolution.

2 - Le Web

Normalisation de la présentation de l'information

Sur le Web, les textes, photos, vidéos, graphiques, sons, programmes sont exprimés et assemblés dans divers formats normalisés par un consortium mondial [...], ce qui permet une circulation standardisée de ces informations. [...]

Moteurs de recherche

Les moteurs de recherche permettent de trouver des informations dans des pages dont on ne connaît pas l'adresse, voire dont on ignore l'existence. [...]

Interaction client/serveur

Le Web s'appuie sur le dialogue entre clients et serveurs. L'interaction est à l'initiative des clients [...] qui envoient des requêtes HTTP aux serveurs. Ces derniers renvoient leur résultat [...].

Sécurité et confidentialité

En formulant des requêtes sur des sites Web dynamiques et en laissant des programmes s'exécuter sur sa machine, l'utilisateur prend des risques : il peut communiquer des informations personnelles à son insu à des serveurs qui en gardent une trace [...].

Impacts sur les pratiques humaines

Dans l'histoire de la communication, le Web est une révolution : il a ouvert à tous la possibilité et le droit de publier [...]. Le Web permet aussi de diffuser toutes sortes d'informations dont ni la qualité, ni la pertinence, ni la véracité ne sont garanties et dont la vérification des sources n'est pas toujours facile. [...]

Contenus et capacités attendues

› Repères historiques
• Connaître les étapes du développement du Web.
› Notions juridiques
• Connaître certaines notions juridiques (licence, droit d'auteur, droit d'usage, valeur d'un bien).
› Hypertexte
• Maîtriser les renvois d'un texte à différents contenus.
› Langages HTML et CSS
• Distinguer ce qui relève du contenu d'une page et de son style de présentation.
• Étudier et modifier une page HTML simple.
› URL
• Décomposer l'URL d'une page.
• Reconnaître les pages sécurisées.
› Requête HTTP
• Décomposer le contenu d'une requête HTTP et identifier les paramètres passés.
› Modèle client/serveur
• Inspecter le code d'une page hébergée par un serveur et distinguer ce qui est exécuté par le client et par le serveur.
› Moteurs de recherche : principes et usages
• Mener une analyse critique des résultats fournis par un moteur de recherche.
• Comprendre les enjeux de la publication d'informations.
› Paramètres de sécurité d'un navigateur
• Maîtriser les réglages les plus importants concernant la gestion des cookies, la sécurité et la confidentialité d'un navigateur.
• Sécuriser sa navigation en ligne et analyser les pages et fichiers.

3 - Les réseaux sociaux

Les données et l'information

Les différents réseaux sociaux permettent l'échange d'informations de natures différentes : textes, photos, vidéos. [...] Toutes les applications de réseautage social utilisent d'importantes bases de données qui gèrent leurs utilisateurs, l'ensemble des données qu'ils partagent, [...] (sans toujours le savoir) [...].

Les algorithmes et les programmes

De très nombreux algorithmes sont mis en œuvre par les applications de réseautage social. Toutes les applications s'appuient sur des services de mise en relation avec des internautes membres du réseau, relations ou amis communs : des algorithmes opérant sur les graphes et sur les bases de données sont au cœur de ces services. [...]

Impacts sur les pratiques humaines

Le développement des réseaux sociaux introduit un nouveau type de liens sur le Web, qui ne relève pas de l'hypertexte : il s'agit de l'abonnement à des relations/des amis et de la possibilité de recommander de l'information en fonction du réseau ainsi constitué. [...] [Mais] Les affaires de fuite de données personnelles mettent en avant les questions liées aux modèles économiques des applications de réseautage social [...].

Contenus et capacités attendues

› Identité numérique, e-réputation, identification, authentification
• Connaître les principaux concepts liés à l'usage des réseaux sociaux.
› Réseaux sociaux existants
• Distinguer plusieurs réseaux sociaux selon leurs caractéristiques, y compris un ordre de grandeur de leurs nombres d'abonnés.
• Paramétrer des abonnements pour assurer la confidentialité de données personnelles.
› Modèle économique des réseaux sociaux
• Identifier les sources de revenus des entreprises de réseautage social.
› Rayon, diamètre et centre d'un graphe
• Déterminer ces caractéristiques sur des graphes simples.
› Notion de « petit monde » - Expérience de Milgram
• Décrire comment l'information présentée par les réseaux sociaux est conditionnée par le choix préalable de ses amis.
› Cyberviolence
• Connaître les dispositions de l'article 222-33-2-2 du code pénal.

• Connaître les différentes formes de cyberviolence (harcèlement, discrimination, sexting...) et les ressources disponibles pour lutter contre la cyberviolence.

4 - Les données structurées et leur traitement

Les données et l'information

Une donnée est une valeur décrivant un objet, une personne, un événement digne d'intérêt pour celui qui choisit de la conserver. [...] Le format CSV (*Comma Separated Values*, les données avec des séparateurs) est un format de fichier simple permettant d'enregistrer une table. [...]

Les algorithmes et les programmes

La recherche dans des données structurées a d'abord été effectuée selon une indexation préalable faite par l'homme. Des algorithmes ont ensuite permis d'automatiser l'indexation à partir de textes, d'images ou de sons. [...]

Les machines

Les fichiers de données sont stockés sur des supports de stockage : internes [...] ou externes [...], locaux ou distants (*cloud*). [...] Des recherches dans les fichiers se font à l'intérieur même des ordinateurs, soit sur la base de leurs métadonnées, soit sur la base d'une indexation. [...]

Impacts sur les pratiques humaines

[...] Les conséquences sociétales sont nombreuses tant en termes de démocratie, de surveillance de masse ou encore d'exploitation des données personnelles. [...]
Les centres de données *(datacenter)* stockent des serveurs mettant à disposition les données et des applications les exploitant. [...]

Contenus et capacités attendues

❯ Données
• Définir une donnée personnelle.
• Identifier les principaux formats et représentations de données.
❯ Données structurées
• Identifier les différents descripteurs d'un objet.
• Distinguer la valeur d'une donnée de son descripteur.
• Utiliser un site de données ouvertes, pour sélectionner et récupérer des données.
❯ Traitement de données structurées
• Réaliser des opérations de recherche, filtre, tri ou calcul sur une ou plusieurs tables.
❯ Métadonnées
• Retrouver les métadonnées d'un fichier personnel.
❯ Données dans le nuage (*cloud*)
• Utiliser un support de stockage dans le nuage.
• Partager des fichiers, paramétrer des modes de synchronisation.
• Identifier les principales causes de la consommation énergétique des centres de données ainsi que leur ordre de grandeur.

5 - Localisation, cartographie et mobilité

Les données et l'information

Les informations des cartes numériques proviennent de nombreuses sources : services géographiques des États, photos prises par des satellites, avions ou voitures, données fournies par les utilisateurs, etc. [...]

Les algorithmes et les programmes

Les algorithmes cartographiques concernent principalement l'affichage sélectif d'informations variées et le calcul d'itinéraires. L'affichage est paramétré par les informations à montrer, que l'on peut choisir par simples clics. [...]

Les machines

Les machines utilisées pour la cartographie sont surtout les ordinateurs, tablettes et téléphones classiques équipés d'une application ad hoc. [...]

Impacts sur les pratiques humaines

Les cartes numériques, accessibles depuis un téléphone, remplacent progressivement les cartes sur papier. Leurs interfaces permettent d'accéder commodément à de nombreux types d'information. Couplé aux algorithmes de calculs d'itinéraires, le GPS est utilisé systématiquement pour les transports, [...] etc. [...]

Contenus et capacités attendues

❯ GPS, Galileo
• Décrire le principe de fonctionnement de la géolocalisation.
❯ Cartes numériques
• Identifier les différentes couches d'information de GéoPortail pour extraire différents types de données.
• Contribuer à OpenStreetMap de façon collaborative.
❯ Protocole NMEA 0183
• Décoder une trame NMEA pour trouver des coordonnées géographiques.
❯ Calculs d'itinéraires
• Utiliser un logiciel pour calculer un itinéraire.
• Représenter un calcul d'itinéraire comme un problème sur un graphe.
❯ Confidentialité
• Régler les paramètres de confidentialité d'un téléphone pour partager ou non sa position.

6 - Informatique embarquée et objets connectés

Les données et l'information

Dans les systèmes informatiques embarqués, l'information provient soit des IHM soit des capteurs, pour contrôler automatiquement ou manuellement le fonctionnement physique par des actionneurs et transmettre des informations aux utilisateurs. [...]

Les algorithmes et les programmes

Le développement des logiciels embarqués est délicat, car il pose souvent des questions de temps-réel, c'est-à-dire de respect de temps de réponse imposé. [...]

Les machines

Les microprocesseurs sont beaucoup plus nombreux dans les objets que dans les ordinateurs et téléphones, mais ils sont souvent plus petits, moins chers et moins rapides. [...]

Impacts sur les pratiques humaines

[...] Comme l'informatique embarquée interagit avec le monde physique en exposant quelquefois des vies humaines ou des équipements critiques (réseaux électriques par exemple), elle est soumise à de fortes contraintes de sûreté (absence d'erreurs) et de sécurité (résistance aux attaques). [...]

Contenus et capacités attendues

❯ Systèmes informatiques embarqués
• Identifier des algorithmes de contrôle des comportements physiques à travers les données des capteurs, l'IHM et les actions des actionneurs dans des systèmes courants.
❯ Interface homme-machine (IHM)
• Réaliser une IHM simple d'un objet connecté.
❯ Commande d'un actionneur, acquisition des données d'un capteur
• Écrire des programmes simples d'acquisition de données ou de commande d'un actionneur.

7 - La photographie numérique

Les données et l'information

En entrée, le capteur est formé de photosites en matrice de petits carrés de quatre photosites, deux verts, un bleu et un rouge, correspondant à la répartition des cônes de la rétine. [...] En sortie, l'image est formée de pixels colorés homogènes, représentés par trois nombres RVB (rouge, vert, bleu). [...] Des métadonnées sont stockées dans les fichiers images sous format EXIF *(Exchangeable Image File Format)* [...].

Les algorithmes et les programmes

Des algorithmes permettent de traiter toutes les lumières, d'effectuer une retouche facile, avec une qualité maintenant bien supérieure à l'argentique. Avec l'arrivée du téléphone mobile, des algorithmes de fusion d'images permettent de concilier une excellente qualité avec un capteur et un objectif minuscules. [...]

Les machines

Comme les algorithmes de prise de vue et de développement demandent beaucoup de calcul, les appareils embarquent plusieurs processeurs, généraux ou spécialisés. [...]

Impacts sur les pratiques humaines

La gratuité et l'immédiateté de la réplication des images introduisent de nouveaux usages de la photographie [...]. De nouveaux problèmes apparaissent [...].

Contenus et capacités attendues

❯ Photosites, pixels, résolution (du capteur, de l'image), profondeur de couleur
• Distinguer les photosites du capteur et les pixels de l'image en comparant les résolutions du capteur et de l'image selon les réglages de l'appareil.
❯ Métadonnées EXIF
• Retrouver les métadonnées d'une photographie.
❯ Traitement d'image
• Traiter par programme une image pour la transformer en agissant sur les trois composantes de ses pixels.
❯ Rôle des algorithmes dans les appareils photo numériques
• Expliciter des algorithmes associés à la prise de vue.
• Identifier les étapes de la construction de l'image finale.

Crédits

Couverture : Best-Backgrounds/Shutterstock, Rawpixel.com/Shutterstock, Sam72/Shutterstock, AlesiaKan/Shutterstock, Rawpixel.com/Shutterstock, zhu difeng/Shutterstock

Début du manuel : 4 Stephen Chung/Alamy, **5** The Internet map/DR, Stephane Cardinale/Getty, **6** Randy Duchaine/Alamy, AngoH/Shutterstock, **7** filadendron/Getty, LALS Stock/Shutterstock, **12** oneinchpunch/Shutterstock, Katrina Brown/Shutterstock, skyNext/Shutterstock, Brastock/Shutterstock, **13** Oleg Golovnev/Shutterstock, Jacob Lund/Shutterstock, milatas/Shutterstock, Ramann/Shutterstock, stockfour/Shutterstock, Andrey_Popov/Shutterstock

Thème introductif : 17 razorpix/Alamy, stockcreations/Shutterstock, **19** 7th Sun/Shutterstock, **25** B Christopher/Alamy, **27** Warner Bros/Heyday Films/Christophel

Thème 1 : 28 Stephen Chung/Alamy, **29** The Asahi Shimbun/Getty, **30** Sharkstock/Shutterstock, **31** NoPainNoGain/Shutterstock, **32** Freepik/Stories, **33** smx12/Shutterstock, **34** kees torn/Flickr, Bundesarchiv, **35** Orange/Twitter/DR, **39** Whois/AFNIC, **43** Christophel, **47** AFP, **48** Filius/DR, Michael Candelori/Shutterstock, **49** Gorodenkoff/Shutterstock, J.ébey/Wikimedia

Thème 2 : 50 The Internet map/DR, **51** Ck_mpk/Wikimedia, **52** Bibi Saint-Pol/Wikimedia, **53** Martin Vidberg/CNIL/DR, **54** Freepik/Stories, **55** Karjean Levine/Getty, National Center for Supercomputing Applications, **60** Valtlai/Wikimedia, Elfi/Wikimedia, **61** Education.gouv.fr, **62** REDPIXEL.PL/Shutterstock, **63** GXXF/Wikimedia, CreativeCommons, **66** Lars Poyansky/Shutterstock, **67** F8 studio/Shutterstock, **69** Evan Lorne/Shutterstock, **70** Visual Generation/Shutterstock, ZUMA Press Inc/Alamy, Sammby/Shutterstock, **71** Sushiman/Shutterstock

Thème 3 : 72 Stephane Cardinale/Getty, **76** Freepik/Stories, **77** catwalker/Shutterstock, **80** ArthurStock/Shutterstock, **81** The Asahi Shimbun/Getty, TikTok/DR, Instagram/DR, **85** junpinzon/Shutterstock, **89** Stop la violence/DR, **91** "Me and My Shadow" project, **92** Ministère Éducation nationale, Jeunesse et Sports/DR, **93** Elsa/LLS, **99** mimimi/Pixabay

Thème 4 : 94 Randy Duchaine/Alamy, **95** Jim Kuhn/Flickr/Wikimedia, **96** Mutatis mutandis/Wikimedia, LibreOffice Calc, **97** Web Design Museum, CNIL/DR, **98** Freepik/Stories, **99** ArnoldReinhold/Wikimedia, Matt 314/Wikimedia, **100** Data.gouv.fr, **102** rafapress/Shutterstock, Jimmy Tudeschi/Shutterstock, **110** Tommy Lee Walker/Shutterstock, SchuminWeb/Wikimedia, **111** ESB Professional/Shutterstock, jang14/Shutterstock, **112** Xmentoys/Shutterstock, Andre Gie/Shutterstock, **113** Rawpixel.com/Shutterstock, Google Data Centers/DR, **114** Michel Peres/Shutterstock, **115** metamorworks/Shutterstock, JJFarq/Shutterstock

Thème 5 : 116 AngoH/Shutterstock, **117** National Geographic/DR, **118** Boris Rabtsevich/Shutterstock, **120** Freepik/Stories, **121** aapsky/Shutterstock, OpenStreetMap, **122** 1492 Pictures/Heyday Films/Christophel, **123** dpa picture alliance archive/Alamy, **125** Netflix/Christophel, **130** GéoPortail, OpenStreetMap, **133** FlighRadar24, **134** CrispyPork/Shutterstock, **136** MapContrib, Claude villetaneuse/Wikimedia, **137** agefotostock/Alamy, Google Maps

Thème 6 : 138 filadendron/Getty, **139** Raeky/Wikimedia, **140** Raspberrypifoundation/Wikimedia, RossHelen/Shutterstock, **141** Shutterstock, Piotr Piatrouski/Shutterstock, **142** Freepik/Stories, **143** Fouky/Wikimedia, **144** MIT App Inventor/DR, **148** Stéphane Mogenier, **149** Anatolii Davydenko/Shutterstock, **150** Maurizio Pesce/Flickr, kurhan/Shutterstock, **151** Universal Cable Productions/Anonymous Content/Christophel, **153** Channel 4/Zeppotron/Christophel, **154** Zagach Design/Shutterstock, **155** AlesiaKan/Shutterstock, Iryna Mylinska/Shutterstock, **157** Sean Pavone/Shutterstock, Plume Labs/DR, **159** Gorodenkoff/Shutterstock

Thème 7 : 160 LALS Stock/Shutterstock, **161** Handout/Getty, **162** Rawpixel.com/Shutterstock, KenSoftTH/Shutterstock, **163** Kathryn Aegis/Alamy, Valiphotos/Pixabay, **164** TuendeBede/Pixabay, Lucas film /Walt Disney/Christophel, kobe.briers/Flickr, **165** Den1980-/Wikimedia, George Eastman Museum Images, **169** PhotoFiltre, **170** GCapture/Shutterstock, **171** Mark Eden/Alamy, Creative Travel Projects/Shutterstock, **172** David J. Green/Alamy, PPstock/Shutterstock, **173** Creative Travel Projects/Shutterstock, **174** Valiphotos/Pixabay, **176** Kriachko Oleksii/Shutterstock, **177** Oksana Mizina/Shutterstock, Vulphere/Wikimedia, **178** totojang1977/Shutterstock, Bob Pool/Shutterstock, **179** Filippo Blengini/In2white/DR, Clément Bucco-Lechat/Wikimedia, **180** UVgreen/Shutterstock, Ragesoss/Wikimedia, **181** Rawpixel.com/Shutterstock

Fiches-méthode : 186 GéoPortail, **187** Roman Samborskyi/Shutterstock

Direction éditoriale : Fanny Blanchard.

Assistants éditoriaux : Tim Marino, Pauline Moureaud, Alix Rondeau et Maud Viallet.

Maquette : Alejandra Adeikalam, Joelle Dutreilly, Julie Meister et Chloé-Van Santy.

Mise en page et infographie : Chloé-Van Santy.

Couverture : Alejandra Adeikalam et Joelle Dutreilly.

Iconographie : Mélina Boyer, Pauline Moureaud et Alix Rondeau.

Retouches photo : Anaëlle Dos Santos.

Relecture : Joachim Estevez et Greta Rodriguez.

Avec la participation de : Émilie Blanchard, Mellie Chapatte, Guillaume Côte, David Dechaux, Jessica Dubuisson, Raphaël Taïeb et Clément Teyssier.

Remerciements : Élanzize Assoumani, Jean-Sébastien Baklouti, Jonathan Banon, Vincent Bourgeois, Arnaud Cetoute, Maximilien Derrier, Laura Dinin, Maxime Pech, Thomas Schell, Julien Seznec et Li Wang pour le développement des outils numériques. Un remerciement tout particulier à Sébastien Ferron pour son implication dans le projet, ainsi qu'à Arnaud, Lisa, Nathan et Pascaline.

Dépôt légal : mai 2021

ISBN : 978-2-37760-914-7

Imprimé en France par BLG.

Lelivrescolaire.fr Éditions
14 rue Rhin et Danube
69009 Lyon
contact@lelivrescolaire.fr